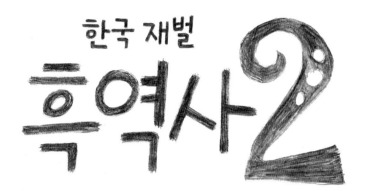

한국 재벌
흑역사 2

롯데·SK

이완배
지음

민중의소리

한국 재벌 흑역사 2

1쇄 발행 2025년 3월 20일

지은이 이완배
편집 이동권
교정교열 이정무, 이소희
디자인 MJ Design Center
경영지원 김대영

펴낸이 윤원석
펴낸곳 민중의소리
전화 02-723-4260
팩스 02-723-5869
주소 서울시 종로구 삼일대로 469 서원빌딩 11층
등록번호 제101-81-90731호
출판등록 2003년 1월 1일

값 22,000원 ⓒ민중의소리 ISBN 979-11-93168-12-7(04300) 979-11-93168-10-3 (세트)

한국 재벌
흑역사 2

롯데·SK

민중의소리

함께 여백을 채워 나가기를 소망하며

『한국 재벌 흑역사』 1권을 쓴 지 2년여가 지났다. 그 동안 한국 사회에는 많은 일이 벌어졌다. 시민사회는 촛불혁명으로 박근혜 정권을 끌어내렸다. 영원히 가능하지 않을 것 같았던 이재용의 구속도 마침내 이뤄졌다. 롯데 가문 최초로 총수 신동빈이 구속됐다.

이 모든 일이 민중이 만들어 낸 위대한 역사라고 나는 믿는다. 촛불혁명 때 손난로와 방석을 나눠주던 시민들의 그 결기에 찬 눈빛을 아직도 나는 잊지 못한다. 우리의 역사는 그렇게 진보하고 있다.

하지만 역사는 일직선으로 진보하지 않는다. 때로는 정체되고 때로는 나선형을 그리며 퇴보하는 듯도 보인다. 촛불혁명으로 독재정권을 타도하고 새 정부를 세웠지만 이재용은 2심 재판에서 집행유예를 선고 받고 태연히 풀려났다. 『한국 재벌 흑역사』 2권의 주인공 신동빈은 구속됐지만 또 다른 주인공 최태원은 여전히 글로벌 기업의 총수로 남아있다. 그래서 우리의 역사는 여전히 진행형이다.

『한국 재벌 흑역사』 1, 2권을 마무리하면서도 이 책이 정말로 한국 재벌들의 악행을 제대로 기록했는지 확신이 들지 않는다. 책에 부족한 점이 있다면 그것은 전적으로 이 기록을 담당한 나의 부족 탓이다.

하지만 부족한 책을 세상에 내놓으면서도 마음속으로 염치없는 소원을 빌어본다. 부디 이 책이 한국의 패악적인 재벌을 개혁하는 데 작은 힘이 되기를 간절히 소망한다. 나의 부족으로 채우지 못한 이 책의 여백 위에 4개월 넘게 함께 촛불을 들었던 시민들의 뜨거운 의지가 가득 채워졌으면 좋겠다.

촛불혁명 때 나는 거리를 가득 메운 많은 시민들이 모두 나의 벗이고 동지라는 사실이 너무 기뻤다. 그래서 감히 청한다. 촛불을 들고 재벌 개혁을 염원했던 수 천 만의 벗들이 이 책의 부족한 부분을 함께 채워나갔으면 한다. 시민의 힘으로 이 서글픈 기록의 끝을 해피엔딩으로 마무리해주기를 간절히 소망한다.

다시 한 번 진심을 다해 독자분들께 뜨거운 감사의 말씀을 올린다.

이완배
2018년 3월 안국동에서

차례

2부 SK

1부

롯데

껌에서 발견된 쇳가루, '롯데 재벌' 탄생의 신호탄이 되다

– 롯데그룹의 출범

한국과 일본 반반半半의 운명을 안고 태어난 롯데그룹

"저눈 아버니므르 많이 존겨하고 있스므니다."

"카족의 문제는 별또라고 생각하고 있스므니다."

"지지회사 정황에는 금융그룹사르르 조리해야 하는 오려움이 있고…."

2015년 8월 11일 롯데그룹 회장 신동빈창업주 신격호의 차남이 기자회견을 열었다. 한일 양국에 큰 관심사가 된 형제의 난, 즉 형 신동주와의 경영권 분쟁에 대해 설명하기 위한 자리였다.

어려서 일본 국적을 갖고 있었고 일본에서 대학을 나온 신동빈은 롯데 가문 사람들이 대부분 그렇듯 한국어에 매우 서툴렀다. 다만 한국어를 거의 한 마디도 하지 못하는 형 신동주에 비해 신동빈은 개인교사의 수업을 받고 그나마 한국말을 좀 할 줄 아는 상태였다.

하지만 그렇다 해도 온 국민의 시선이 집중된 기자회견에서 한국말을 유창하게 할 실력은 아니었다. 사실 이해하자고 들면 못 할 일도 아니었다. 신동빈이 나고, 자라고, 배운 곳이 일본이니 충분히 그럴 수 있는 일이었다.

지주회사 전환에는 금융계열사 처리해야하는 어려움이 있고
|지지회사 정황에는 금융그룹사르르 조리해야하는 오려움이 있고

ⓒ채널A 화면 캡쳐

    그런데 종편TV채널인 〈채널A〉가 생방송으로 기자회견 장면을 보도하면서 신동빈의 어색한 발음을 그대로 자막으로 옮겼다. "저눈 아버니므르 많이 존겨하고 있스므니다." "카족의 문제는 별또라고 생각하고 있스므니다." "지지회사 정황에는 금융그룹사르르 조리해야 하는 오려움이 있고 지주회사 전환에는 금융그룹사를 처리해야 하는 어려움이 있고…." 등의 문구는 〈채널A〉가 자막으로 내보낸 것을 그대로 옮긴 것이다.

    〈채널A〉가 어떤 의도로 이런 자막을 내보냈는지는 알 수 없다. 하지만 이 자막만으로 한국의 보수언론조차 롯데 신 씨 일가를 얼마나 조롱하고 있는지 여실히 드러났다. 그리고 그 조롱의 핵심에는 롯데가 한국과 일본 두 나라에서 양다리를 걸쳤다는 태생적 한계가 있었다.

현해탄의 경영자, 단기필마로 일본으로 건너가다

신격호에게는 지금도 '현해탄의 경영자'라는 별명이 따라다닌다. 1970년 대만 해도 그는 홀수 달에는 한국, 짝수 달에는 일본에 머물며 두 나라의 사업을 모두 챙겼다. 지금에야 한국 롯데의 매출 비중이 90%를 넘어서며 일본 롯데의 매출을 압도하지만 1970년대까지 롯데의 주력은 분명 일본이었다. 심지어 신격호는 자기 입으로 "롯데는 한국과 일본 반반에 기반을 둔 기업이다"라고 대놓고 말했다. 한국인으로 태어났으나 일본에서 자수성가한 '반반'이라는 태생적 운명을 신격호는 거부하지 않았던 셈이다.

한국의 재벌들은 태생으로 볼 때 크게 두 부류로 나뉜다. 먼저 금수저를 입에 물고 태어난 경우다. 경남 의령에서 천석꾼 지주 아들로 태어난 삼성 이병철 농지개혁 직전 한국에서 1000석 이상을 소유한 대지주는 905명뿐이었다, 만석꾼 지주 아들로 태어난 효성그룹 창업주 조홍제 등이 그런 부류에 속한다.

두 번째 부류는 자수성가한 경우다. 강원도 통천군 농민의 아들로 태어나 맨손으로 현대그룹을 일군 창업주 정주영이 그런 스타일이다. 롯데그룹을 일군 창업주 신격호도 바로 이 후자에 속한다.

신격호는 1922년 10월 4일 경상남도 울산군 상남면 둔기리에서 5남5녀 중 장남으로 태어났다. 신격호의 아버지 신진수는 부농富農도 아니고 가난한 소작농도 아닌 중농中農쯤 되는 인물이었다. 신격호가 나온 울산농업보습학교 학적부에는 신격호 집안이 논 15두락*과 밭 35두락을 보유한 자작

★ 논, 밭을 세는 단위로 '마지기'와 크기가 같다. 보통 논은 200평, 밭은 300평을 한 두락이라고 부른다.

한국 재벌 흑역사

농이었고 생활 정도는 '보통'으로 기록돼 있었다.

다만 신격호에게는 기댈 구석이 한 곳 있었다. 큰아버지인 신진걸이 부동산 매매로 큰돈을 벌어 둔기마을에서 유일하게 논 100마지기를 소유한 제 1부자가 됐던 것이다. 중농 집안 자식으로 태어난 신격호가 10남매와 함께 자라는 와중에도 농업학교에 진학할 수 있었던 것은 큰아버지의 도움 덕분이라는 이야기가 전해진다. 울산농업보습학교 학적부에는 신격호의 보증인이 아버지 신진수가 아니라 큰아버지 신진걸로 적혀 있다.

신격호는 학생 시절 성적이 별로 좋지 않았다. 모범생보다는 낙제생에 가까웠다. 5학년 때 성적은 57명 중 42등이었고 6학년 때 성적은 그보다 더 나빴다. 농업학교에 진학한 이후에도 성적은 10점 만점에 7점 정도를 겨우 유지했다.

신격호는 18세가 되던 해에 이웃마을 부농의 딸 노순화와 결혼했다. 노순화는 1923년 생으로 신격호보다 한 살 아래였다. 롯데와 신격호가 남긴 어떤 기록에도 노순화에 대한 상세한 설명은 거의 나오지 않는다. 언론은 노순화를 '신격호의 첫째 부인'이라고 적기도 한다. 2017년 경영비리 혐의로 구속된 장녀 신영자 롯데장학재단 이사장이 노순화의 유일한 혈육이다.

신격호는 20세가 되기 전부터 사업에 대한 강한 의욕을 보였다. 결혼 후 신격호는 부농 집안이었던 부인 노순화를 통해 처가로부터 달구지 구입 자금을 빌리려 했는데 실패했다. 이 사건 이후 노순화와의 관계가 나빠졌다고 추정하는 이들도 있다.

아무튼 신격호와 노순화는 부부의 정을 돈독히 하지 못했던 것 같다. 신격호는 결혼한 지 1년 뒤인 1941년 가족을 버리고 일본으로 건너갔다. 신격호는 당시 상황에 대해 "일본에 건너가 공부해 성공하고 싶었다. 아버지가 반대할 것 같아 말씀드리지 않고 몰래 빠져나왔다. 가출이었다"라고 회고했다.

부인 노순화는 가출한 남편을 기다리다가 친정으로 돌아가 30세의 젊은 나이에 병으로 세상을 떠났다. 노순화는 남편을 찾기 위해 일본으로 가는 밀항선을 타려고 시도한 적도 있었고 부산 용두산 공원에서 항구로 들어오는 배를 바라보며 많이 울기도 했고 한다.

화장품과 껌으로 성공을 거두다

가출청년 신격호는 그야말로 단기필마로 일본에서 사업을 확장했다. 적어도 그가 일본에서 이룬 성공은 "자수성가를 했다"고 부르기에 조금도 부족함이 없었다. 큰아버지가 거부巨富이긴 했지만 그는 신격호가 도일渡日하기 전 이미 세상을 떠났다. 그렇다고 신격호가 부농이었던 처가나 다른 친지들로부터 사업자금을 지원받은 적도 없었다. 게다가 일본에서 조선인이라는 신분은 사업을 하기에 조금도 유리한 것이 아니었다.

일본으로 넘어간 신격호는 시게미츠 타케오重光武雄라는 일본 이름을 사용했다. 한때 작가가 될 꿈을 꿨던 신격호는 와세다공업고등학교 화학과에 입학해 공학도로 꿈을 전환했다. 이 시기 신격호는 평생의 은인을 만난다. 잠시 아르바이트생으로 신격호를 고용한 적이 있었던 사업가 하나미쓰花光가 신격호에게 5만 엔이라는 거금을 빌려 주면서 사업을 권유한 것이다.

사실 이 이야기는 전적으로 신격호의 기억에 의존할 수밖에 없는 것이어서 진위를 파악하기가 어렵다. 신격호의 말을 믿는다 해도 5만 엔은 하나미쓰의 전재산에 가까운 돈이었다. 단지 과거 아르바이트생으로 신격호를 고용했던 경험 하나만 믿고 일본인이 전 재산을 신격호에게 맡겼다는 것은 지금 상식으로는 다소 이해하기 어렵다.

아무튼 신격호에 따르면 그는 20대 젊은 나이에 하나미쓰라는 은인을 만나 거금 5만 엔으로 커팅오일과 밥솥을 만드는 공장을 차려 사업을 시작했다. 하지만 공장이 미군의 폭격을 두 차례나 받으면서 첫 사업은 처참한 실패로 끝났다.

재기를 위해 신격호는 다른 사람에게 돈을 빌려 비누와 화장품을 만드는 공장을 차렸다. 전쟁이 끝난 뒤 일본도 물자가 워낙 부족하던 시절이어서 비누와 화장품 사업은 큰 성공을 거뒀다. 신격호는 은인 하나미쓰에게 빌린 돈을 모두 갚고 이자로 집을 한 채 사줬다고 한다. 그리고 이 시기 신격호는 자신의 꿈을 사업가로 분명히 정했다.

화장품 사업에 성공한 신격호가 새롭게 눈을 돌린 분야는 껌이었다. 1947년 패전국 일본의 상황은 한국전쟁 당시 한국과 별 차이가 없었다. 일본에 주둔하던 미군들을 향해 일본 어린이들은 "아메리카상, 가무껌, 쪼꼬레또, 프레젠또!"를 외치고 다녔다. 한국전쟁 당시 한국의 어린이들이 미군을 향해 "기브 미 쪼꼬레또", "짬짬껌 해브 예스?"를 외쳤던 시절과 다름이 없었다.

신격호는 이때 츄잉껌이라는 것을 처음 접했다. 그리고 껌을 자신의 새

사업 영역으로 설정했다. 화장품을 만들면서 신격호는 히카리 특수화학연구소라는 연구소를 차렸고, 유지류나 고무에 대해 비교적 충분한 지식을 쌓을 수 있었다.

신격호는 시중에 판매되는 껌의 장점만을 모아 양질의 껌을 생산했다. 당시 히카리 연구소가 생산한 껌의 품질이 상당히 뛰어났던지 신격호의 껌은 요즘 말로 대박을 터뜨렸다. 과자점 주인들이 신격호가 개발한 껌을 사기 위해 새벽부터 연구소 앞에서 줄을 섰다는 기록도 있다.

껌으로 큰 성공을 거둔 신격호는 자신의 사업체를 주식회사로 전환한다. 한때 작가를 꿈꿨던 신격호는 회사 이름으로 독일의 대문호 괴테가 쓴 『젊은 베르테르의 슬픔』의 주인공 샤롯데를 떠올렸다. 1948년 6월 28일, 만인의 연인 샤롯데를 모델로 한 주식회사 롯데가 설립됐다.

보수를 넘어 봉건에 가까운 신격호의 경영 스타일

신격호는 한국전쟁 이후 일본이 겪은 전쟁특수를 바탕으로 다양한 분야에서 성공의 길을 걷게 된다. 1970년대 초반 재일동포들 사이에서는 "간토關東의 시게미츠, 간사이關西의 사카모토"라는 말이 나돌았다. 재일동포 사업가 중 가장 큰 성공을 거둔 부자로는 관동關東 지역을 기반으로 한 시게미츠신격호와 관서지역을 기반으로 한 사카모토阪本, 서갑호를 꼽을 수 있다는 이야기였다.

신격호와 버금가는 갑부였던 재일동포 서갑호는 한때 방적왕으로 불릴 만큼 방적 사업에서 큰돈을 번 인물이었다. 1950년대 서갑호의 재력은 일

2017년 롯데 총수 일가 재판에 출석하는 신격호 롯데그룹 총괄회장 ⓒ민중의소리

본 오사카에서 1위, 전국적으로도 5~8위에 랭크될 정도였다.

　재일동포계의 양대 거부로 불렸던 신격호와 서갑호지만 두 사람의 돈 쓰는 스타일은 완전히 달랐다. 일본에서 성공을 거둔 서갑호는 고향 울산으로 돌아올 때 그야말로 금의환향했다. 고향을 위해 거금도 선뜻 내놓았다. 1961년 서갑호는 박정희를 만나 본인이 소유했던 땅을 주일한국대표부 건물부지로 국가에 헌납하기도 했다. 서갑호는 사업을 확장하는 속도도 성격답게 화끈했다. 서갑호는 선천적으로 씀씀이가 큰 풍류객 스타일이었다.

　그런 서갑호가 1970년대 오일쇼크를 겪으면서 경영난에 빠졌다. 결국

1974년 서갑호가 이끌던 사카모토 방적그룹은 3억 엔의 어음을 막지 못하고 부도를 내고 말았다. 사업 실패에는 다양한 이유가 있었겠지만 가장 큰 이유는 서갑호가 한일 양국에 걸쳐 너무 무리하게 사업을 확장했다는 점이었다.

재일동포계의 양대 산맥이었던 서갑호의 몰락을 지켜본 신격호는 이후 사업에 있어서 철저히 보수적인 성향을 강화해 나갔다. 게다가 신격호는 재일동포로서 혈혈단신으로 사업에 성공한 인물이었다. 신격호는 서갑호의 실패를 통해 '살아남을 방법은 조심, 또 조심하는 것밖에 없다'는 확고한 생각을 갖게 된 듯하다.

그 덕분인지 롯데그룹은 한국 재벌들 사이에서도 매우 독특한 모습을 보일 때가 많다. 롯데그룹은 외환위기 때 자금난을 겪지 않은 거의 유일한 재벌이었다. 이는 "모르는 사업에는 진출하지 않는다"는 창업주 신격호의 보수적 경영 덕이었다.

또 롯데그룹은 주식을 증시에 상장하는 데에도 매우 인색했다. 비상장기업은 철저히 비밀을 유지해 도대체 어떤 지배구조를 가진 기업인지 오리무중 상태로 만들어 놓았다. 상장된 기업이라 해도 롯데 계열사가 보유한 지분율을 대부분 50%를 훌쩍 웃돌도록 구도를 짜놓았다. 롯데 계열사 대부분이 외부의 간섭과 감시에서 자유로울 수 있는 이유가 여기에 있었다.

신격호는 주식회사의 개념이 무엇인지, 주주가 왜 중요한지를 전혀 이해하지 못하는 인물이었다. 주주들의 간섭을 귀찮게 여겼다. 차남 신동빈이 롯데쇼핑의 상장을 시도했을 때 신격호는 "왜 내 기업을 다른 사람에게 팔려고 하느냐"고 질타하기도 했다.

사업 스타일도 보수적인 정도를 넘어 봉건적인 스타일을 고수했다. 심지어 차남 신동빈이 주도한 중국 진출 성적이 좋지 않자 "신동빈이 보고 배상하라고 해. 아니면 구속 시켜"라고 거칠게 반응을 하기도 했다. 신동빈을 독대한 자리에서 신격호는 사업 부진의 책임을 물어 아들의 뺨을 갈겼다는 이야기도 나온다. 신격호의 롯데는 21세기에도 19세기 경영을 벗어나지 못했던 것이다.

대부분 한국 기업들은 외환위기를 거치면서 최소한 외형적으로나마 봉건적 형태를 벗어났다. 겉으로는 얼추 주식회사의 모습을 갖춘 것이다. 하지만 롯데는 지금까지도 세월을 거슬러 '봉건의 전통'을 고수했다. 롯데그룹 특유의 봉건경영은 이런 신격호의 성격에 그 뿌리가 있었다.

껌에서 쇳가루가 나오지 않았다면 달라졌을 롯데의 운명

신격호는 주력이었던 껌을 앞세워 한국에 진출했다. 롯데그룹사를 보면 한국 롯데의 역사는 1967년 롯데제과를 설립하면서 시작된 것으로 나온다. 그런데 이는 사실이 아니다. 신격호는 1959년부터 용산구 갈월동에 껌 공장을 차리고 주식회사 롯데라는 회사명으로 한국 사업을 시작했다. 롯데 풍선껌 광고가 신문에 실린 것은 그보다 먼저인 1958년이었다. 하지만 이 시기 롯데의 주력은 일본이었다. 한국 롯데는 공장을 돌리는 정도에 불과했고 한국 롯데를 지휘한 인물도 신격호가 아니라 그의 동생 신철호와 신준호였다.

박정희가 1965년 한일 국교를 정상화하면서 한국에서는 재일동포의 자본을 적극적으로 유치하려는 분위기가 형성됐다. 1966년 6월 재일동포의 법적 지위협정이 체결된 것도 롯데의 본격적 한국 진출에 중요한 계기로 작용했다.

경제기획원 장관 겸 부총리였던 장기영은 신격호를 만나 직접 한국 투자를 권했다. 그런데 장기영이 권한 사업 분야는 엉뚱하게도 군수산업이었다.

하지만 새로운 사업 진출에 극도의 조심성을 보였던 신격호는 군수산업에 뛰어들 마음이 전혀 없었다. 결국 몇 차례의 우여곡절을 겪은 끝에 롯데의 한국 진출은 전문분야였던 껌과 제과로 결정됐다. 1967년 롯데는 롯데제과를 공식적으로 설립하고 한국 진출을 본격화했다.

롯데가 국내에 진출한 이듬해인 1968년 국내 제과 시장에서 롯데 껌이 선풍을 일으켰다. 이른바 '서구의 입맛'을 앞세운 바브민트와 스피아민트가 온 국민으로부터 사랑을 받은 것이다. 롯데 스스로도 1969년 신문 광고에 '10人에 7人은 알고 있습니다'라고 선전했을 정도로 롯데 껌의 인지도는 폭발적이었다. 롯데가 한국에 진출한 지 단 2년 만에 일군 대단한 성과였다.

그런데 껌으로 승승장구하던 롯데는 뜻밖의 암초를 만난다. 1970년 11월 서울시 부정식품 특별단속반이 불량식품 조사를 벌인 결과 롯데 껌에서 쇳가루가 검출된 것이다. 모래나 휴지 같은 이물질이 나온 다른 불량식품과는 달리 롯데 껌에서는 사람이 먹어서는 안 되는 쇳가루가 나오고 말았다.

1970년대 서울시 도시계획을 총괄했던 손정목 서울시립대 명예교수는

한국에서의 롯데그룹의 공식적 출발은 롯데제과 설립이다. ⓒ롯데그룹 홈페이지

"이 사건은 롯데그룹에게 일대 반전의 기회였다"라고 묘사한다. 손정목의
책 『서울 도시계획 이야기』에 나오는 이야기를 살펴보자.

"1970년 11월 13일 박정희 당시 대통령이 신격호 롯데 총괄회장을 청와
대로 불렀다. 이날은 롯데제과의 껌에서 쇳가루가 검출돼 제조 정지 명
령이 내려진 날이었다. 박 대통령이 이를 '조치'해주며 호텔롯데를 지어
경영해달라고 신 회장에게 부탁했다. 이날이 '롯데재벌 탄생'이 결정된
날이었다."

박정희는 신격호가 일본에서 번 돈을 몹시도 탐냈다. 그런데 마침 롯데제과의 껌에서 쇳가루가 나온 것이다. 박정희는 이를 계기로 신격호에게 일본 자금을 국내에 들여와 호텔을 경영하라고 압박했다.

돌다리를 두드려보고도 안 건너는 신격호의 성격상 이는 유쾌한 제안이 아니었을 것이다. 하지만 신격호에게는 박정희의 제안을 거부할 명분도, 힘도, 용기도 없었다. 결국 롯데는 울며 겨자 먹기 식으로 제과가 아닌 숙박업에 진출한다. 그런데 인생은 새옹지마라고 했던가? 박정희의 압박은 결과적으로 압박이 아니라 신격호에게 상상도 못할 특혜가 되고 말았다.

손정목의 회고대로 롯데는 박정희의 전폭적인 지원 아래 서울 중심지 금싸라기 땅에 있던 반도호텔을 인수했다. 또 서울 중심부에 롯데백화점을 지을 수 있었다. 게다가 롯데의 자금 대부분은 '외국 자본'으로 인정받아 외자도입법에 의해 각종 세금도 감면받았다.

만약 껌에서 쇳가루가 나오지 않았다면 오늘날 롯데가 누리는 대부분의 지위는 다른 재벌들 손에 넘어갔을 수도 있었다. 하지만 운명처럼 롯데 껌에서 쇳가루가 검출됐고 롯데는 그 덕에 박정희의 화끈한 지원으로 성장을 거듭했다.

신격호는 마침내 깨달았을 것이다. 일본과 달리 한국에서 사업에 성공하는 가장 빠른 길은 권력자와 가까이 지내는 것이라는 사실을 말이다. 오늘날 재계 서열 5위 롯데 재벌은 이렇게 박정희 군사정부의 후원 아래 '외국 자본' 자격으로 특혜를 누리며 탄생했다.

롯데는 콩가루 집안의 지존
- 롯데 가문 갈등의 역사

왕조 같은 재벌, 필연적인 갈등

'이대로 당할 수만은 없다카이. 굼벵이도 꿈틀거린다 안 카더나. 하물며 의식 있는 인간이 이런 수모를 당하다니…. 세상에 이런 일은 있을 수 없는 기라.'

1984년 9월 중순 태풍 경보가 발령 중이던 어느 날 밤, 부산 해운대 별장에서 이병철의 장남 이맹희는 치를 떨며 긴 한숨을 삼켰다. 그의 손에는 브라우닝 6연발 엽총이 들려 있었는데, 치를 떨 때마다 그는 엽총을 들고 있는 손에 힘을 주며 손가락을 방아쇠에 걸곤 했다. 누구든 나타나기만 하면 당장 쏴 죽이고 싶은 분노의 심정뿐이었다. 이윽고 현관문에서 건장한 사내 둘이 들어오더니 주춤거리며 말했다. "삼성 비서실에서 왔습니다." 이맹희는 방아쇠를 당겨댔고, 사내들은 문이 부서져라 달아나기 바빴다.

2017년 국정농단 청문회에 출석한 재벌총수들 ⓒ민중의소리

　이 소설 같은 이야기는 2012년 중앙일보 기자 출신의 작가 이용우 씨가 출간한 『삼성가의 사도세자 이맹희』라는 책의 첫 대목이다. 이맹희가 누구인가? 이병철 삼성그룹 창업자의 장남이지만 3남 이건희에게 삼성의 경영권을 넘겨준 인물. 2012년 "아버지로부터 받을 유산을 이건희가 가로챘다"며 소송을 낸 동생이건희으로부터 "형"이 아니라 "그 양반"이라는 소리를 들은 사람이다. 한국 현대 기업 역사에 굵직한 획을 그은 삼성그룹 형제 간 분쟁의 주인공이기도 하다.

　피도, 눈물도, 우애도, 가족의 정도 없는 형제 간 경영권 분쟁. 근사하게 이름 붙여주면 '형제의 난'이지만 솔직히 표현하면 '가족 막장 드라마'쯤 되는 사건들이 잊을 만하면 한 건씩 터져 나온다. 작은 기업들에서 발생한 옛날이야기가 아니다. 삼성, 현대, 두산, 롯데, 효성, 금호……. 자칭 타칭 한국을 대표하는 글로벌 기업들 사이에서 21세기에 일어난 일들이다.

도대체 왜 이런 짓들을 벌이는 것일까? 우리는 이번 편에서 '형제의 난'의 뿌리쯤 됨직한 신격호와 그 형제들의 난투를 살펴볼 참이다. 그런데 그 일을 구체적으로 살피기 전에 한 가지 참고할 만한 것이 있다.

세계 최고의 권위를 자랑하는 영국의 옥스퍼드 사전에는 서양 사람에게는 낯설지만 우리나라 국민들에게는 매우 익숙한 단어가 등재돼 있다. 재벌 Chaebol이라는 단어다. 사전 원문을 인용하면 이렇다.

Chaebol : (in South Korea) a large family-owned business conglomerate.
재벌 : (한국에서 사용되는 용어) 가족이 소유한 대규모 기업집단

재벌이라는 단어가 옥스퍼드 사전에 독자적으로 등재된 이유는 이 단어가 현존하는 그 어떤 영어 단어와도 호환이 되지 않기 때문이다. 재벌은 서양 사람들이 생각하는 단순한 대기업large company과는 다르다. 또 다양한 사업을 하는 복합기업conglomerate과도 다르다. 옥스퍼드에 따르면 한국의 재벌은 '대규모 기업집단'인 동시에 '가족이 소유했다'는 두 가지 특징이 있다.

물론 다양한 일을 하는 대규모 기업집단은 서양에도 있다. 이런 기업을

영어로 복합기업conglomerate이라고 부른다. 심지어 한 기업이 수 십 가지 일을 하는 경우도 있다. 일례로 토마스 에디슨Thomas Alva Edison이 창업했고 미국을 대표하는 기업으로 성장한 제너럴일렉트릭GE, General Electric Company은 전자산업 뿐 아니라 발전과 수水처리, 석유와 가스, 에너지 관리, 항공, 운송, 헬스케어, 지능플랫폼에 금융서비스까지 한다.

하지만 이런 기업은 절대 한 가족이 지배하지 않는다. 서구 사회에서는 다양한 일을 한다면 다양한 전문가들이 기업을 나눠 지배하는 것을 당연하게 여긴다. 이런 기업들은 이사회에서 엄격하게 각 분야를 이끌 최고의 리더를 뽑는다. 기업이 세습되는 일 따위도 절대 없다.

물론 가족이 소유하고 세습을 하는 기업집단도 있다. 하지만 이런 기업은 오로지 한 가지 일만 한다. "그 가문이 그 분야에서 전문가니까 세습하는 거 아니겠어?"라는 게 서양 사람들의 상식이다.

그래서 한국의 재벌처럼 3세, 4세로 세습을 하는데 수 십 가지 일을 하는 기업 형태는 서양인들에게 전혀 상식적이지 않다. 어떤 슈퍼맨 가문이 전자도 하고, 대중문화도 하고, 금융도 하고, 배도 만들고, 건설사업도 하고, 놀이동산도 운영하는데 그걸 대대손손 잘 할 수 있다는 말인가? 세습을 하려면 한 가지만 하거나, 여러 가지를 하려면 기업 지배구조를 쪼개야 한다. 영어로 한국의 재벌을 설명할 단어 자체가 존재하지 않는 이유가 바로 여기에 있다.

그래서 한국의 재벌은 왕조에 비유된다. 오만 가지 일을 다 하는데 그 일의 성패가 오로지 총수 일가의 판단에 달려 있다. 왕좌의 자리는 정당한 능력 경쟁으로 오를 수 있는 자리가 아니라 중세와 마찬가지로 권력 투쟁으로 쟁취해야 하는 자리가 된다. 하나뿐인 권좌를 놓고 형제끼리, 남매끼리, 심지어 부자끼리 이전투구를 벌이는 비극의 역사가 반복되는 이유다.

콩가루 집안의 출발, 동생들과의 혈투

신격호 가문은 대한민국 재벌 중에서도 유난히 가족 사이에 갈등이 많았던 집안이다. '콩가루 집안'이라고 불러도 손색이 없을 정도다. 형제끼리 권좌를 두고 치고받는 형제의 난은 흔한 편이지만 장장 2대에 걸쳐서 형제의 난을 반복하는 재벌은 롯데가 유일하다. 신격호는 백수白壽를 앞두고 아들들의 분쟁에 말려들어 아들로부터 회장직에서 해임되는 수모를 겪었지만 어쩌면 그것은 그가 남긴 업보일지도 모른다. 5남5녀의 장남이었던 신격호는 그만큼 동생들에게 몹쓸 짓도 많이 했고 분쟁도 자주 벌였다.

신격호는 어려서 일본으로 건너가 껌 하나로 갑부에 오른 인물이었다. 사업에 성공을 거두자 신격호는 손아래 동생인 신철호를 일본으로 불러 경영을 가르쳤다. 신격호는 1967년 롯데제과를 설립하고 한국에 진출하면서 한국 사업을 신철호에게 맡겼다. 셋째였던 신춘호농심 회장도 형 신철호를 도와 한국 롯데를 경영했다.

그런데 신철호가 형 신격호의 도장을 위조하고 4억 원이 넘는 회사 돈을 횡령하는 일이 벌어졌다. 신철호는 위조한 도장으로 신격호가 한국 롯데의 이사에서 사임했다는 가짜 서류도 꾸몄다. 신철호가 형을 몰아내고 한국 롯데 경영권을 장악하려 한 것이다. 사가史家들은 '형제의 난'의 기원을 2000

년 현대그룹 경영권 분쟁이나 2005년 두산그룹 경영권 분쟁으로 보지만 사실 원조는 롯데가문이었던 셈이다.

격노한 신격호는 동생을 횡령죄로 고소했고 신철호는 재판 끝에 구속됐다. 1967년 신철호는 100만 원의 보석금을 내고 풀려난 뒤 메론제과를 설립하고 캔디와 비스킷 등을 만들었지만 성공을 거두지는 못했다. 이후 신철호는 영원히 롯데 가문으로 복귀하지 못했다. 신철호는 1999년 세상을 떠났는데 그의 부고는 몇 개의 일간지에 '전 롯데제과 사장 신철호 씨 별세'라는 한 줄짜리 기사로 처리됐을 뿐이었다. 한국 최고 콩가루 집안의 역사는 이렇게 시작됐다.

신철호를 내친 신격호는 셋째 동생 신춘호와 새로운 갈등을 시작했다. 이게 바로 한국 재벌 역사에 '라면 전쟁'으로 기록된 유명한 갈등이다.

신춘호는 형에게 "한국에서 라면 사업을 하자"고 제안했다. 당시 한국에는 삼양라면이 출시돼 상당한 인기를 끌고 있었다. 그런데 신격호는 "턱도 없는 소리 하지 말라"며 동생의 제안을 일축했다. 공식적으로 신격호의 발언은 "라면은 한국인의 식습관에 안 맞고 이미 삼양라면이라는 브랜드가 독점하고 있어 진출이 힘들다"라고 돼 있다. 하지만 야사野史에는 신격호가 "한국처럼 못 사는 나라에서 라면 같은 고급 음식이 팔릴 리가 있나?"라며 거절을 했다는 이야기가 전해진다.

이에 발끈한 신춘호가 롯데공업이라는 회사를 세우고 라면 시장에 진출했다. 신춘호로서는 운명을 건 사업이었다. 초창기 롯데공업의 라면은 신격호의 예상대로 삼양라면에 밀려 고전을 면치 못했다.

그런데 1971년 롯데공업이 출시한 '새우깡'이 뜻밖의 대박을 치면서 신춘호의 인생이 역전됐다. 1975년에는 코미디언 구봉서와 곽규석이 출연한 CF "형님 먼저 드시오, 농심라면~ 아우 먼저 들게나, 농심라면~"이 빅히트를 기록하며 롯데공업은 단번에 라면시장의 강자로 떠올랐다.

형제의 갈등은 이때 격화됐다. 자신이 반대한 라면 사업에서 동생이 대성공을 거두자 신격호는 심술을 부렸다. 신춘호의 회사 롯데공업에서 '롯데'라는 이름을 떼라고 성질을 부린 것이다.

이 일을 계기로 신격호와 신춘호는 완전히 감정이 상해서 영원히 갈라섰다. 신춘호는 롯데공업이라는 사명을 농심으로 바꾸고 형과 결별했다. 지금도 두 형제는 제사를 따로 지낸다고 알려질 정도로 갈등의 골이 깊다. 신격호의 아들신동주·신동빈들이 갈등을 벌일 때에도 농심은 "남의 집안 이야기"라며 관심을 끄고 지냈다.

푸르밀의 탄생도 형제 갈등으로 시작됐다

형제 갈등 3탄은 1995년 시작됐다. 신격호는 5남 신준호와 땅을 두고 추악한 다툼을 벌였다. 부동산실명제가 전격적으로 실시되면서 차명으로 땅을 관리하던 이들은 모두 실명으로 부동산을 전환해야 했다. 이때 신격호는 "동생 신준호 이름으로 등기된 서울 양평동 롯데제과 부지 3600평 등 전국 37만 평은 명의만 동생으로 돼 있을 뿐 실제로 내 땅이다"라고 주장했다. 반면 신준호는 "양평동 땅은 아버지에게 직접 물려받은 땅"이라며 반발했다. 이 다툼은 결국 소송으로 번졌다.

2015년 한국을 찾은 신격호 롯데그룹 총괄회장의 동생인 신선호 일본 식품회사 산사스 사장 ⓒ연합뉴스

　신준호는 "부친으로부터 내가 땅을 물려받았다는 사실을 형제들이 모두 알고 있다"고 주장했다. 이미 신격호와 사이가 틀어졌던 신철호, 신춘호는 당연히(!) 동생 신준호를 지지했다.

　하지만 소송은 신준호의 마음처럼 진행되지 않았다. 신격호는 "아버지가 양평동 땅을 살 경제적 여력이 없었다"고 주장했다. 재판은 점차 신격호에게 유리한 방향으로 흘러갔다. 결국 신준호는 불리한 상황을 인지하고 도쿄에 있는 신격호의 거처를 찾아 담판을 시도했다. 양평동 땅을 내놓을 테니 상당액의 현금과 계열사 한두 곳을 자신에게 달라는 요청이었다. 하지만 신격호는 이마저도 단칼에 거절했다.

이 갈등 전까지만 해도 신격호가 막내 남동생 신준호를 무척 아낀다는 소문이 자자했다. 둘의 나이 차이도 19세나 돼 신격호가 신준호를 아들처럼 생각했다는 이야기도 있었다. 하지만 맏형은 '아들처럼 생각했다'는 막내 동생에게 "아직도 정신을 못 차렸다"며 집요한 소송을 멈추지 않았다. 신격호는 신준호가 롯데에서 맡았던 직책을 모조리 박탈했다. 그리고 소송 끝에 신준호 명의로 돼 있었던 땅을 전부 가져갔다.

소송에서 패한 신준호는 항소를 포기한 채 신격호를 찾아 무릎을 꿇었다. 자칫하면 모든 것을 잃을 수도 있는 위기에서 신준호가 항복 선언을 한 것이다.

그제야 신격호는 "동생이 사과하고 용서를 구했으니 원만하게 처리하자"라며 신준호가 맡았던 직책 중 롯데햄우유의 대표이사 자리만 유지토록 지시했다. 신준호는 롯데햄우유만을 이끌고 롯데에서 독립했다. 이 회사가 오늘날 유제품을 만드는 푸르밀이다.

이처럼 신격호는 네 명의 남동생 중 무려 세 명과 치고받는 갈등을 경험했다. 네 명의 남동생 중 신격호가 유일하게 형제의 정을 나누고 있는 인물은 일본 산사스식품 대표인 넷째 동생 신선호뿐이다.

신격호가 벌인 동생들과의 갈등 스토리는 아직도 하나가 더 남아 있다. 신격호는 막내 여동생인 신정희 동화면세점 부회장과도 한동안 치고받는 추태를 보였다. 신정희는 동화면세점 이외에 롯데관광개발도 운영하는 인물이다.

그런데 롯데관광개발은 이름과 달리 롯데그룹 계열사가 아니다. 신정희가 남편 김기병 롯데관광개발 회장과 함께 일군 별개의 기업이다. 다만 회사를 세울 때 '롯데'라는 상호를 쓰는 것이 홍보에 유리했기에 신격호에게 양해를 구하고 이름만 '롯데'를 썼을 뿐이다.

문제는 2007년에 터졌다. 롯데그룹이 이 해에 일본 JTB와 합작으로 '롯데JTB여행사'라는 여행사를 설립한 것이다. 그리고 롯데는 신정희에게 "회사 이름에서 롯데를 떼라"고 요청했다. 관행처럼 롯데관광이 사용해 오던 롯데 기업 로고의 사용도 허락하지 않겠다고 통보했다.

24세 차이가 나는 막내 여동생의 사업 영역에 국내 5대 재벌이 뛰어드는 게 얼마나 볼썽사나운 짓인가? 그런데 큰 오빠가 회사 이름과 로고도 내놓으라고 하니 이 남매 관계가 정상적으로 유지가 될 리가 없었다. 당연히 신정희가 발끈했다. 또 한 번 소송전이 벌어졌다.

신정희는 "롯데라는 이름과 로고의 사용은 이미 큰 오빠가 허락했던 것이며 재벌이 문어발식 확장으로 관광업계까지 뛰어드는 건 공정경쟁방지법 위반"이라며 격렬히 반발했다. 가문이 혈투를 벌이다보니 재벌 가족 입에서 "재벌의 문어발식 확장이 공정경쟁법 위반"이라는 진실(!)까지 듣게 되는 판국이다. 결국 재판부는 롯데관광개발이 롯데 로고를 사용하는 일을 막는 대신 '롯데'라는 이름은 쓸 수 있도록 허용했다.

한국에서만 유난히 '형제의 난'이 자주 벌어지는 까닭은?

2015년 1월 〈재벌닷컴〉이 발표한 자료에 따르면 공정거래위원회가 분류한 자산 기준 40대 재벌그룹에서 총수 일가의 경영권 분쟁이 일어난 곳은 절반에 가까운 17곳이나 된다. 경제개발협력기구^{OECD} 소속 국가들 중 어디에도 재계 1위_{삼성}, 2위_{현대차}, 5위_{롯데}, 7위_{현대중공업}, 13위_{두산}, 18위_{금호아시아나}, 22위_{현대}, 25위_{효성} 등 톱클래스의 기업들이 이처럼 무더기로 형제 간에 치고받는 경우는 없다. 한두 번은 우연이라 할 수 있어도 이 정도로 분쟁이 잦다면 이는 결코 우연이 아니다.

롯데그룹 외에도 재벌들이 보여준 막장의 끝은 인간적으로 보기에 처참할 지경이다. 이른바 '왕자의 난' 이후 현대그룹을 물려받았던 정몽헌 전 현대그룹 회장은 2003년 스스로 목숨을 끊었다. 동생과의 경영권 분쟁에서 패해 두산 그룹을 떠났던 박용오 전 두산그룹 회장 역시 2009년 자살로 생을 마쳤다.

가족사랑 정신도 실종됐다. 박용오는 경영권 분쟁 과정에서 "형제들이 비자금 1000억 원을 조성했다"며 검찰에 진정서를 냈다. 금호그룹의 형제들은 수 년 째 서로를 배임으로 고소하며 싸움 중이다. 효성가문 형제들도 동생이 형을 배임과 횡령 혐의로 검찰에 고발했다. 뒤에서 살펴볼 롯데그룹 형제의 난 때에 차남 신동빈은 "정신이 오락가락한다"는 이유로 아버지 신격호를 해임하고 말았다.

이 황당한 현상을 이해하기 위해서는 '형제의 난'이라는 말의 어원을 살펴볼 필요가 있다. '형제의 난'이라는 용어가 처음 등장한 것은 2005년 두산그룹의 경영권 분쟁 때였다. 그런데 현대그룹의 2세 형제들이 벌인 분쟁은 그보다 빠른 2000년에 벌어졌다. 하지만 당시 사건을 부르는 공식 명칭은 '형제의 난'이 아니라 '왕자의 난'이었다.

두산그룹 경영권 분쟁이 벌어졌을 때 몇몇 언론사들은 이를 '왕자의 난'이라고 부르기도 했다. 하지만 이 용어가 적절치 않다는 지적이 나왔다. 당시의 분쟁이 그룹 창업자인 박두병 회장이 작고한 지 30년이 지난 뒤에 일어난 탓이다. 즉 '선대왕'은 이미 이 세상 사람이 아니었고, 분쟁 당사자들 또한 '왕자'가 아니었다는 이야기다. 왕자가 아닌 자들끼리의 분쟁을 '왕자의 난'이라고 이름 붙일 수 없어 '형제의 난'이라는 묘한 조어가 등장한 것이다.

따라서 '형제의 난'이라는 말의 뿌리는 2005년 두산그룹 경영권 분쟁이 아니라 2000년 벌어졌던 현대그룹 경영권 분쟁, 즉 '왕자의 난'으로 보는 것이 더 정확하다. 조어 방식 때문에 '형제의 난'이라는 말이 2005년에야 처음 사용된 것이지 그 기원은 2000년 현대그룹 경영권 분쟁이라는 뜻이다.

왕자의 난은 조선시대 초대 왕인 태조 시절 5남 이방원이 일으킨 것이다. 2000년 현대그룹 경영권 분쟁 역시 왕 정주영이 살아있는 상태에서 후계권을 놓고 아들들이 벌인 싸움이다. 여러 면에서 두 사건은 닮은 점이 많다.

결국 '왕자의 난' 또는 '형제의 난'이라는 용어는 그룹 경영권을 두고 싸우는 현상을 '왕자들끼리의 싸움'에 빗댄 것이다. 그리고 이것이 의미하는 바는 재벌이란 왕조王朝와 비슷하며 경영권이란 왕이 왕자에게 물려주는 세습의 대상이라는 것을 의미한다.

기업을 경영자, 노동자, 주주, 지역주민의 사회적 합의체로 보는 것이 아

니라 '내 것' 혹은 '내 가족의 것'이라고 보는 시각. 바로 이것이 '형제의 난'
이 벌어지는 근본적인 배경이다.

한국 재벌들에게 기업은 내 것이고 가족의 것이다. 그래서 내 것을 물려
주는 데에 사회적 조언이나 합의는 전혀 필요치 않다. 물려주는 대상도 경
영 능력이 아니라 아버지의 입맛에 맞는 인물 기준으로 정해진다. 조선시대
세자 책봉과정과 거의 100%의 싱크로율을 보인다.

당연한 말이지만 현대 기업에서 경영권은 봉건시대 왕권과 완전히 다르
다. 상식적으로 현대 기업들의 경영권은 '기업을 가장 잘 경영할 수 있는
이'에게 돌아가야 한다. 이것이 바로 전 세계적인 글로벌 스탠더드이고 국
민들이 가장 쉽게 이해할 수 있는 합리적 시스템이다.

그런데 한국 재벌들은 이 글로벌 스탠더드를 완고하게 거부한다. 그리고
아직도 '장자 승계'니 '형제 공동 경영'이니 하는 봉건왕조 시스템에 의지한
다. 물론 그들도 말로는 "경영 능력과 성과를 바탕으로 후계자를 결정한다"
고 하지만 이는 말 뿐이다.

글로벌 스탠더드 시스템이 무너지니 당연히 내부적인 공정성이 확립되
지 않는다. 왕권에서 멀어진 '왕자'들은 "어차피 글로벌 스탠더드를 따르는
것도 아니라면 왜 쟤는 되고 나는 안 되느냐"는 생각을 가질 수밖에 없다.
형제끼리 피도 눈물도 없는 싸움을 하는 본질적 이유가 바로 여기에 있다.

이래서 한국에서는 '누가 왕과 가장 가까운 위치에 있나'를 연구하는 웃
지 못 할 촌극도 벌어진다. 2005년 〈동아일보〉는 '사진 안에 서열 있다…회
장 우측엔 넘버2-좌측 넘버3'라는 독특한 기사를 지면에 실었다. 내용인즉

롯데호텔 34층 집무실에서 취재진의 질문에 답하는 신격호 롯데그룹 총괄회장. 그 뒤의 인물이 장남 신동주 전 일본 롯데 회장이다. ⓒ연합뉴스

슨 그룹에서 누가 실세인가를 파악하기 위해서는 그룹에서 배포하는 사진
을 살펴보면 된다는 것이다. 회장과 최고경영자CEO들이 모였을 때 누가 회
장 왼쪽에 서는지, 누가 오른쪽에 서는지를 보면 사장단들의 서열이 정리된
다는 뜻이다. 경영자들의 경영 능력이 회장과의 '근접거리'로 결판이 나는
초특급 개그가 현실에서 나타난다.

　　2015년 발생한 롯데그룹 경영권 분쟁도 이와 비슷했다. 1차 경영권 분쟁
에서 참패한 장남신동주 전 일본 롯데 회장이 제일 먼저 한 행동은 '전하의 침소'인
롯데호텔 34층창업주 신격호의 숙소을 찾아 석고대죄를 한 일이었다. 그리고 이런

노력 끝에 전하의 마음을 얻은 장남이 다음으로 한 일은 34층 주변에 철의 장막을 치고 차남신동빈 일본 롯데 회장의 출입을 차단한 일이었다.

장남 측은 이런 태도에 대해 이렇게 해명한다. "애초 차남 측이 아버지를 장악한 채 장남이나 다른 형제들이 아버지에게 접근하는 것을 막고 4~5년 동안 문제를 일으켰기 때문"이라고. 전 세계가 더 나은 기술, 더 나은 이상을 향해 경쟁하는 동안 한국 재계 5위의 롯데그룹은 '누가 전하의 방에 출입할 권리를 갖느냐'를 두고 피 튀기게 싸웠다는 것이다.

낙관적인 사람들은 이렇게 말한다. "형제의 난 같은 봉건적 분쟁은 곧 마무리될 것이다. 왜냐하면 이런 모습은 2대 세습에서 주로 일어나는 현상이기 때문이다. 한국 재벌들의 창업자는 이미 작고했거나 고령이다. 이들에게는 아들들이 많았다. 그러니 분쟁이 일어난다. 하지만 대부분의 2대 세습이 마무리되고 3대 세습이 시작되는 지금은 그런 문제가 없다. 삼성이나 현대차만 해도 3세 아들이 한 명 뿐이지 않느냐. 형제가 주렁주렁 있었던 2대 세습 때와 달리 3대 세습 과정에서 분쟁은 훨씬 줄어들 것이다."

뭘 몰라도 한참 모르는 이야기다. 2대 세습이 주로 이뤄졌던 20세기에만 해도 한국에서는 '경영권은 아들에게'라는 묘한 남아 선호 사상이 남아있었다. 하지만 지금은 21세기다. 사회 분위기상 딸이라고 경영권 분쟁에 나서지 않을 이유가 조금도 없다. 적어도 '기업은 나의 것이고 그것은 곧 내 가족의 것이므로 자식에게 물려주는 것이 당연하다세금은 물론 최대한 안 내고'는 봉건적 승계 시스템이 남아있는 한 이 문제는 사라질 수가 없다.

문제의 본질은 아들이 몇이고 딸이 몇이냐가 아니다. 기업은 '주주의 것'

한국 재벌 흑역사

이라는 신자유주의 논리를 받아들인다 하더라도 경영권은 주주들의 이익을 가장 높일 수 있는 능력자에게 돌아가야 한다. 그리고 좀 더 나아가 기업이 주주와 노동자, 지역사회를 아우르는 연대 책임 집합체라는 사실을 인정한다면 경영자는 주주와 노동자, 지역사회와 국가의 가치를 최적화할 수 있는 최선의 인물이어야 한다.

마이크로소프트와 구글, 애플 등 첨단 기업들은 창의와 공유를 바탕으로 신기술 개발에 총력을 쏟는데 한국은 봉건과 폐쇄를 바탕으로 '전하의 침소'를 챙기는 일에 총력을 쏟는다. 이 반복되는 개그를 멈추는 방법은 단 하나다. 경영권 승계에 대한 사회적 합의를 만들고 그것을 시스템화해 보다 나은 경영자가 기업을 이끌 수 있도록 하는 것이다.

롯데가 낳은 최고 스타는
이대호가 아니라 신동학
- 재벌 폭행의 역사

희대의 강펀치로 이름을 날린 신동학

"1999년 3월 10일, 울산 울주군 언양읍 구수리 춘골산 중턱에서 특이한 현장검증이 실시됐다. 현장검증에 나타난 피의자는 30대 남성 두 명이었다. 이들은 롯데그룹 신격호 회장 부친의 묘를 파헤친 뒤 유골을 훔친 황당한 범죄의 주인공이었다. 유해를 빼돌린 이들은 대담하게도 롯데그룹 비서실에 전화를 해 "8억 원을 내놓지 않으면 유골을 돌려주지 않겠다"고 협박했다.

결국 이들은 경찰에 검거됐고 '분묘 발굴 사체영득 및 공갈'이라는 이름도 생소한 혐의로 구속됐다. 그리고 이날 유골 도굴 현장에 나타나 현장검증을 벌인 것이다.

이들은 비석을 보고 신 회장 아버지의 묘소를 확인한 뒤 봉분 뒷부분부터 파헤치는 모습을 재연했다. 그런데 이때 머리를 올백으로 넘기고 검은 넥타이를 느슨하게 조여 맨 건장한 30대 청년이 갑자기 괴성을 지르며 이들 피의자들에게 돌진했다. 그리고 분노에 찬 표정으로 몸을 붕~ 날리며 체중을

울산시 울주군 언양읍에서 열린 롯데 신격호 회장 부친 시신 도굴사건의 현장검증 도중 신회장의 조카 신동학씨(당시 31세)가 범인들에게 주먹을 휘두르며 달려들고 있다. ⓒ연합뉴스

한껏 실은 오른손 펀치를 날렸다. 삽을 들고 봉분을 파려던 피의자가 황급히 고개를 숙이는 바람에 이 회심의 펀치는 아깝게(!) 빗나갔다. 하지만 그 청년의 분노에 찬 표정과 혼신의 힘을 다해 휘두른 오른손 훅은 사진기자들의 셔터에 담겨 지금까지도 희대의 명장면으로 기억되고 있다. 〈동아일보〉는 이 사진을 사회면에 실으면서 '손자의 분노'라는 제목을 달았다.

회심의 주먹을 휘두른 '손자'는 바로 신격호 회장의 조카 신동학당시 31세이었다. 신동학은 당시 롯데그룹 부회장이었던 신준호현 푸르밀 회장의 아들이었다. 앞에서 살펴본 대로 신준호 역시 맏형 신격호와 갈라섰지만 당시에는 형제 중 유일하게 형으로부터 인정을 받았던 그룹의 실세였다. 그 신준호의 아들 신동학이 현장검증 장소에서 역대급 사진을 남긴 것이다.

'롯데가의 악마'라는 별칭을 가진 신동학은 경영과 상관없는 일로 롯데그룹 2세 중 가장 언론에 자주 이름이 오르내린 인물이었다. 세간에서는 "롯데가 낳은 최고 스타는 이대호가 아니라 신동학"이라는 이야기까지 나돌았다.

신동학은 1968년 생으로 현재 롯데그룹 실권을 장악한 사촌형 신동빈과는 열세 살 차이가 났다. 신동학은 친박 핵심인 자유한국당 윤상현 의원의 처남이기도 하다. 신동학의 누나 신경아가 윤상현의 부인이다.

오렌지로 데뷔해 방콕에서 마친 파란만장한 삶

신동학이 언론에 이름을 처음 올린 때는 그의 나이 26세였던 1994년이 었다. 당시 한국 경제는 3저 호황을 등에 업고 비약적 발전을 이룰 때였다. 그리고 이런 경제 호황을 바탕으로 '오렌지족'으로 불렸던 새로운 부유층 자제들이 서울 강남구 압구정동을 장악했다.

롯데 가문 2세인 신동학은 당연히 이 오렌지족 대열에 합류했다. 1994년 1월 영국 리치먼드대학교 2학년에 재학 중이던 신동학은 방학을 이용해 한 국에 돌아와 '수입 오렌지' 행세를 했다. 신동학과 어울렸던 수입 오렌지 중 에는 중앙정보부장을 지낸 이후락의 손자이자 제일화재해상보험 이동훈 회장의 아들 이석환당시 20세, 미국 브라운대학교 2학년 재학 중이 있었다.

신동학은 1월 16일 이석환 등 '수입 오렌지'들을 만나 강남구 청담동 나이트클럽에서 양주를 마셨다. 그리고 이튿날 새벽 1시 45분경 야식을 먹겠다며 신사동 포장마차로 향했다(포장마차라니! 재벌 2세께서 참 소박도 하시다). 신동학 등은 만취한 상태에서 그랜저 승용차를 몰고 서울 강남구 신사동 도산대로를 달렸다. 그런데 이때 소형차 프라이드 한 대가 그랜저 앞으로 끼어들었다. 격분한 신동학은 프라이드를 가로막은 뒤 운전자와 조수석에 앉아있던 사람을 끌어내 마구 두들겨 패기 시작했다.

이 사건이 그 유명한 '프라이드 주제에 어따 대고' 사건이다. 실제 신동학은 "건방지게 프라이드 주제에 가로막는다"는 황당한 이유로 주먹을 휘둘렀다. 헬조선 재벌 2세에게 프라이드 따위가 그랜저의 앞을 가로막는 일은 있어서는 안 되는 일이었다.

신동학과 이석환은 주먹질과 발길질에서 그치지 않았다. 이들은 도로변에 놓여있던 벽돌과 화분으로 사람을 두들겨 팼다. 피해자들은 각각 전치 4주와 8주의 중상을 입었고 그 중 한 명은 뇌출혈을 일으켜 수술까지 받았다.

신동학은 현장에서 도망친 뒤 이틀 후 영국 런던으로 몰래 출국하려다 김포공항에서 경찰에 붙잡혔다. 경찰 조사 결과 신동학은 1993년에도 폭력을 휘둘러 입건됐다는 사실이 밝혀졌다. 20대 중반에 벌써 폭행전과가 2범이었던 셈이다.

황당한 것은 경찰의 태도였다. 경찰은 신동학과 이석환을 붙잡고 보니 이들의 아버지가 어마어마한 사람들이라는 사실에 놀라 자빠졌다. 게다가 신동학은 즉시 변호사를 선임한 뒤 경찰조사를 거부하면서 "우리가 무슨 죄를 저질렀느냐?"라고 되레 큰소리를 쳤다. 이들의 기세에 눌린 경찰은 어떻게든 사건을 축소하는 것이 자신들의 입신에 도움이 된다고 판단을 했던 것 같다.

경찰은 조서에 이석환의 아버지인 제일화재해상보험 이동훈 회장의 직업을 '보험회사 직원'으로 적었다. 이재용 아버지의 직업을 '전자회사 직원'으로, 정의선 아버지의 직업을 '자동차 회사 직원'으로 표시하는 격이었다. 신동학 아버지의 직업은 '상업'으로 기재됐다. 경찰은 이 사건을 상급기관인 서울경찰청에 보고도 하지 않았다. 경찰의 눈물겨운 사건 축소 노력은 언론 보도를 통해 무위로 돌아갔지만 재벌 2세의 폭행사건은 언제나 그렇듯 집행유예로 마무리됐다. 신동학과 이석환은 같은 해 3월 모두 집행유예_{징역 2년 6월, 집행유예 3년}로 풀려났다.

신동학은 1996년 코카인과 대마초 복용 혐의로 두 번째로 구속됐다. 그는 1994년 말 영국 유학 중에 런던에 있는 집에서 코카인을 흡입했고 1996년 3월부터 5월까지 동거 중이던 디자이너 김 모 씨_{당시 25세}와 대마초를 피운 것으로 밝혀졌다.

신동학이 코카인을 복용한 1994년 말은 그가 폭행을 휘두른 지 1년도 채 되지 않은 시점이었다. 지난 겨울에는 사람을 패고, 이번 겨울에는 마약을 빨았다는 이야기다. 반성 따위는 당연히 찾아볼 수 없었다.

검거된 경위도 황당했다. 당시 신동학은 디자이너 김 씨와 동거 중이었고 김 씨는 임신을 했다. 그런데 신동학은 김 씨가 임신을 하자 대뜸 "헤어지자"고 요구했다. 이에 격분한 김 씨가 낙태 수술을 한 뒤 이 사실을 검찰에 알리는 바람에 마약 복용 사실이 밝혀진 것이다.

신동학의 기행은 멈추지 않았다. 신동학은 2000년 혈중 알코올 농도 0.246% 상태로 강남구에서 운전을 하다 추돌사고를 냈다. 도주하려는 신동학을 경찰이 제지하자 신동학은 경찰관을 차 문짝에 매달고 질주했다. 결국 경찰관은 전치 12주의 중상을 입었다.

사건 직후 신동학은 국선변호인을 선임해 재판을 맞았다. 이때부터 "롯데 가문에서 신동학을 완전히 내놓은 자식 취급하기 시작했다"는 소문이 나돌았다. 하지만 이후에 다시 사선변호인을 선임하면서 이 소문은 가라앉았다. 신동학은 이 사건으로 징역 2년의 실형을 선고받았다.

파란만장했던 신동학의 삶은 2005년 태국 방콕에서 마무리됐다. 그가 태국 방콕의 한 아파트 6층에서 추락사했다는 소식이 전해진 것이다. 37세의 젊은 나이였다.

그가 어떤 과정으로 세상을 떠났는지는 알려진 바가 많지 않다. '재벌 2세의 추락사'라는 선정적 소재에도 불구하고 언론은 이 사실을 거의 다루지 않았다. 마약에 취해 실족했다는 설, 술에 취해 발을 헛디뎠다는 설 등만 남아있을 뿐이었다.

태국 경찰은 신동학의 사망을 추락사라고 발표했고 가족들도 이를 재빨리 인정했다. 시신은 가족들의 뜻에 따라 현장에서 화장됐다. 이 사건에 대해 한 주간지는 신동학 후배의 입을 빌어 "신동학이 현지에서 미모의 여성과 사귀었고 술에 취해 그 여성에게 폭력을 휘둘렀다. 여성의 남자친구가 격분해 신동학이 사는 곳으로 쳐들어와 살해했다"는 의혹을 제기했다. 아무튼 이렇게 롯데가 낳은 최고 스타의 파란만장한 삶은 마흔을 채 채우지 못하고 마감됐다.

안하무인 한국 재벌들의 폭행 흑역사

신동학의 엽기적 폭행 행각을 살펴본 김에 한국 재벌들이 벌인 주먹질의 역사를 한번 돌이켜보자. 이 기록들을 보면 이들이 기업을 운영하는 경영자인지 깡패 두목인지 도무지 구분이 안 갈 정도다.

1979년 한국시티즌공업 이사였던 하명준당시 25세이라는 자가 있었다. 하명준의 아버지는 평창전분을 시작으로 한미시티정밀, 한송학원, 중앙상호신용금고 등 여러 개의 기업을 경영하던 재벌이었다.

하명준은 평소 단골로 찾던 한 호텔 나이트클럽 호스티스에게 청혼했는데 거절을 당하자 여성의 옷을 벗긴 뒤 아랫배에 담뱃불로 자신의 성인 '하'자를 새겼다. 이런 짓을 한 이유가 더 기가 막히다. "너를 영원히 내 애인으로 만들겠다"라는 게 그 이유였단다. 피해 여성은 고통에 못 이겨 두 시간 동안 실신했다가 겨우 깨어났다.

그룹 차원에서 폭행 분야 지존을 꼽자면 주인공은 단연 한화 그룹이다. 김승연 회장의 차남 김동원은 그 유명한 '김승연 보복폭행사건'의 당사자다.

김동원의 나이 고작 21세였던 2007년 이 청년은 북창동 룸살롱에서 술을 마시다 종업원들한테 얻어터졌다. 자식이 얻어터지고 온 것에 분노한 김승연은 경비업체 직원과 조폭을 동원해 직접 보복에 나섰다. 이 사건에서

한화그룹 김승연 회장 ⓒ민중의소리

김 회장이 동원한 조폭들은 이름만 들어도 무시무시한 명동파, 맘보파, 범서방파 등이었다.

더 엽기적인 것은 김승연의 폭행 태도였다. 당시 김동원은 눈을 맞고 돌아왔는데 김승연은 이를 보복하겠다며 종업원들의 무릎을 꿇린 뒤 손수 장갑을 끼고 상대의 눈만 집중적으로 때렸다. 예수님은 "오른 뺨을 맞으면 왼뺨을 내밀라"고 가르치셨는데, 한화그룹의 회장은 "오른 눈을 맞으면 오른 눈을 집중적으로 두들겨 패라"고 몸소 시범을 보이신다.

당시 얻어터졌던 김동원의 엽기 행각도 만만치 않다. 자기 때문에 아버지가 구속이 됐으면 자제라는 것도 좀 할 줄 알아야 한다. 그런데 김동원은 사고를 친 지 4년만에 교통사고를 내고 뺑소니를 쳤다가 벌금 700만 원 형을 받았다.

김동원은 이에 그치지 않고 이듬해에는 대마초를 피우다 붙잡혔다. 이 정도면 구제불능이라고 봐야 하는데 이 청년이 2018년 현재 ㈜한화의 디지털 팀장이 돼 한화그룹의 핀테크 사업을 주도한단다. 핀테크가 무슨 뜻인지 알고는 있고? 핀테크에서 '핀'이 압핀이나 머리핀이 아니라는 사실 정도는 알아야 할 텐데 괜히 걱정이 앞선다.

김승연의 3남 김동선 씨. 이 청년도 형에 못지않다. 김동선은 2017년 1월 서울의 한 고급 술집에서 술을 마시고 종업원에게 폭력을 휘두르다 경찰에 붙잡혔다. 그런데 김동선은 순찰차 안에서도 난동을 부렸다. 경찰관들한테 쌍욕을 퍼붓고 차량에 발길질을 하다 순찰차 좌석 시트를 박살냈다. 검찰은 그를 구속기소했지만 법원은 2개월 만에 그를 또 집행유예로 풀어줬다.

집행유예는 전혀 납득할 수 없었다. 왜냐하면 김동선의 난동은 당시가 처음이 아니었기 때문이다. 그는 2010년에도 용산구의 한 고급 호텔 주점에서 여종업원을 추행했고 그걸 제지하던 다른 종업원들과 싸우다가 마이크를 집어 던져 유리창을 박살낸 폭행 전력이 있다.

당시 김동선의 나이가 21세였는데 이 집안은 21세만 되면 룸살롱에서 사고를 치는 독특한 가풍이 있는 모양이다. 형인 김동원이 룸살롱에서 얻어터져 김승연의 보복폭행 사건을 유발했던 때도 21세였으니 말이다.

김동선의 폭행 행각은 여기서 그치지 않는다. 집행유예를 받은지 6개월도 되지 않은 9월 김동선은 국내 최대 로펌인 김앤장 신입 변호사들의 친목 모임에 참석했다가 변호사들의 뺨을 때리고 머리채를 쥐어뜯는 만행을 저질렀다.

김동선은 변호사들에게 "나를 주주님이라고 불러라", "허리 똑바로 펴고 앉아라", "존댓말을 써라" 등 갑질적 언사를 남발했다. 이 장면에서 최고 압권은 "너희 아버지 뭐하시냐?"라고 김동선이 물었다는 대목. 영화 〈친구〉의 명대사로만 기억했던 "느그 아버지 뭐하시노?"가 현실화되는 역사적 순간이었다.

하지만 한화그룹을 고객으로 삼았던 김앤장과 피해 변호사들은 "처벌을 원치 않는다"고 밝혔다. 폭행은 반의사불벌죄에 해당하기에 김동선은 또 한번 쇠고랑을 차는 일을 면했다. 이런 자들이 한화그룹 3세 승계의 주인공이란다. 지나가던 개가 웃을 일인데 한국에서는 이 개가 웃을 일이 현실이 된다.

2010년 SK그룹 최태원 회장의 사촌동생인 최철원 M&M 전 대표가 건물 앞에서 시위를 하던 화물노동자를 사무실로 불러 알루미늄 야구 방망이로 두들겨 팬 일이 있었다. 이게 그 유명한 '재벌2세 맷값 사건'인데 이 사건은 2부에서 상세히 다룰 터이니 여기서는 생략하자.

섬유유연제를 만드는 기업 피죤의 창업자 이윤재 회장은 2011년 전문경영인 이은욱 씨를 사장으로 영입한다. 이은욱은 취임 이후 피죤의 월 매출을 3개월 만에 갑절 가까이 끌어 올렸지만 이윤재는 뭐가 마음에 안 들었는지 취임 4개월 만에 이은욱을 해고했다. 이은욱이 이에 불복해 서울중앙지

법에 손해배상 및 해고 무효 소송을 제기했다. 그러자 이윤재는 조직폭력배인 무등산파에게 3억 원을 쥐어주고 이은욱을 길거리에서 폭행하도록 시킨다. 이 사건으로 이윤재는 구속됐다. 더 가련한 일은 이은욱을 폭행한 뒤 경찰에 쫓기던 무등산파 조폭 한 명이 목을 매달아 스스로 목숨을 끊었다는 사실이다.

2013년 4월 경주빵과 호두과자를 생산하는 중소제과업체 프라임베이커리 강수태 회장이 서울 소공동 롯데호텔 현관에서 지배인을 지갑으로 때렸다. 호텔 지배인이 주차장 입구에 세워놓은 차를 이동해 줄 것을 요구하자 강수태는 "너 이리 와봐. 네가 뭔데 차를 빼라 마라야?"라며 욕설을 퍼부었다.

참다못한 지배인이 "욕은 하지 마시죠. 저도 군대 간 아들이 있는 50대입니다"라고 말하자 강수태는 "나는 70이 넘었다"며 지갑을 꺼내 지배인의 뺨을 수차례 갈겼다. 강수태는 이 일로 주요 포털 실시간 검색어 1위에 오르는 영광을 누렸다. 여론의 십자포화가 이어지자 강수태는 사건 다음 달 폐업을 선언했다. 이 회사의 최대 납품처인 코레일관광개발이 프라임베이커리와의 계약을 해지한 탓이었다.

동진레저와 블랙야크 등을 이끄는 강태선 회장은 2013년 9월 전남 여수행 비행기를 타려다가 셔틀버스 운행이 지연돼 비행기를 놓치자 항공사 용역직원을 팼다. 특이한 것은 강태선의 폭행 취향(?)인데, 그가 신문지로 직원을 때렸다는 것이다. 탤런트 김혜자 씨는 "꽃으로도 때리지 말라"고 했는데 강태선은 꽃 대신 신문지를 폭행 도구로 사용했다.

고개 숙인 조현아 대한항공 부사장 ⓒ민중의소리

　강태선은 당시 "직원을 야단치는 과정에서 들고 있던 신문지를 던진 것은 맞지만 고의로 때린 것은 아니다"라고 해명을 했다. 신문지를 던졌는데 고의가 아니란다. "술은 마셨지만 음주운전은 아니다", "가슴은 찔렀지만 성추행은 아니다" 뭐 이런 개념인가?

　2014년 땅콩 회항으로 국제적 명성을 날린 조현아 전 대한항공 부사장의 폭행은 너무 잘 알려져 별도의 소개가 필요 없을 정도다. 폭행과는 상관이 없지만 조현아의 여동생인 조현민 전무도 엽기적이기기는 마찬가지다.

　조현민은 2012년 트래블메이트 김도균 대표와 트위터로 언쟁을 할 때

'귀사의 무근한 발전무궁한 발전을 기원합니다' '명의 회손명예훼손' 등 황당한 맞춤법을 사용해 화제가 됐던 그 인물이다.

땅콩 회항 사건 당시 조현민은 대한항공 임직원들에게 메일로 반성문을 보내면서 "이번 사건은 대한항공 임직원 모두의 잘못"이라고 말했다가 논란을 일으켰다. 사고는 언니가 쳤는데 왜 그 잘못이 임직원 모두에게 돌아가는지 알다가도 모를 일이다. 또 조현민은 반성문을 보낸 바로 그날 언니에게 "반드시 복수하겠어"라는 내용의 문자 메시지를 보내기도 했다.

조현아의 동생이자 조현민의 오빠인 조원태 대한항공 사장. 이 자는 2017년 대한항공 사장에 오르며 한진그룹 3세 승계의 주인공이 된 인물이다. 그런데 조원태는 2005년 29세의 나이에 승용차를 운전하다가 시비가 붙어 70대 노인을 폭행해 입건된 전력이 있다. 당시 조원태가 밀친 70대 노인은 아기를 안고 있었다.

조원태는 또 2012년 인하대를 방문한 자리에서 학교 운영과 관련된 정보 공개를 요청하는 시민단체 회원들에게 "내가 조원태다. 어쩔래, 개새끼야"라고 욕설을 내뱉은 전력도 있다. 조원태는 기자들에게도 막말을 한 것으로 전해졌다.

2015년 6월에는 숙취해소 음료 '여명808'을 제조하는 회사의 오너인 남종현 전 대한유도회 회장이 중고유도연맹회장 이무희 씨에게 맥주잔을 던져 이빨을 다치게 했다. 남종현은 때리면서 "야 이 포항 놈아. 너 나한테 반기를 들었지"라며 상대의 무릎을 꿇리고 맥주잔으로 폭행했다. 그런데 포항 출신인 게 맞아야 할 이유인가? 여명808 회장님에게 안 맞으려면 고향도 가려서 태어나야 할 판이다.

남종현은 2014년 아시안게임 당시 출입증이 없는 지인들을 경기장에 입장시키려다 안전요원과 경찰관들이 막아서자 "유도회 회장은 유도 경기를 중단시킬 수도 있다", "여기선 내가 왕이다"라며 욕설을 퍼붓는 등 난동을 부린 적도 있었다. 남종현이 잘 모르는 것 같아 친절히 알려주자면 한국은 왕국이 아니라 공화국이다. 자기가 왕이라는 착각은 집에서만 하라고 권하고 싶다.

운전기사 폭행 시리즈

2015년 말에는 국내 최장수 기업 중 하나인 몽고식품 김만식 명예회장이 운전기사를 상습 폭행한 사실이 드러나 물의를 일으켰다. 김만식은 운전기사의 정강이와 허벅지, 그리고 낭심을 시도 때도 없이 걷어찼다고 한다. 그는 또 백주대낮 사람들이 다 쳐다보는 공간에서도 직원들을 팼는데 사람을 때리면서 그가 남겼다는 말이 걸작이다. "내가 인간 조련사다!"라고 했단다.

하지만 김만식의 운전기사 폭행은 서막에 불과했다. 운전기사 폭행계에 지존이라 불릴만한 인물이 바로 그 뒤를 이었기 때문이다. 국내 건설사 중 처음으로 3세 승계를 한 대림산업 이해욱 부회장. 하도 성질이 더러워서 이자의 별명이 '욱해 선생'이란다.

"평균 일주일이면 (운전기사가) 바뀝니다. 짧으면 2~3일, 못 버려요. 절대. 시종일관 폭언에 백미러사이드미러 접고 운전을 시키는데 죽지 않고 살아

있는 것만 해도 다행이죠."

〈노컷뉴스〉와 인터뷰한 이해욱 운전기사의 증언이었다. 이 운전기사는 이해욱의 운전기사로 지낸 보름을 "지옥 같았다"고 표현했다. 이해욱이 가장 중시한 운전의 기본은 '부드러운 출발과 정지'였단다. 그래서 "물이 넘칠 정도로 가득 담긴 컵에서 단 한 방울도 흘러내리지 않을 정도로 부드러운 출발과 정지"를 강조했다. 출발과 정지 때 차에 진동이 느껴지면 바로 욱해의 쌍욕과 폭행이 시작됐다. "붙여, 이 XXX야", "이 XX야, 똑바로 못해" 등의 욕설과 함께 기사의 뒤통수를 가격했다는 것이다. 그렇게 부드러운 운전을 중시한다면 국가가 공인한 코너링의 달인 우병우의 아들을 운전기사로 써보면 어떨까?

욱해 선생의 폭행 수준이 정신 진료를 요하는 수준임을 짐작케 하는 대목이 있다. 욱해는 운전기사에게 사이드 미러를 접고 운전을 하도록 강요했다는 것이다. 사이드 미러를 접으면 안전에 심각한 문제가 생길 텐데 왜 이런 일을 시키는 것일까? 쉽게 말하면 '죽고 싶어서 안달'인 경우가 바로 이런 경우다.

또 다른 전 운전기사의 증언에 따르면 그는 스스로를 "인간 내비게이션이자 도로에서 차량 중계자였다"고 표현했다. 욱해는 자동차 마니아로 알려졌다. 주말마다 서킷에 나갈 정도로 운전 실력이 뛰어나다고 한다.

그래서 욱해 자신이 직접 차를 몰기도 했는데 이때 기사들은 조수석에서 도로 차량 중계를 했다는 것이다. "왼쪽에 BMW가 지나가고 오른쪽에는 소나타가 지나갑니다"는 식이었다. 욱해는 강변북로나 올림픽대로 같은 곳에

이해욱 대림산업 부회장 ©민중의소리

서 전 차선을 써가며 시속 150~160km로 달렸는데 운전기사가 옆으로 지나가는 차량을 제대로 캐치 못하면 바로 쌍욕이 쏟아졌다고 한다.

당시 보도에 따르면 대림산업 운전기사는 '상시모집 중'이었다. 운전기사가 있는데도 항상 기사 면접을 본다는 것이다. 욱해가 새 면접자를 마음에 들어 하면 기존 운전기사는 바로 해고된다. 사정이 이렇다보니 2015년에만 운전기사로 채용된 이가 무려 40명이었다고 한다. 이건 아무리 좋게 생각해도 'e편한세상'이 아니라 '불편한 세상'이다. 대림산업은 '진심이 짓는다'는 광고 카피를 내세운 바 있다. '진심이 때린다'가 더 어울리지 않나?

욱해의 바통을 이어받은 인물이 범 현대가의 일원 현대BNG스틸 정일선 사장이었다. 정일선은 정주영 명예회장의 4남인 정몽우 전 현대알루미늄 회장의 아들이다. 동생으로는 현대BNG스틸에서 부사장으로 일하는 정문선과 2008년 독립해 현대BS&C를 이끄는 정대선이 있다. 정대선은 전 KBS 아나운서 노현정 씨의 남편으로 잘 알려진 인물이기도 하다.

정일선은 2014년부터 2016년까지 3년 동안 운전기사 61명을 갈아치운 것으로 이름을 떨쳤다. 운전기사 한 사람당 노동 기간이 평균 18일이었다. 하지만 정일선이 정말로 대단한 대목은 따로 있었다. 특이하게도 그는 갑질의 매뉴얼을 만들어 놓았다.

A4 용지 100여 장에 달하는 수행기사 '갑질 매뉴얼'은 황당 그 자체였다. 운전기사들은 출근 전 정일선의 속옷과 양말, 운동복 등을 챙겨야 하는데 속옷은 군대에서 접듯이 세 번 각 잡고 밴드 쪽으로 말아 올려 개야 했다. 양말이나 다른 옷들도 마찬가지다.

"이 X끼야"라는 욕설은 그 자체가 호명으로 받아들여졌다고 한다. 정일선은 "누가 니 맘대로 하래? X신 같은 X끼야, 니 머리가 좋은 줄 아냐? 머리가 안 되면 물어봐"라며 인격 비하적인 언행을 일상적으로 퍼부으면서 주먹으로 운전기사의 머리를 쾅쾅 내리쳤다.

심지어 정일선이 권투를 해서 펀치 강도도 상당했다는 게 운전기사들의 증언이었다. "조인트 까이고 정강이 차이고 많이 맞을 때는 20~30대씩 주먹으로 머리를 연속으로 맞았다"는 게 그들의 증언이었다.

도대체 이들은 왜 이러는 것일까? 사실 이런 행태들은 진지하게 정신과 상담을 받아야 하는 영역이다. 이들의 폭행 취향을 설명할 상식적인 방법이 없다는 뜻이다. 하지만 이에 대해 논리적으로 분석을 한 해외 신문이 있어 그 의견을 그대로 소개한다. 최철원 맷값 폭행 사건을 다룬 〈LA타임즈〉는 당시 이 사건을 이렇게 보도했다.

"한국 사회에는 한국전쟁 이후 경제 성장에 대한 강박관념이 있다. 또 재벌이 경제 성장을 위해 반드시 필요한 부분이라고 믿는 경향이 있다. 군사정권 아래 번창한 한국 재벌들은 스스로의 자정 능력을 잃었다. 이런 이유로 재벌에 대한 엄격한 처벌이 이뤄지지 않기 때문에 재벌들의 폭행이 자주 발생하는 것이다."

배임과 횡령으로 꽃 피운
신격호의 셋째 부인 사랑
-신격호의 불륜

목사님이나 신부님처럼 살라는 이야기가 아니다

1992년 12월 3일 서울 한국프레스센터에서 열린 대통령 후보 초청 관훈클럽 토론회에 정주영 국민당 대통령 후보가 등장했다. 대선을 불과 보름 앞두고 열린 이 토론회에서 다양한 정견을 거침없이 피력하던 정주영은 "여성 스캔들에 대해 말이 많은데요"라는 한 패널의 질문에 "안 물어봤으면 좋았을 질문을 물어봤다"라며 뜸을 들였다. 그리고 정주영은 이렇게 답했다.

"내가 신부님이나 목사님처럼 살지 못한 것은 사실입니다. 그러나 내 생애에 여성관계가 복잡해도 어떤 여성에게 원망을 사본 일이 없습니다. 가정도 화목하기 그지없습니다."

이어 한 패널이 "자녀들의 어머니가 모두 다르다는 소문이 있습니다"라고 묻자 정주영은 거침없이 답을 이어 나갔다.

신동주·동빈 형제의 모친인 하츠코씨 ⓒ연합뉴스

"고향에서 집을 떠날 때 16세였습니다. 결혼하고 바로 떠났어요. 내가 고향을 떠난 후에 큰애 몽필이가 태어났습니다. 내가 당시 노동판과 정미소를 전전하다가 집에 돌아가 보니 그 여자는 다른 데로 시집을 가버렸습니다. 그래서 장남 몽필이는 지금 우리 집사람이 낳지 않았습니다. 그리고 맨 끝 애정몽일가 바깥에서 낳은 것도 사실입니다. 그 외에는 모두 지금 집사람 소생으로 더 이상 복잡한 것은 없습니다."

복잡한 게 없다고? 아무리 봐도 복잡해 죽겠는데? 그러니까 정주영의 해명에 따르면 그는 결혼을 하고도 가정을 지키지 않고 바로 가출을 하는 바람에 첫 번째 부인이 재혼을 했다. 부인과의 사이에는 아들도 한 명이 있었다. 그 아들이 바로 1982년 교통사고로 세상을 떠난 비운의 장자長子 정몽필이었다. 아들까지 낳고도 가출을 해서 아내와 아들에게 연락도 하지 않은 것부터 이 집안 스토리는 벌써 복잡하다.

그리고 정주영은 재혼을 했다. 정몽구, 정몽헌, 정몽근, 정몽우, 정몽헌, 정몽준, 정몽윤 형제까지는 변중석 여사의 아들이라고 정주영은 주장한다. 8남 정몽일은 '바깥에서 낳은' 자식인데 그 바깥이 어디인지, 정몽일의 어머니는 누군지 아무도 모른다.

심지어 6남 정몽준은 2002년 8월 대선 출마를 선언한 뒤 기자들과 산행을 하며 "나도 뭐 아버지와 어머니 사이에서 태어났지, 뭐 딴 데서 나나? 어느 시점에서 생모가 누구인지 밝히겠다"라고 말했다. 아버지 정주영은 정몽준의 어머니가 변중석이라고 주장하며 "복잡하지 않다"고 단언했는데, 그 아들은 변중석이 친모가 아니라는 점을 인정했다. 그리고 명색이 한 나라의 대선 후보로 나선 이가 "어머니가 누구인지 나중에 밝히겠다"고 말한다. 글로벌 기업을 운영하는 가문이 왜 호부호형呼父呼兄을 금지하나? 어머니를 어머니라 부르지 못하는 자식을 두고 정주영은 "복잡하지 않다"고 말할지 모르겠는데 일부일처제의 나라에서 사는 평범한 국민들에게는 이게 매우 복잡한 일이다.

하지만 정주영의 말대로 만약 그가 어떤 여성으로부터도 원망을 사본 일이 없다면 그건 충분히 개인사로 생각해 줄 수 있다. 패널이 정주영에게 복잡한 여성관계를 물어본 것도 그가 대통령 후보로 출마했기 때문이다. 그냥 정주영이 재벌 총수로 살았다면 그가 몇 명의 여자와 관계를 맺었고 자식들의 어머니가 누구인지는 우리의 관심사가 아니다.

한국은 남성 재벌이나 권력자들의 여성관계에 대해 매우 관대한 나라다. 정치인들의 성性 스캔들에 매우 예민하게 반응하는 서양에 비해 한국은 정치인들의 일탈도 '그러려니'하고 넘어가는 일이 잦다.

오죽했으면 박정희는 안가에서 '대통령의 여성들'을 끼고 술을 마셔도 별로 흠을 잡히지 않았다. 김재규에 따르면 이런 여성들이 무려 100여 명이었다는데도 말이다. 여담이지만 박정희의 부인 육영수는 박정희의 여성 편력에 화를 내다 박정희가 던진 재떨이에 얼굴을 맞아 시퍼렇게 멍이 든 적도 있었다. 하지만 이런 일들은 '영웅호색'이라는 남성 중심의 그릇된 세계관에 묻혀 '그럴 수도 있는 일' 정도로 넘어가기 일쑤였다.

좋다. 그럴 수도 있는 일이라고 치자. 물론 이 말이 성공한 남성이 일부일처의 관습을 어기고 돈과 권력을 바탕으로 외도를 밥 먹듯 해도 괜찮다는 이야기는 아니다. 비록 매우 그릇된 일이지만 그것은 어디까지나 개인사의 문제이니 일단 그럴 수도 있다고 치자는 뜻이다. 한국 재벌의 역사를 기록하는 일이 개인사의 흠결을 들춰내는 작업은 아니므로 속칭 이부자리 속의 일은 우리가 관심을 가질 일이 아니라고 정리하겠다.

권력자와 재벌들이 이부자리에서 뭔 짓을 하건 상관할 바는 아닌데, 그 결과가 사회의 질서를 무너뜨리고 공공의 이익을 침해할 때는 문제가 발생한다. 예를 들어 동아그룹 회장 최원석이 펄 시스터즈 출신 연예인 배인숙과 결혼을 한 뒤 미스코리아 출신 아나운서 장은영 씨와 살림을 차린 일 따위는 옐로저널리즘의 영역이다. 하지만 한국 재벌들 중에는 자신의 불륜을 유지하기 위해 공적 영역인 기업을 동원하는 자들이 있다. 주주와 사회에 환원돼야 할 기업의 이익을 불륜을 위해 쏟아 붓는 패악질을 서슴지 않는다. 이 지경이 되면 그 일은 더 이상 이부자리 속의 일이 아니다. 우리가 롯데그룹 창업주 신격호의 '셋째 부인'으로 거론되는 서미경에 대한 기록을 멈출 수 없는 이유가 여기에 있다.

화려한 연예계 생활을 뒤로 하고 사라진 서미경

회사 이름을 대문호 괴테의 소설 여주인공 '샤롯데'에서 따올 정도로 낭만적(!)이었던 신격호에게는 모두 세 명의 부인이 있다. 그 중 첫째 부인이 앞에서 다룬 노순화였고 둘째 부인이 일본에서 만나 1950년 결혼한 시게미츠 하스코重光初子다. 그리고 언론이 '신격호의 셋째 부인'이라고 버젓이 적는 인물이 이번 장의 주인공인 서미경이다.

1959년생인 서미경은 신격호와 무려 37살이나 차이가 난다. 미스롯데 출신이라는 사실은 널리 알려졌지만 정작 서미경이 1970년대 어떤 활동을 했는지 기억하는 이들은 많지 않다.

서미경은 생각보다 훨씬 유명한 연예인이었다. 서미경이라는 이름은 기억 못해도 아역배우 출신으로 1970년대 브라운관과 영화계를 누볐던 배우 서승희를 기억하는 사람들은 꽤 된다. 그 서승희의 본명이 바로 서미경이다.

서승희는 1972년, 그러니까 고작 13살의 나이에 제 1회 미스롯데 선발대회에서 미스롯데로 선발됐다. 하지만 서승희는 미스롯데에 뽑히기 전부터 상당히 이름을 날린 아역 배우였다. 서승희는 7세 때 TBC 어린이합창단 단원으로 활동을 시작했다. 그리고 초등학교 3학년 때에는 영화 〈피도 눈물도 없다〉에 출연해 아역 배우의 길을 걸었다. 영화 〈푸른 사과〉와 뮤지컬 영화 〈김 선생과 어머니〉에도 주연으로 출연했다.

1970년대의 서미경 ⓒ연합뉴스

서승희는 금호여중 2학년 때 미스롯데에 선발돼 롯데CF 모델에 발탁됐다. 이후 서승희는 다방면에서 재능을 발휘한, 요즘 말로 만능 엔터테이너의 길을 걸었다. MBC 〈금주의 인기가요〉와 TBC 〈데이트 쇼〉에서 MC를 보기도 했고 〈언약〉, 〈시집갈 때까지〉, 〈상노〉, 〈청실홍실〉 등 드라마에도 출연했다. 〈어린 왕자〉, 〈우리 집 식구는 아무도 못 말려〉, 〈바람과 함께 사라지다〉 등 다수의 연극 작품에도 등장했다.

특이한 것은 1977년 광고조사 회사인 종합기획이 서울시민 600여 명을 대상으로 '좋아하는 연예인'과 '싫어하는 연예인'을 조사했는데 서승희가 '싫어하는 연예인' 분야에서 2위를 차지했다는 점이다. 싫어하는 연예인 1위는 남진이었고 김상진, 하춘화, 문숙, 송대관, 정미조, 염복순, 윤향기, 김세나 등이 이름을 올렸다.

하지만 서승희는 '미녀로 생긴 연예인' 분야에서도 10위에 올랐다. 이 분야 상위권에는 정윤희, 장미희, 유지인, 홍세미, 김창숙, 정소녀, 한혜숙, 김자옥, 고은아, 서승희 등이 포진됐다. 요약하자면 서승희는 당대를 주름잡았던 유명 미녀 연예인이었으며, 워낙 다방면에서 활동했던 만큼 대중들에게 약간 '밉상' 이미지도 있었던 인물이었다. 하지만 연예인에게는 악플도 관심을 받는다는 증거다. 서승희에게 붙은 '싫어하는 연예인 2위'의 타이틀은 그가 대중의 관심을 많이 받았다는 사실을 입증하는 일이기도 했다.

탤런트로는 주로 TBC에서 활동했던 서승희는 1979년 돌연 6개월 동안의 휴지기를 가졌다. 요즘에야 6개월 정도의 공백은 공백으로 치지도 않지만, 연예인 숫자 자체가 턱 없이 부족했던 당시로서는 인기 탤런트가 6개월이나 공백을 갖는 것은 매우 이례적인 일이었다.

그러던 서승희는 주 무대로 활동하던 TBC를 떠나 그 해 10월 MBC 대하드라마 〈토지〉에 출연하며 컴백을 알렸다. 서승희는 당시 〈경향신문〉과의 인터뷰에서 "외모보다는 연기자로 크고 싶어요. 그래서 지난날 멋모르고 뛰어들었던 연예활동을 정리해보려 집안에 틀어박혀 갖가지 궁리에 잠겨봤었죠"라고 말했다. 화려했던 만능 엔터테이너의 길을 접고 20세에 접어들던 해에 서승희는 연기에 올인하겠다는 계획을 밝힌 것이다.

그런데 이 인터뷰는 서승희의 기대와 달리 불운으로 이어지고 말았다. 〈경향신문〉과 가진 컴백 인터뷰는 1979년 10월 27일자 5면에 실렸다. 연예인과의 인터뷰가 종합일간지 5면에 나올 정도라면 상당히 비중이 있는 기사였던 셈이다.

그런데 바로 전날 박정희가 김재규의 총에 목숨을 잃는 10.26사태가 벌어진다. 이 때문에 서승희의 컴백 기사가 실린 27일자 신문은 거의 전체 지면이 박정희 사망 소식으로 덮이고 말았다. 서승희의 컴백 인터뷰도 당연히 전혀 화제가 되지 못했다. 컴백 타이밍을 잘 못 잡는 쪽으로는 정치인 손학규 씨가 유명하지만 1970년대 그 방면의 원조로 서승희가 있었다.

신군부가 들어선 1980년까지 서승희는 비교적 활발한 활동을 벌였다. 그러던 서승희는 1981년 3월 돌연 일본 유학을 가겠다며 종적을 감췄다. 당시 〈동아일보〉는 이 사건을 이렇게 보도했다.

상승주인 서 양이 '실질적 은퇴'를 선언, 학업한성대 상과 재학 중마저 포기하고 일본 유학을 떠난다는 소식이 방송가에서 꽤 화제가 되고 있다. '강력한 스폰서'가 이번 유학을 뒷받침하고 있다는 것이 화제의 초점. 당숙이 동경에 살고 있어 일본을 택했다는 서 양과 그녀의 아버지는 '스폰서' 운운하는 설을 부인했다.

서승희는 '스폰서 설'을 부인했지만 결국 그 설은 사실임이 드러났다. 서승희는 일본에 입국한 뒤 본명인 서미경으로 돌아왔고 1983년 딸을 출산했다. 이 딸이 공식적으로 신격호의 호적에 올라있는 신유미다. 서미경은 처음에는 딸을 동생으로 호적에 올렸다가 1988년 신격호의 딸로 호적을 바꿨다. 신격호는 신유미를 딸로 받아들이기 직전 신유미의 유전자 검사까지 실시하며 친딸이 맞는지 꼼꼼히 확인했다.

이 일을 계기로 서미경은 공식적으로 신격호의 '셋째 부인' 자리에 올랐다. 서미경은 이때 신격호의 가족들과도 대면했다. 당시 서미경은 29세로 신격호의 장녀 신영자당시 46세에 비해서도 현저히 어렸다. 하지만 서미경은 신영자와 첫 대면에서 "내가 엄마 격이니까 반말 해도 되지?"라며 기선을 제압했다. 서미경의 강단 있는 성격을 드러내 주는 일화였다.

회사 돈을 셋째 부인에게 몰아 준 파렴치한 신격호

지금까지의 이야기는 전적으로 신격호의 사생활이다. 여기서 일이 그쳤다면 서미경의 연예인 당시 예명이 서승희였는지, 그의 딸인 신유미가 뭐하는 사람인지 우리가 관심을 가질 이유가 없다.

문제는 유원실업이라는 정체불명의 회사가 세상에 알려지면서 시작됐다. 유원실업은 2002년 설립됐지만 비상장 회사여서 무슨 일을 하는지 알려진 바가 거의 없었다. 그런데 이 유원실업이 롯데그룹 산하의 서울, 경기지역 영화관 30여 매점을 독점 운영한다는 사실이 밝혀졌다. 2007년 공정위에 따르면 유원실업의 소유주는 서미경, 신유미 모녀였다. 서미경이 회사 지분 57.82%, 신유미는 42.18%를 각각 보유했다. 모녀가 회사 지분

신격호 롯데그룹 회장의 사실혼 배우자 서미경씨 ⓒ민중의소리

100%를 차지했던 것이다.

　롯데는 서미경 모녀가 소유한 유원실업에 매점 운영권을 헐값으로 넘겼다. 유원실업은 롯데의 지원 하에 매년 매출 200억 원을 올리는 알짜 기업으로 성장했다. 매점을 서미경 모녀에게 헐값에 넘기라고 직접 지시한 인물은 신격호였다. 이 과정에서 롯데그룹이 입은 손해는 무려 774억 원에 이르렀다.

　셋째 부인을 위한 신격호의 애정을 폄훼하고 싶은 생각은 없지만 그렇게 사랑스러우면 자기 돈으로 사랑을 표시해야 한다. 그런데 신격호는 이 부도덕한 불륜 놀이에 회사 돈을 끌어들였다.

신유미는 32세의 나이에 롯데호텔 고문이라는 직책을 맡아 꼬박꼬박 월급을 받아갔다. 32세에 고문이라니? 고문이란 '자문에 응해 의견을 말하는 직책'을 뜻한다. 롯데호텔이 32세의 젊은이에게 무슨 자문을 구한다는 말인가?

하지만 신유미는 버젓이 롯데호텔 고문직을 맡았고 서미경, 신유미 모녀는 이런 식으로 아무런 일도 하지 않고 롯데그룹 곳곳에서 월급을 받아갔다. 이렇게 받아간 월급이 117억 원이었다. 2017년 12월 열린 롯데 총수 일가 배임 및 횡령 재판에서 재판부는 이런 신격호의 행태를 모두 유죄로 판결했다.

사랑을 표시할 때에는 진심이 담겨 있어야 한다. 그런데 신격호는 셋째부인을 향한 애틋한 사랑을 회사 돈을 횡령하는 방식으로 표시했다. 참으로 어처구니가 없는 사랑 표현 방식인데 뻔뻔한 재벌들에게는 이런 사랑도 애틋한 사랑으로 여겨지는 모양이다.

한 가지 더 첨언하자면 신격호는 1심 재판부로부터 징역 4년, 벌금 35억 원의 유죄판결을 받았다. 하지만 고령을 이유로 구속을 피했다. 서미경도 유죄판결을 받았다. 하지만 서미경도 집행유예로 실형을 면했다.

또 한 가지, 신격호는 서승희에게 주식을 증여하면서 무려 706억 원의 증여세를 포탈한 혐의도 받았다. 하지만 재판부는 증여된 주식이 일본 주식이었고 서미경이 실질적으로 국내에 거주하지 않아 한국 조세법을 적용할 수 없다는 이유로 무죄 판결을 내렸다. 증여세 포탈을 안 했다는 게 아니라 서미경이 실질적인 일본인이기 때문에 한국 세법을 적용할 수 없다는 이야기였다.

투명 경영을 하겠다며 아비와 형을 내치고 롯데그룹을 장악한 차남 신동빈은 2015년 9월 국정감사장에 나와 국회의원들로부터 유원실업에 대한 질문을 집중적으로 받았다. 하지만 신동빈은 유원실업에 관한 모든 질문에 "모릅니다"로 일관했다.

강기정 새정치민주연합 의원이 "유원실업은 100% 총수일가가 갖고 있는 회사인데 정말 모르느냐? 신유미 씨가 42%, 서미경 씨가 58% 지분을 갖고 있는 회사다"라고 상세히 설명을 해 줘도 신동빈은 "내 회사도 아니고 직접적인 거래가 없다"고 발을 뺐다.

신유미는 호적상 신동빈의 동생이고, 동생이 소유한 회사는 당연히 그룹 총수의 특수관계인으로 분류된다. 그런데 신동빈은 그룹이 특수관계인과 거래를 하는데 "내 회사도 아니고 직접적인 거래가 없다"는 코미디에 가까운 말로 얼버무렸다. 매점 운영권을 헐값에 넘겨 롯데그룹 돈 774억 원을 날렸는데 그룹 총수는 그게 직접적인 거래가 아니라고 생각한다. 만약 정말로 그렇게 생각한다면 신동빈은 그룹 총수로서 자격이 없다. 774억 원을 배임과 횡령으로 날렸는데도 "나는 모르는 일이에요"라는 한가한 소리를 하는 사람이 어찌 그룹을 경영할 수 있단 말인가?

아무튼 이렇게 샤롯데를 향한 신격호의 아름다운 사랑(!)은 한 편의 사기극으로 마무리됐다. 1심 판결이 끝나자 언론은 "롯데와 신격호 회장이 큰 산을 넘었다"라고 보도했다.

정말 그랬다. 그들은 이렇게 또 큰 산을 넘었다. 셋째 부인에게 배임과 횡령으로 회사 돈 774억 원을 몰아줘도, 한국에 살지도 않는 모녀에게 그룹 직책을 주고 월급으로 무려 117억 원을 빼줘도 이들은 구속되지 않는다. 실로 아름다운(?) 신격호의 사랑 이야기 아닌가?

롯데자이언츠? 아니, 롯데 '갑질스'
- 롯데 갑질의 역사

갑질의 지존 롯데

2016년 12월 21일 국회에서 송영길 더불어민주당 국회의원이 기자회견을 열었다. 그달 중순경 관세청이 서울 네 곳을 포함한 전국 시내면세점 신규 사업자를 선정해 발표한 것에 대해 반발하는 기자회견을 자청한 것이다.

관세청은 신규면세점 사업자로 현대백화점면세점, 신세계디에프, 호텔롯데면세점 세 곳을 선정했다. 탈락자는 SK네트웍스였다. 이 가운데 송영길이 목소리를 높여 반대했던 회사는 롯데였다. 그는 이 사건을 최순실의 국정농단과 연결해 해석했다.

송영길은 "관세청은 반칙과 특권의 대명사격인 롯데그룹을 기어이 면세점 신규사업자로 선정했다. 정경유착의 고리를 끊을 수 있는 기회를 또다시 날려버렸다"고 규탄했다. 실제 박근혜 전 대통령의 이른바 '대통령 말씀자료'에는 면세점 개선방안이 포함됐다. 그리고 당시만 해도 이는 대통령 탄핵안에서 제3자 뇌물공여죄의 주요 내용으로 특검에서 조사 중인 사안이었다. 따라서 탄핵안이 국회에서 가결된 직후, 게다가 촛불집회의 기세가 하

구속된 신동빈 롯데그룹 회장 ⓒ민중의소리

늘을 찌를 때 관세청이 롯데를 신규 면세점 사업자로 선정한 것은 상식적으로 이해할 수 없는 일이기도 했다. 뒤에서 자세히 살펴보겠지만 신동빈은 바로 이 대목 때문에 롯데가문 총수로는 처음으로 구속됐다.

그런데 이날 기자회견장에는 특별한 인물이 한 명 동석했다. 소상공인연합회 최승재 회장이 그 주인공이었다. 최승재는 "비리 종합백화점인 롯데그룹을 엄청난 이권이 걸려있는 강남지역 면세사업자로 선정한 관세청 심사결과를 강력히 규탄한다. 대대적 서명운동 전개를 비롯한 모든 조치를 취해나가겠다"고 결연한 의지를 밝혔다.

물론 소상공인의 이익을 대변하는 연합회 회장이 골목상권 침해를 밥 먹듯 하는 재벌 대기업에 반대하는 것은 이상한 일이 아니다. 문제는 소상공인연합회가 당시 면세점 사업자로 선정된 신세계와 현대에 대해서는 반대하지 않고 유난히 롯데에 대해 목소리를 높였다는 데 있다.

소상공인연합회는 사업자가 선정되기 이전부터 줄기차게 롯데의 면세점 승인에 대해 강력히 반발했다. 소상공인연합회는 2015년 롯데 면세점 특허권 연장에 결사반대하는 성명을 냈고 롯데 불매운동 서명운동을 주도했다. 심지어 '롯데카드 가맹해지 및 거부'라는 초강수까지 들고 나왔다.

당시 소상공인연합회가 낸 보도자료를 보면 "겉으로는 상생을 외치면서 뒤로는 호박씨를 까는 대기업의 더러운 행태"라거나 "법의 취지를 무색케 하는 롯데의 마구잡이식 쌍끌이 경영" 등 격한 감정이 여과 없이 적혔다. 최승재는 면세점 심사 단계에서도 "롯데그룹은 면세점 사업으로 많은 수익을 냈지만 다른 기업들과 달리 소상공인들과 소통도 부족하고 상생과는 거리가 먼 경영으로 일관하고 있다. 심사에 꼭 참고가 됐으면 한다"라고 롯데를 저격했다. 도대체 무엇 때문에 소상공인들은 이처럼 롯데에 대해 유난한 거부감을 보였을까?

소상공인들의 뇌리에는 "재벌 유통기업 모두가 나쁘지만 그 중 제일 악질은 롯데"라는 뿌리 깊은 의식이 존재한다. 공룡 유통기업들의 갑질이 어제오늘 일은 아니지만 롯데는 그 중에서도 타의 추종을 불허하는 갑질의 지존이었던 셈이다.

롯데자이언츠가 아닌 롯데 '갑질스'

'롯데 갑질'.

이 용어는 1967년 한국에 진출한 롯데의 수십 년 역사를 가장 잘 설명하는 일종의 '고유명사'다. '롯데 갑질'은 그 강도와 악랄함 면에서 대형 유통업체들 가운데 단연코 압도적이라는 것이 중소업체들의 이야기다. 갑질의 종류도 실로 다양하다. 노동자, 소상공인, 협력업체 직원은 물론 심지어 프로야구 선수들도 갑질의 대상이 된다. 잠시 타임머신을 타고 20년 전으로 돌아가 보자. 1998년 7월 24일자 〈한겨레신문〉 경제면 기사 제목이다.

'롯데, 맏형답지 못하게…,
할인판매 허위과장 광고 등 공정위 시정명령 독차지'

이번에는 시계추를 최근으로 당겨보자. 2015년 9월 7일 〈한국일보〉 경제면 뉴스 제목이다.

'롯데그룹, 불공정 행위 1위 불명예'

20년이 지나도 불공정거래 '지존' 롯데의 위상에는 변함이 없다. 그들은 1998년에도 공정위의 최고 고객(!)이었고 2015년에도 여전히 불공정 거래계의 원톱을 차지했다.

뒷돈을 챙겨주지 않으면 롯데 그룹에 납품할 수 없다는 이야기는 유통업계에서 비밀이 아니다. 2013년에는 아예 '롯데재벌 피해자 모임'이라는 단체가 출범했다. 세븐일레븐-바이더웨이 가맹점주협의회와 전국유통상인연합회, 롯데월드 임차상인 비상대책위원회 등이 결성한 이 모임은 설립 취지를 설명하면서 "오죽하면 특정 재벌로는 처음으로 '롯데재벌 피해자 모임'이 출범했겠느냐?"라며 절절한 심정을 호소했다.

피해자 모임은 "생활고를 호소하다 스스로 목숨을 끊거나 과로사로 사망한 편의점주, 과도한 매출 달성 압박으로 투신자살한 롯데백화점 입점업체 직원 등 비극적 사건이 잇따라 발생하고 있다. 하지만 롯데그룹과 신동빈 회장은 단 한 번도 잘못을 인정한 적도, 공식 사과를 한 적도 없다"고 울분을 토로했다.

2014년에는 이런 일도 있었다. 프로야구 시즌인 4월부터 6월까지 롯데자이언츠 최하진 대표가 원정경기 숙소 호텔을 찾아 "선수들을 관리해야 한다"라는 황당한 이유로 새벽 1시에서 7시까지의 호텔 CCTV 촬영 내역을 모두 확인한 것이다. 롯데자이언츠는 원정 숙소에 설치된 CCTV의 위치를 꼼꼼히 확인우리 선수들이 잘 찍히나 등하는 등 성인인 프로야구 선수들의 사생활을 감시하는 데에 온 힘을 다했다. 이 사건은 그해 5월 선수들이 울산 롯데호텔에서 CCTV 감시가 이뤄진다는 사실을 알고 항의하면서 전모가 드러났다. 국가인권위원회는 이를 공식적인 인권침해로 규정하기도 했다.

2015년 9월에는 김천의 한 롯데마트 과장급 직원이 과도한 업무 스트레스로 스스로 목숨을 끊었다. 민주노총은 "해당 롯데마트에 부과된 과징금을 회사가 아닌 자신이 내야 한다는 압박감 때문에 그 과장이 스스로 목숨을 끊은 것으로 보인다"고 주장했다.

이게 민주노총의 일방적 주장이라고 볼 수만은 없는 이유가 있다. 이런 일이 한두 번 일어난 게 아니기 때문이다. 2013년에도 롯데백화점 구리점과 청량리점에서 협력업체 직원이 잇달아 스스로 목숨을 끊었다. 두 사건 역시 과도한 매출 압박으로 인한 극심한 스트레스가 자살의 원인으로 알려졌다.

여기서 중요한 점은 앞에서 언급한 일련의 사태들이 모두 '선진 경영'을 모토로 내건 신동빈 시대에 벌어진 일들이라는 점이다. 새정치연합 신학용 의원이 2015년 9월 공정거래위원회로부터 받은 자료에 의하면 롯데는 2005년 이후 10년 동안 공정위 소관의 법을 위반한 건수가 모두 147건이었다. 삼성139건을 제치고 당당히 1위를 차지한 것이다.

그런데 선진경영을 모토로 경영권을 차지한 신동빈이 경영 최전선에 나선 것이 2004년롯데 정책본부장이었다. '신동빈의 롯데' 역시 갑질 측면에서 '신격호의 롯데'와 전혀 차별성이 없었던 셈이다.

이혼한 전처 생활비도 뜯어내는 '갑질' 롯데홈쇼핑

롯데의 갑질 중 단연 돋보이는 갑질은 롯데홈쇼핑 갑질이었다. 롯데홈쇼핑 생활부문장이었던 이 모 씨의 엽기적 행각이 2014년 검찰 수사로 밝혀진 것이다.

이 씨는 납품업체로부터 이혼한 전처의 생활비를 매달 300만 원씩 정기적으로 받았다. 같은 회사의 MD^{Merchandiser} 정 모 씨는 아버지가 진 도박 빚을 갚아야 한다며 납품업체로부터 돈을 뜯었다.

이게 끝이 아니었다. 롯데홈쇼핑 임직원들의 갑질은 실로 악랄한 수준이었다. 불륜 중인 내연녀의 동생내연녀도 아니고! 계좌로 상납금을 받는 자, 대형차를 타보고 싶다며 납품업체로부터 그랜저를 뜯어내는 자, 생활비 명목으로 돈을 뜯은 자 등등 별의별 잡범들이 홈쇼핑 임직원으로 일하다 적발됐다.

이 사건에서 중요하게 살펴봐야 할 점이 있다. 이런 갑질이 몇몇 임원이나 직원들의 개인적 일탈이 아니었다는 점이다. 검찰이 적발한 롯데홈쇼핑 갑질 비리의 수장은 황당하게도 그 회사를 이끌던 대표이사 신헌 씨였다.

신헌은 1979년 롯데쇼핑에 입사한 이후 줄곧 유통업계에서 머무른 전형적 '유통맨'이었다. 이는 그가 대형 유통업체의 갑질에 도가 튼 인물이라는 점을 뜻한다. 아나나 다를까, 신헌은 2012년 롯데홈쇼핑 대표이사가 된 뒤 즉각 갑질을 진두지휘했다.

신헌은 방송지원본부장에게 비자금을 만들 것을 지시했고 방송지원본부장은 고객지원본부장에게 이 사실을 전달했다. 고객지원본부장은 납품업체로부터 6억 5000만 원을 뜯었고 이 중 4억 9000만 원1억 6000만 원은 자기가 챙기괴을 방송지원본부장에게 넘겼다. 방송지원본부장은 이 중 2억 2500만 원을 사장에게 전달2억 6500만 원은 자기가 챙기괴했다. 이걸 기업이라고 불러야 하나? 다단계 조폭조직이라고 불러야 하나?

더 황당한 것은 갑질을 주도한 신헌이 2014년 롯데백화점 대표이사로 영전했다는 사실이다. 바로 이 지점에서 롯데가 얼마나 자정능력이 없는 조직인지 만천하에 드러난다. 아니 어쩌면 롯데는 자정능력이 없는 게 아니라 저렇게 뜯은 돈을 또 위로 상납해 자리를 보장받는 그들만의 문화를 갖고 있는지도 모른다. 만약 검찰이 비리를 밝혀내지 못했다면 신헌은 지금쯤 신동빈의 최측근으로 롯데를 이끌며 거들먹거리고 다녔을지도 모르는 일이었다.

하지만 이 사건의 끝은 이게 다가 아니었다. 검찰은 이 사건으로 신헌 등 무려 8명을 구속했다. 보통 이 정도 큰 일이 터지면 최소한 1년 정도는 자중하는 게 상식이다. 그런데 바로 이듬해인 2015년 공정거래위원회는 6개 홈쇼핑 회사 전체의 갑질을 적발해 또 징계를 내렸다. 이 조사에 당연히 롯데도 걸려들었다. 반성 따위는 개한테나 줘버리는 롯데 특유의 습성이 유감없이 드러난 셈이다.

2015년 롯데홈쇼핑은 미래부로부터 방송재승인 심사를 받게 됐다. 검찰이 밝힌 갑질 사건의 파장이 너무나 커서 당시 업계에서는 "롯데가 이번에는 진짜로 탈락할지도 모른다"는 시각이 우세했다. 하지만 롯데홈쇼핑은 예상을 뒤엎고 미래부의 재승인 심사를 통과했다.

그런데 이 사건에도 반전이 있었다. 롯데가 제출 서류를 조작했다는 사실이 뒤늦게 밝혀진 것이다. 그렇다면 그에 따른 처벌은 당연히 방송 승인 취소가 마땅했다. 하지만 롯데는 무슨 마술을 부렸는지 승인 취소가 아니라 6개월 동안 '프라임타임오전과 오후 각8~11시 6시간 방송 정지'라는 처분을 받고 극적으로 회생했다. 유구한 역사의 롯데 갑질 문화는 이렇게 그 역사를 이어 나갔다.

신동빈의 남자 이동우, 이 남자가 사는 법

홈쇼핑의 갑질이 롯데라는 집단이 보여줄 수 있는 광기의 끝이었다면 롯데그룹 계열사인 하이마트 이동우 대표가 보여준 갑질은 한 개인이 보여줄 수 있는 찌질함의 극치였다.

2015년 2월 롯데그룹은 하이마트의 대표로 이동우 롯데월드 부사장을 선임했다. '형제의 난'을 겪던 신동빈은 사장단 인사를 통해 그룹에 최측근들을 골고루 배치해 친정체제를 구축하고자 했다. '신동빈의 남자'로 불렸던 이동우는 신동빈의 오른팔이었다.

그런데 이동우가 롯데월드 부사장으로 재임했던 시절 한 노동자에게 "흰 머리를 염색하지 않으려면 회사를 그만두라"는 폭언을 퍼부은 사실이 2017년 밝혀졌다. 폭언을 들은 조리사가 녹취 파일을 들고 사건을 폭로한 것이다.

그 조리사는 머리를 일부로 흰색으로 물들인 게 아니었다. 나이가 들어 자연스럽게 백발이 된 것이었다. 그런데 이동우는 "흰 머리가 자랑이냐? 대기업 다니는 사람이 대기업 다니는 사람답게 행동해야지. 안 그만두면 어떻게 못 하겠지? 대기발령 낼 거야. 당신!"이라고 위협했다. 이동우는 여기에서 그치지 않고 "당신 애가 셋이지? 이거 당신 인사카드 아니야? 판단해라. 세 가지다. 통화연결음, 사유서, 염색. 아니면 그만두고"라고 상대를 위협했다. 여기서 '통화연결음'은 이동우가 조리사에게 휴대전화 통화연결음을 기업 홍보용으로 바꾸라고 지시했던 사실을 상기시킨 것이다. 조리사에 따르면 그가 통화연결음 바꾸기를 거부하자 이동우가 흰머리로 트집을 잡기

청년유니온이 선정한 서비스부문 청년착취대상에 오른 롯데 ⓒ민중의소리

시작했다는 것이다.

조리사는 결국 머리를 염색할 수밖에 없었다. 그리고 염색한 사진을 찍어 여러 차례 이동우에게 사실을 보고했다. 하지만 결국 조리사는 정직을 당했다. 염색 대신 스프레이를 썼다는 게 그 이유였다.

조리사의 폭로를 기반으로 YTN이 취재에 들어가자 롯데는 돈으로 사태를 막으려 했다. 롯데 임원이 조리사를 찾아 "금전적으로 선배님 원하시는 것에 맞춰서 보상 하겠다"라고 유혹한 것이다. 이 임원은 "YTN 취재진과 협의를 마쳤다"는 거짓말까지 서슴지 않았다.

이동우의 갑질은 여기서 그치지 않았다. 그는 하이마트 대표가 된 이후에도 제 버릇 개 못 주고 줄기차게 노동자들을 괴롭혔다. 이동우는 지점의 청소 상태나 복장 불량을 이유로 노동자들에게 아무 일도 주지 않는 보직 대기를 남발했다. 보직 대기자가 되면 노동자는 휴대전화를 반납하고 컴퓨터도 없는 책상에서 종일 반성문에 가까운 경위서를 써야 했다. 이 치욕적인 기간이 무려 한 달 동안이나 이어졌다.

이동우가 전국 각 지점을 방문하는 날이 되면 하이마트 지점은 호떡집에 불이 난 듯 비상이 걸렸다. 노동자들은 실적 보고를 달달 외워야 했다. 수치를 하나라도 틀리면 불호령이 떨어졌다. 한 노동자의 증언YTN보도을 들어보자.

> "사장님 오시고 나서 보고하는 게 있거든요. 매장 실적부터 해서 그걸 달달 외워서 (보고합니다). 방문하셨는데 그걸 못했다면 아예 죽는 날이고요."

이동우의 찌질한 갑질은 이게 끝이 아니었다. 하이마트의 한 지점이 공지한 사장 방문 대비 매뉴얼을 보면 이동우가 즐겨 마시는 특정 탄산수가 항상 준비돼 있어야 한단다. 그런데 한 매장에서 신입사원이 냉장고에 비치된 이 탄산수를 마셔버렸다. 사장님이 드셔야 할 탄산수가 없어지자 매장에서는 난리가 났다. 결국 범인(?)을 찾기 위해 매장에서 CCTV를 돌려보는 황당한 일이 벌어졌다.

이동우는 나르시시즘 분야에서도 일가견이 있었다. 하이마트 노동자들에 따르면 이동우가 지점을 방문하면 여성 노동자들이 꼭 이동우에게 몰려가 사진을 찍어달라고 요청해야 했다. 이동우가 아이돌 스타도 아닌데 젊은 노동자들이 왜 그와 함께 사진을 찍고 싶어 한다는 말인가? 그런데도 이동우는 그 장면이 연출이 돼야 비로소 만족스러운 표정으로 매장을 떠났다.

심지어 사인을 받을 종이도 미리 준비가 돼 있었다. 사인지에는 이동우의 얼굴이 캐리커처로 들어가 있었다. 평범한 사람이라면 낯이 뜨거워서라도 하기 힘든 일인데도 이동우는 그 일을 즐겼다. 자신이 비정상인 줄 알면 치료를 받아야 하는데 이런 자들은 자기가 비정상인 줄 도무지 모른다.

이 황당한 사건은 이동우가 사표를 제출했으나 이사회가 사표를 반려하는 비극으로 마무리된다. 찌질한 갑질에다 극심한 폭력성, 과다한 나르시시즘까지 보유한 인물로 밝혀졌는데 이사회는 "충분히 반성했다"는 이유로 이동우의 사표를 만장일치로 반려하고 말았다.

갑질의 지존 롯데는 언제 상생을 외쳤나?

뒤에서 자세히 살펴보겠지만 롯데는 창사 이래 줄곧 정권과 긴밀한 유착을 이어온 그룹이다. 이 덕에 '롯데 갑질'이 사회적 물의를 빚어도 큰 위기를 겪지 않았다.

그런데 이명박 전 대통령과 라이벌 관계였던 박근혜가 정권을 잡으면서 롯데의 신세가 처량해졌다. 박근혜 집권 직후인 2013년 롯데홈쇼핑이 세무조사를 맞아 600억 원 대의 추징금을 낸 것은 전주곡이었다. 2014년에는 롯데홈쇼핑 갑질이 검찰 수사로 인해 밝혀졌다.

정권으로부터 포격을 받으면서 롯데에 변화가 시작됐다. 박근혜가 대통령이 된 이후 롯데는 유난히 상생을 강조하기 시작했다. 흥미로운 사실은 롯데가 상생을 강조하는 시기가 공교롭게도 롯데가 무슨 사고를 친 시기와 정확히 일치한다는 점이다.

납품 비리가 드러난 롯데홈쇼핑이 홈쇼핑 업계에서 퇴출 1순위로 거론됐을 때, 롯데는 '목숨을 건' 상생 방안을 발표했다. 사건 초기였던 2014년 7월 롯데는 임직원이 직접 투표해 정한 윤리헌장을 발표했고, 8월에는 협력사의 요청을 귀담아 듣는 '리스너 제도'를 도입했다. 12월에는 회사 내부의 부정과 비리, 취약분야 점검 및 개선을 위해 외부 전문가로 구성된 '청렴 옴부즈만'도 발족했다. 2015년 1월에는 협력업체와 고객 불만을 공정하고 투명하게 해결하기 위해 연간 50억 원의 기금을 조성하겠다고 발표했다.

이런 눈물겨운 노력에다 서류를 조작하는 기술이 더해져 롯데홈쇼핑은 극적으로 재승인 심사를 통과했다. 그렇게 위기를 넘겼으니 롯데가 달라졌다고 봐야 할까? 천만의 말씀이었다. 이동우가 하이마트 대표가 돼 노동자들에게 사진 촬영을 강요했던 시기가 바로 롯데홈쇼핑의 재승인 심사 통과 직후였다.

2012년 재벌 유통업체들의 골목상권 침해가 사회문제가 됐을 때에도 롯데는 '유통산업발전협의체'를 구성하며 중소 업체들과 상생을 외쳤다. 그래서 겨우 정부의 규제와 여론의 질타에서 벗어났다.

롯데는 과연 달라졌을까? 역시 천만의 말씀이었다. 위기를 벗어나자마자 롯데는 다시 갑질을 시작했다. 그들의 갑질이 멈추지 않았다는 것은 바로 이듬해 '롯데재벌 피해자 모임'이라는 단체가 출범한 사실에서 금방 확인할 수 있다.

롯데는 위기가 닥치면 상생을 외치고 위기가 끝나면 갑질의 지존으로 돌아왔다. 이 역사를 끊임없이 반복했다.

이 책 원고가 마무리 될 무렵인 2018년 2월 신동빈이 구속됐다. 모르긴 몰라도 롯데는 한 동안 각종 상생 방안을 내놓으며 또 착한 기업 코스프레를 할 것이다. 그리고 만에 하나 신동빈이 풀려나면 그때부터 다시 '롯데 갑질스'로 돌아올 것이다.

장담하는데 롯데의 갑질은 사라지지 않는다. 그건 롯데라는 그룹 뼛속 깊이 새겨진 유전자와도 같다. 롯데는 당당히 외쳐도 좋다. "내 몸 속에는 갑질의 피가 흐른다!"라고 말이다.

롯데

롯데시네마의 막장 드라마 '형제의 난' 개봉
- 롯데그룹의 2세 갈등

'손가락 해임'으로 시작된 막장 드라마

재벌들이 벌이는 막장 드라마야 너무 자주 봐 온 탓에 어지간한 형제의 난, 왕자의 난은 이제 눈에 들어오지도 않는 시대가 됐다. 하지만 드라마라는 것이 원래 그렇다. 아무리 앞선 드라마가 막장의 끝을 보여준 것 같아도 전작의 막장을 뛰어넘는 후속 작품은 반드시 나오기 마련이다.

한국 재벌들이 벌인 수많은 막장 드라마 중 가장 최신작이며 작품성(!) 면에서도 가장 뛰어난 드라마가 2015년 롯데시네마에서 개봉됐다. 아버지와 아들 두 형제, 그리고 수많은 고모, 삼촌과 어머니까지 개입한 막장 중의 막장, '롯데그룹 형제의 난'이 바로 그것이다.

이 드라마를 볼 때 한 가지 주의할 점이 있다. 무릇 드라마에는 '좋은 놈'이 있고 '나쁜 놈'이 있다. 가끔 '이상한 놈'도 등장하지만 역시 드라마의 포인트는 '좋은 놈'과 '나쁜 놈'의 대립이다. 그런데 롯데가 벌인 막장 드라마에는 모든 주인공이 다 '나쁜 분놈이라고 쓰려다가 참았다'들이다. 게다가 다 '나쁜 분'인데 주인공이 형제지간이라 이름도 비슷해서 구분이 쉽지 않다는 점도

신동빈 롯데그룹 회장 ⓒ민중의소리

감안해야 한다.

　우선 등장인물부터 살펴보자. 주인공 신동주, 장남이다. 동생에 의해 쫓겨난 비운의 나쁜 분쯤 된다. 공동 주인공 신동빈, 차남이다. 형과 아버지를 쫓아내고 롯데그룹 황제에 오른 승자이면서 나쁜 분이다. 그리고 마지막 주인공 신격호, 아버지다. 장남의 옹호를 받지만 차남에게 쫓겨난 서글픈 노년의 나쁜 분이다. 이 세 명의 나쁜 분이 막장 드라마의 주인공이다.

　막장 드라마의 출발은 이렇다. 아버지 신격호는 왕자의 난이 시작되던 해인 2015년 "정신이 오락가락한다"는 소문이 돌았을 정도로 고령당시 94세이었다. 그런데 신격호의 두 자식들이 가진 그룹 지분은 팽팽한 상태였다.

장남인 신동주는 일본 롯데를 이끄는 부회장이었고 차남 신동빈은 한국 롯데그룹을 이끄는 회장이었다. 아버지가 고령이니 후계를 정해야 하는데 두 사람 모두 롯데그룹의 지주회사 격인 일본 광윤사의 지분을 29%씩 들고 있었다. 국내 주요 계열사에 대한 장남과 차남의 지분도 비슷했다.

그런데 2014년 말부터 이 팽팽한 경쟁구도에 미묘한 균열이 생겼다. 장남 신동주는 일본 롯데를 책임졌는데 실적이 악화되면서 2014년 12월에 부회장 자리에서 해임된 것이다. 이전까지만 해도 장남은 일본 롯데, 차남은 한국 롯데를 각각 맡을 것으로 알려진 탓에 장남의 전격적인 퇴진은 충격적이었다. 그래서 이를 두고 세간에서는 "창업주인 아버지 신격호가 결국 차남의 손을 들어줘 한일 양국 롯데의 대권 모두가 차남 신동빈에게 넘어갔다"라고 해석했다.

그런데 물러난 듯 보였던 장남 신동주가 뒤집기를 시도했다. 신동주는 7월 27일 자신을 지지하는 일가친지 5명과 함께 아버지를 모시고 극비리에 일본으로 향했다. 장남을 지지한 일가친지들 중에는 신영자_{동주, 동빈 형제의 누나} 롯데장학재단 이사장, 신동인_{주주, 동빈 형제의 사촌형} 롯데 자이언츠 구단주 직무대행 등 쟁쟁한 인물들이 포함됐다. 그동안 신동빈을 지지했던 것으로 알려졌던 신격호가 뜻밖에도 장남 신동주의 손을 잡고 일본으로 향한 것부터 심상치 않은 조짐이었다.

신격호는 이날 오후 장남과 함께 일본롯데홀딩스를 방문했다. 그리고 곧바로 차남 신동빈을 대표이사 회장 자리에서 해임해 버렸다. 이와 함께 당시 롯데그룹 경영권을 좌우했던 차남의 측근 이사 5명도 해고했다. 차남 편인 줄 알았던 아버지가 극적으로 변신을 시도한 것이다.

졸지에 아버지로부터 해임된 차남이 반격을 시작했다. 차남 신동빈은 이튿날 정식 이사회를 소집했다. 그는 "전날 아버지가 나를 포함해 이사 6명을 해임한 것은 정식 이사회를 거치지 않은 결정이므로 무효"라고 주장했다. 그리고 정식 이사회를 열어 되레 아버지인 신격호를 총괄회장 자리에서 해임해 버렸다. 아버지를 이용해 쿠데타를 시도했던 형의 반격을 동생은 아버지를 잘라버리는 방법으로 단번에 진압한 것이다.

막장 드라마답게 이 과정에서 웃지 못 할 해프닝이 하나 벌어졌다. 이른바 '손가락 해임 사건'이 그것이다.

신격호는 이사들을 해임할 때 말이 아니라 손가락으로 이사들의 이름을 가리키며 직원들에게 해임을 지시했다. 그런데 신격호는 자신이 해임한 후 쿠다 대표이사 부회장에게 뜬금없이 "잘 부탁한다"고 말한 것으로 전해졌다. 해임해놓고 "잘 부탁한다"니 이게 무슨 뜻인가? 이 때문에 신격호의 정신 상태가 오락가락했다는 추정이 나오기 시작했다.

둘로 쪼개질 수 없는 그룹, 숙명의 대결이 시작되다

쿠데타를 일으켰다가 하루 만에 해임되고 아버지까지 잘리게 만든 장남 신동주는 그대로 물러서지 않았다. 신동주는 자신의 이름을 딴 SDJ코퍼레이션이라는 회사를 세우고 본격적으로 경영권 분쟁에 나섰다. 여론전을 주도할 요량으로 홍보대행사까지 선정했다.

그런데 이 막장 드라마에 변수가 생겼다. 그렇잖아도 이명박과 친했다는 이유로 롯데그룹을 눈엣가시처럼 생각했던 박근혜 정권이 서슬 시퍼런 압박을 가한 것이다. 정권의 압박은 당시 새누리당 최고위원이었던 서청원으로부터 나왔다. 그는 국회에서 열린 최고위원회의에서 작심한 듯 롯데그룹에 대한 격한 비판을 쏟아냈다.

후진적 지배구조, 한심, 자신들의 탐욕, 볼썽사나운 돈 전쟁, 이전투구, 역겨운 배신행위 등 그가 사용한 단어의 강도도 어마무시했다. "건강한 기업 구조로 거듭나지 않으면 롯데가 더 이상 우리나라에서 과거의 지위를 유지할 수 없지 않겠나 하는 생각을 한다"고도 했다. 섬뜩한 발언이었다. '과거의 지위를 유지할 수 없다'는 말은 '망하게 만들 수도 있다'는 말의 점잖은 표현이었다.

한 야당 관계자는 "서 최고가 나섰다면 저 발언은 박근혜 대통령의 의중이라고 봐야 한다. 서 최고의 말은 곧 '롯데, 적당히 하고 찌그러져라. 아니면 정말 가만 두지 않는다'는 박 대통령의 날 선 경고다"라고 해석했다.

박정희, 전두환 시대를 거치면서 정부가 꺼내든 칼날이 기업에 얼마나 큰 위협이 되는지를 누구보다 잘 알고 있는 사람이 신격호였다. 양정모 회장이 전두환 대통령이 주최한 만찬에 지각을 했다는 이유로 국제그룹이 처참하게 해체된 사례는 신격호의 뇌리에 분명히 남아있었을 것이다. 하지만 화해가 그리 간단한 게 아니라는 점이 문제였다. 가장 간단한 화해 방식은 롯데그룹을 둘로 쪼개 형제가 나눠 갖는 것이었다. 그런데 당시 롯데그룹은 어떤 방법으로도 둘로 나뉠 수가 없는 구조였다.

2014년까지만 해도 재계에서는 "일본 롯데는 신동주장남, 한국 롯데는 신동빈차남으로 나뉠 것"이라는 분석이 대세였다. 재벌이 상속을 할 때 형제에게 적당히 역할을 분담한 관례를 봐도 이 추측은 틀림이 없어 보였다. 매출이나 자산 규모를 봐도 경영 능력에서 비교적 높은 평가를 받았던 차남신동빈이 한국 롯데그룹 전체 매출의 90% 차지를 맡는 게 모양새가 좋았다. 장남신동주의 모양새가 좀 볼품은 없어도 그에게 그룹의 지주회사가 있는 일본 롯데를 맡김으로써 최소한의 명분을 쌓게 할 수 있었다. 그래서 '장남 일본 vs 차남 한국' 구도는 롯데그룹이 2세 상속을 완성하는 솔로몬의 지혜로 받아들여졌다.

외형적으로 이 구도에 누군가 불만을 갖는다면 그것은 장남 쪽이어야 했다. 명색이 손위 형인데 그룹 전체적으로 90%의 비중을 가진 한국 롯데를 동생에게 넘겨주는 것은 장남의 위신에 맞지 않기 때문이다.

그런데 기존의 구도를 깨고 나온 것은 엉뚱하게도 장남 신동주가 아니라 차남 신동빈이었다. 한국 롯데, 즉 그룹의 90%를 차지한 차남이 오히려 이 9대 1의 상속 비율을 받아들이지 않은 것이다. 얼핏 보기에 "90%를 가진 동생이 형의 10%마저 빼앗으려 하느냐"는 비판이 나올 수 있었다. 경영권 분쟁 초기에 아버지와 형을 몰아낸 신동빈에 대해 비판 여론이 높았던 이유가 여기에 있다.

하지만 차남 신동빈 입장에서 보면 그가 매출의 10%밖에 되지 않는 일본 롯데마저 탐내는 상황은 충분히 이해할 수 있었다. 매출이나 자산의 90%를 차지하는 한국 롯데를 맡았다고 그의 경영권이 보장되는 것이 아니기 때문이다.

　주식회사는 지분을 많이 가진 자가 지배권을 갖는다. 그런데 롯데그룹의 지배구조 정점에는 일본롯데홀딩스가 있었다. 복잡한 지배구조에 대해서는 다음 편에서 자세히 설명하겠지만 간단히 요약하면 신동빈이 아무리 매출의 90%에 이르는 한국 롯데를 경영한다 해도 한국 롯데의 상법상 주인은 일본롯데홀딩스였다. 언제고 일본롯데홀딩스가 "한국 경영자 바꿔!"라고 명령하면 신동빈은 순식간에 경영권을 넘겨야 했다. 신동빈은 형의 몫인 일본 롯데를 탐낼 수밖에 없었다.

　일본 롯데를 가지면 지배권을 얻지만 주력 계열사를 내준다. 반대로 한국 롯데를 가지면 주력 계열사는 얻지만 실질적 지배권을 놓친다. 이 딜레마 탓에 롯데그룹은 한국 롯데와 일본 롯데로 쪼개질 수가 없었다. 장남이건 차남이건 어느 한 쪽만 가지고 만족할 수 없는 태생적 구조가 있었다는 것이다.

　그렇다면 새로운 방법을 찾아야 한다. 일본과 한국으로 쪼갤 수 없다면 계열사의 사업 영역을 바탕으로 그룹을 쪼개는 것이다. 자동차정몽구–기타그룹정몽헌–중공업정몽준으로 갈라선 현대그룹 2세 승계를 전범典範으로 삼는 것이다.

　그런데 당시 롯데그룹은 이마저도 불가능했다. 80여 개에 이르는 롯데그룹 계열사를 얼추 분류해보면 제과 및 식음료롯데제과, 롯데칠성음료, 롯데삼강, 롯데아사히주류 등, 유통롯데쇼핑, 롯데미도파, 롯데상사, 롯데닷컴, 레저호텔롯데, 기타롯데카드, 한국후지필름, 롯데케미칼, 호남석유화학 등으로 나뉜다. 균형이 맞으려면 제과–유통–레저 등 롯데그룹을 이끄는 삼각편대가 쪼개져야 한다. 문제는 롯데그룹 지배구조 상 도저히 이들을 나눌 수가 없었다는 점이었다.

당시 롯데그룹의 정확한 지배구조는 국민이나 언론만 모르는 것이 아니라 롯데그룹 임원들도 몰랐다. 당최 누가 누구의 주인인지 알 수가 없을 정도로 복잡했다. 롯데그룹 지배구조도를 그림으로 그려놓으면 거미줄이 연상될 정도로 많은 선이 그어져 있다. 상호출자, 연결출자, 순환출자 등 대한민국 재벌들의 문제가 되는 출자 방식은 모조리 동원돼 있다. 삼성이나 현대차 등 지배구조가 좀 복잡하다는 재벌들도 롯데 앞에 서면 매우 깔끔한 그룹으로 보일 정도였다.

그래서 신동주와 신동빈의 화해는 불가능했다. 두 형제가 마음을 고쳐먹고 사이좋게 지내기로 했다 쳐도 그룹을 나눌 수가 있어야 사이좋게 갈라 먹을 게 아닌가? 하지만 두 형제 앞에 높인 케이크는 반으로도, 1대 2로도, 1대 3으로도 쪼개지지 않았다. 두 형제가 '전부 아니면 전무' 식으로 사활을 건 싸움을 할 수밖에 없는 이유가 이것이었다.

신동빈 완승, 또 완승, 또 완승

2016년 3월 6일. 도쿄에서 일본롯데홀딩스의 주주총회가 열렸다. 롯데 그룹 지배권을 다투는 운명의 리턴 매치가 벌어진 것이다. 형제의 첫 대결은 1월에 한 차례 열린 바 있다. 당시 형 신동주는 약간 방심했던 것이 아닌가 싶을 정도로 별 준비 없이 주총에 나섰다가 참패했다.

아마 신동주는 창업주인 아버지가 자신을 지지하는 한 승리는 자신의 것이라고 믿었던 모양이다. 그도 그럴 것이 재벌 가문에서 창업주는 절대 권력자였고 신동주는 그 절대 권력자로부터 지지를 받았다. 한국 재벌들의 경영권 분쟁 역사에서도 자식이 창업주를 이긴 전례는 단 한 건도 없었다.

하지만 롯데의 경우는 달랐다. 창업주는 늙어도 너무 늙었고 영향력도 현저히 약화됐다. 그리고 일본과 미국에서 선진 경영을 배웠다는 동생 신동빈은 이미 그룹을 완벽하게 장악해 놓은 상태였다. 아버지의 지지만 믿었던 신동주는 동생의 파상공세를 막아내지 못하고 1차 주주총회에서 등기이사직을 내놓고 말았다.

3월에 열린 주주총회는 일종의 리턴매치였다. 첫 대결에서 완패한 신동주는 단단히 이를 갈고 나섰다. 신동주로서도 쉽게 물러날 수가 없었던 것이 주주총회는 결국 표 대결인데 표로만 따지면 신동주에게도 충분히 승산이 있었기 때문이었다.

롯데그룹 지배구조의 정점에 있는 일본롯데홀딩스의 1대 주주는 다음 편에서 자세히 살펴볼 광윤사28.1% 보유라는 회사였다. 그 광윤사를 신동주가 지배하고 있었다. 광윤사가 보유한 일본롯데홀딩스 지분 28.1%는 매우 큰 비중이다. 비록 신동빈이 종업원지주회27.8%와 관계사20.1% 등의 지지를 얻어 1차 주주총회에서 경영권 방어에 성공했지만 이들 중 한 곳의 마음만 돌려도 경영권은 다시 형에게 돌아오는 상황이었다.

우선 신동주는 아버지 신격호를 앞세워 자신에게 적장자의 권리가 있음을 분명히 했다. 신동주는 주주총회를 앞두고 신격호의 인터뷰 동영상을 공개했다. 동영상에서 신격호는 일본어로 "당연히 장남인 신동주 전 부회장이 후계자가 돼야 한다. 신동빈 롯데그룹 회장은 아무 일도 하지 않고 있다. 아무것도 하지 못하는 사람이 롯데는 내 것이라고 말하는 것이다. 이건 말도 안 된다"고 선언했다. 또 신격호는 "60년 동안 고생해서 간신히 이만큼 만들었는데 그것이 전부 엉망이 되어 버린다. 신동빈은 다 해임해서 롯데와 관계없도록 만들어야 한다. 신동빈은 롯데에서 추방해야 한다"고 목소리를 높였다.

신동주는 캐스팅 보트를 쥔 종업원지주회도 집중적으로 공략했다. 그는 "종업원지주회가 보유한 주식을 전 직원들에게 나눠준 뒤 주식을 증시에 상장시켜 모든 직원들에게 25억 원 상당의 재산을 안겨주겠다"고 밝혔다. 1인당 25억 원이라면 누구도 솔깃하지 않을 수 없는 파격적 제안이었다.

하지만 종업원지주회의 선택은 동생 신동빈이었다. 종업원지주회는 파격을 앞세운 신동주의 제안을 매몰차게 거절했고 동생 신동빈은 리턴매치에서도 30분 만에 과반수 주주들의 지지를 얻으며 압승을 거뒀다.

이후에 벌어진 수차례의 리턴매치는 신동주의 무모한 도전에 가까웠다. "1인당 25억 원씩 안겨주겠다"는 파격적 제안으로도 뒤집지 못했던 대세를 되찾아올 묘안은 신동주에게 없었다. 그해 6월 열린 3차 주주총회에서도 신동주는 완패했다. 이듬해인 2017년 6월에 열린 4차 주주총회에서는 창업주 신격호마저 등기임원에서 해임됐다. 2년 여에 걸친 긴 분쟁이 마무리되고 마침내 롯데그룹의 새로운 '원 리더one leader'가 신동빈으로 확정되는 순간이었다.

막장 드라마의 절정, "아버지는 치매" 카드 들고 나온 아들들

신동빈이 연전연승을 거두는 와중에 드라마 스토리가 역대급 막장으로 변질된 사건이 발생했다. 형제의 난이 막 시작된 2015년 7월 창업주 신격호가 치매에 걸렸다는 소문이 돈 것이다.

장남 신동주가 아버지를 이끌고 일본 롯데를 급습한 뒤 이른바 '손가락 해임' 사태를 일으키자 차남 신동빈 측은 "아버지가 제 정신이 아니다"라는 논리로 반격을 가했다. 그 해 8월 10일 〈연합뉴스〉에 게재된 '신격호 알츠하이머 진단…수년째 약 복용'이라는 기사를 살펴보자.

복수의 롯데 핵심 관계자들은 10일 "3, 4년 전 신격호 총괄회장이 알츠하이머병 진단을 받은 것으로 알고 있다"고 말했다. 이들은 "진단 직후부터 매일 알츠하이머 치료약을 복용하고 있는 것으로 안다"면서 "신동주 전 일본롯데홀딩스 부회장, 신동빈 롯데그룹 회장, 신영자 롯데장학재단 이사장 등 직계 비속들은 이 사실을 다 알고 있을 것"이라고 전했다.

신격호 총괄회장의 직계 비속들은 그동안 이를 철저히 함구해왔다고 덧붙였다. 신격호 총괄회장에게 업무보고를 해온 롯데그룹 사장들은 신 총괄회장이 앞에 보고받은 내용을 1시간 후에 잊어버리고는 반복해서 질문하는 경우가 잦다고 전했다. 특히 올 들어서는 신격호 총괄회장의 증세가 급격히 악화됐다고 덧붙였다.

〈연합뉴스〉 보도에서 눈길을 끈 대목은 신격호 치매설의 진원지가 '복수

신동주 전 일본롯데 회장과 부인 조은주씨 ⓒ민중의소리

의 롯데 핵심 관계자들'이라는 점이었다. 즉 신격호 치매설은 한국 롯데에서 공개한 것이며 한국 롯데의 핵심관계자들은 모두 차남 신동빈의 편에 서 있다는 사실을 기억해야 한다.

당시만 해도 장남 신동주가 내세웠던 유일한 명분은 "창업주인 아버지가 나를 지지한다"는 것이었다. 바로 그 판단의 정당성을 허물어뜨리기 위해 신동빈 측이 "아버지는 제 정신이 아니다"라는 주장을 흘린 셈이다. 실제 신동빈은 2015년 8월 10일 김포공항에서 기자들로부터 신격호의 건강 상태에 대한 질문을 받자 "그 부분에 대해서는 제가 좀 대답하기 힘든 부분이 있다"며 직접적인 언급을 피했다. 긍정도 부정도 하지 않음으로써 의혹을 증폭시킨 것이다.

아무리 경영권 분쟁이 중요해도 평생 그룹을 이끈 아비의 정신건강 이상설을 흘리는 것은 어떤 형제의 난에도 볼 수 없었던 역대급 후레자식 전술이었다. 이 후레자식 전술은 그 해 12월 신격호의 넷째 여동생 신정숙^{당시 78}세이 법원에 "오빠인 신격호가 정상적 의사 결정을 하기 힘든 상황이니 성년후견인을 지정해 달라"는 신청을 내면서 초특급 막장으로 치달았다. 신정숙은 그 동안 조카들의 경영권 분쟁에서 한발 떨어져 있었는데 갑자기 등장해 "오빠는 제정신이 아니다"를 외치고 나온 것이다.

성년후견인제도는 질병이나 장애, 고령 등으로 정신적 제약이 있는 사람들에게 후견인을 지정해 돕는 제도다. 한국 사회에서는 인지능력이 부족한 노인의 정신 상태를 악용해 재산을 가로채려는 일이 종종 벌어진다. 성년후견인 제도는 이를 막기 위해 심신 미약자에게 후견인을 두고 그 후견인이 판단을 돕도록 만든 제도였다.

갑자기 등장한 신정숙이 어떤 의도로 성년후견인을 신청했는지는 아직도 알려지지 않았다. 하지만 이 신청으로 가장 큰 이익을 본 건 차남 신동빈이었다. 만약 성년후견인 신청이 받아들여진다면 이는 신격호의 정신상태가 정상이 아니라는 것을 법적으로 증명 받는 셈이 된다. 따라서 신동빈은 형 신동주가 주장했던 "창업주 아버지가 내 편이다"라는 주장을 일거에 뒤집을 수 있었다.

문제는 2013년 7월 1일부터 새로 도입된 성년후견인 제도가 한국에서도 전혀 정착되지 않았다는 데 있었다. 특히 문제가 되는 것은 법원이 심신미약자를 어떤 기준으로 판단할지에 관한 판례 자체가 부족했다는 점이었다. 그래서 법정에서 신격호가 과연 치매인지 아닌지를 다툰다면 이는 성년후견인 제도의 첫 번째 판례로 기록될 가능성이 높았다. 실제 당시 법조계에서는 "신격호 회장 사례는 사실상 성년후견인 제도의 가장 중요한 판례로 교과서에 기록될 것"이라고 내다봤다.

하지만 아들과 여동생은 이를 전혀 개의치 않았다. 창업주의 말년이 '치매냐 아니냐' 다툼으로 법학 교과서에 기록되는 치욕을 전혀 주저하지 않은 것이다. 아비의 노년이 어떻게 기록되건 이들의 관심은 오로지 롯데그룹 경영권에만 있었던 셈이다.

막장 드라마의 끝, "범인은 아버지다"를 외친 차남

마지막까지 반전이 없으면 진정한 막장 드라마라고 부를 수 없다. 차남이 "아버지는 치매다"를 주장하고, 장남은 "아버지는 멀쩡하다"를 외치던 국면은 2016년 6월 다시 한 번 극적으로 뒤집혔다. 이 해 6월 28일 아버지의 지지를 받던 장남 신동주가 "신 총괄회장신격호이 2010년부터 치매 약을 복용해 왔다"고 밝힌 것이다. 수많은 사람들이 "이건 또 무슨 경우냐?"며 놀라 자빠졌다. 이전까지 신동주는 아버지를 보호하고 있었다. 그리고 신동주가 반전을 노릴 유일한 카드는 아버지가 자신을 지지한다는 사실이었다. 그런데 신동주가 갑자기 "아버지는 치매다"라는 사실을 인정해버린 것이다.

왜 신동주가 이런 고백을 했는지 그가 스스로 언급한 바가 없기에 지금부터는 합리적 추정이라는 미지의 영역에 발을 들여야 한다. 추정의 출발은 당시 신동주가 세 차례의 주주총회에서 모두 참패해 역전을 노리기가 쉽지 않았다는 점에서부터 시작된다.

그런데 3차 주주총회 직전 한국 검찰이 롯데를 수사하기 시작했다. 수차례의 경고에도 롯데가 형제의 난을 멈추지 않자 박근혜 정권이 마침내 칼을 빼 든 것이다.

검찰 수사가 시작되자 쾌재를 부른 쪽은 장남이었다. 주주총회에서 전세를 뒤집는 일은 어려워 보이는 상황이었다. 그런데 만약 검찰이 롯데의 비리를 잡아내 동생을 구속시킬 수만 있다면? 이는 극적인 반전의 계기였다. "아버지가 나를 지지한다"라는 논리를 넘어 "동생은 범죄자다"라는 새로운 카드를 손에 쥘 수 있었기 때문이었다.

문제는 신동빈이 "내가 그룹 경영권을 확보한 때가 올해 초다. 이전에 벌어진 일은 아버지 신격호 회장이 그룹을 지휘할 때의 일이다"라고 발뺌을 할 가능성이 있었다는 점이었다.

당시 검찰이 수사에 착수했던 비자금 조성 및 일감 몰아주기 의혹은 대부분 2011~2015년에 벌어진 일들이었다. 이때의 그룹 경영권은 공식적으로 신격호에게 있었다. 당연히 신동빈은 "그 때 일은 아버지 책임이다"라고 주장할 충분한 사유가 있었다.

신동주는 이런 사태를 막고 싶었을 것으로 보인다. 신동주가 "아버지는 2010년부터 치매 약을 먹고 있었다"라고 시기까지 특정한 이유가 여기에 있다. 검찰이 2011~2015년에 벌어진 일을 추궁해도 신동주는 "당시 아버

신격호 롯데그룹 총괄회장 ⓒ민중의소리

지는 이미 치매를 앓았고 한국 롯데는 동생 신동빈이 장악했다"라고 주장
할 수 있었던 것이다.

하지만 신동주가 내민 이 신의 한 수는 신동빈의 최측근이었던 이인원 롯
데그룹 부회장이 스스로 목숨을 끊으면서 처참한 실패로 돌아갔다. 그룹 비
자금 상황을 훤히 꿰뚫고 있던 이인원은 스스로 목숨을 끊음으로써 검찰 수
사를 무력화시켰다. 이인원이 숨진 이후 롯데에 대한 검찰 수사의 강도는
현격히 약화됐다. 형제가 벌인 막장 드라마는 결국 사람 목숨까지 잃게 만
드는 결과를 낳았다.

그런데 막장 드라마는 아직도 끝나지 않았다. 조선시대만 해도 "전하! 연로하신 아비를 불쌍하게 여기셔서 소자를 대신 벌해 주시옵소서"라는 대사를 흔히 들을 수 있었다. 굳이 삼강오륜까지 들먹이지 않아도 노년의 아비를 대신해 자식들이 아비의 죄를 대신해 청하는 일은 드물지 않았다.

그런데 세상이 얼마나 개판이 됐으면 자식이 되레 "내 죄를 아비에게 물어주소서. 나쁜 놈은 내가 아니라 아비입니다"라고 주장하는 국면이 시작됐다. 롯데그룹 경영 비리에 관한 재판이 시작되자 신동빈이 재판장에서 보여준 변론 태도가 바로 이것이다.

2017년 벌어진 1심 재판에서 검찰은 롯데가 저지른 다양한 비리에 대한 책임을 물어 신격호에게 징역 10년과 벌금 3000억 원을 구형했다. 신동빈에게도 횡령과 배임 혐의를 물어 징역 10년과 벌금 1000억 원의 중형을 구형했다.

이때 신동빈의 변호인은 "(경영 비리가 저질러진 시기는) 부친인 신격호 총괄회장이 결정권을 갖고 있어서 아버지가 다 결정한 것이고 신동빈 회장은 아버지 뜻을 거역하지 못해 소극적으로 이행했을 뿐이다"라고 주장했다. 또 변호인은 "과거의 가족 중심 경영이나 경영 불투명성을 해소하고자 노력해온 당사자에게 오히려 그 책임을 묻는 것은 무리가 있다"라고 항변했다.

이런 후레자식을 보겠나? 자기 살겠다고 죄를 아버지에게 덤터기 씌운 것이다. 신동빈은 자기는 아비가 시키는 대로 했을 뿐이니 자기 대신 아비에게 죄를 물으라고 요청했다. "과거의 가족중심 경영이나 경영 불투명성"

은 아비의 책임이고 자신은 그것을 해소하고자 노력했단다. 사실 여부를 떠나 이걸 후레자식이라고 부르지 않으면 뭐라고 불러야 하나?

아비를 죄인으로 몰아가는 신동빈의 전략은 멋지게(!) 성공했다. 1심 재판부는 신동빈에게 징역 1년 8개월에 집행유예 2년형을 내렸다. 재벌들에게 집행유예는 무죄나 다름이 없다. 재판부는 신동빈의 죄를 가볍게 처리하는 대신 아비인 신격호에게는 징역 4년과 벌금 35억 원의 실형을 내렸다. 물론 고령을 이유로 신격호가 구속되지는 않았지만 자식과 달리 아비에게 돌아온 것은 실형이었다.

"아버지가 치매다"로 시작된 롯데그룹의 막장 드라마는 성년후견인 제도를 거쳐 "내 죄를 아비에게 물어주세요"라는 불효막심한 스토리로 막을 내렸다.

롯데의 주인이
직원 세 명짜리 포장재 만드는 회사라고?
– 롯데의 황당했던 지배구조

신세계의 부상과 롯데쇼핑의 상장

한국 유통산업의 역사를 이야기할 때 절대 빠질 수 없는 지명地名이 있다. 바로 서울 중구 명동이다. 그곳에는 신세계와 미도파백화점이, 조금 떨어진 소공동에는 롯데백화점이 있었다. 1980년대까지만 해도 고객들은 명동에 있는 백화점에 가는 것을 '큰 행사'로 생각했다. 백화점에 갈 때 일부러 근사한 옷을 입었다. '백화점에 가는데 얕잡아 보일 수는 없다'는 생각에서 말이다. 한국 소비를 주름잡던 명동의 백화점 시대는 1985년 서울 강남구 압구정동에 현대백화점이 생기면서 서서히 저물기 시작했다.

1993년 한국 소비 패턴의 역사를 바꾸는 일대 사건이 일어난다. 바로 신세계가 서울 도봉구 창동에 이마트 창동점을 개점한 일이다. 이마트가 등장하면서 신세계와 롯데쇼핑의 지위는 바뀌었다. 백화점 부문에서는 계속 롯데쇼핑이 우위였다. 하지만 이마트 창동점이 등장한 이후 한국 유통업계의 주도권은 서서히 할인점으로 넘어갔다. 롯데백화점으로 유통 최강자에 올라섰던 롯데의 아성이 신세계에 의해 흔들리기 시작한 것이다.

롯데는 전통적으로 주식을 증시에 상장하는 데 매우 인색한 그룹이었다. 신격호는 주식 상장으로 새로운 주주를 받아들이는 것을 "내 회사를 왜 남한테 넘기느냐?"는 봉건적 사고방식으로 대하는 인물이었다.

2000년 대 중반까지 롯데제과, 롯데칠성, 롯데삼강 등 몇몇 롯데 계열사들이 증시에 상장돼 있었지만 롯데는 상장 주식을 거의 방치하다시피 했다. 유통 담당 기자들이 전화를 걸면 받는데 증권 담당 기자들이 전화를 걸면 롯데는 대꾸도 하지 않았다. 2000년대 초반 롯데제과와 롯데칠성 주가는 100만 원을 훌쩍 넘어 '황제주' 대접을 받았다. 하지만 롯데 관련주들이 황제주가 된 것은 장사를 잘 해서라기보다는 주식을 방치했던 덕분이었다.

보통 주가가 50만 원이나 100만 원을 넘어가면 거래가 불편해지기 때문에 상장회사는 액면분할을 통해 주식 수를 열 배로 늘리고 주가는 10분의 1로 내린다. 이래야 투자자들이 주식을 사고팔기 편해진다.

하지만 롯데는 액면분할 따위에 아예 신경을 쓰지 않았다. 주주들의 불편은 신경 쓸 바가 아니었기 때문이다. 당연히 주주들에게 배당도 거의 하지 않았고 그 흔한 기업설명회IR 한번 여는 적이 없었다.

주요 기업이 증시에 상장되지 않으니 롯데의 지배구조는 그야말로 오리무중이었다. 상장기업은 당연히 모든 주주들에게 회사의 지배구조가 어떻게 구성됐는지 투명하게 밝혀야 한다. 하지만 롯데는 상장한 기업도 몇 개 없었고 그마저 비주력계열사여서 도대체 회사의 핵심 주주가 누구인지 파악할 길이 없었다. 2005년 〈서울신문〉의 기사 제목은 '[재계 인사이드] 롯데 지배구조는 오리무중'이었다. 오죽했으면 당시 롯데의 별칭이 '비밀의 롯데' '밀실의 롯데'였을까?

그런데 할인점 분야에서 신세계에 주도권을 내 주면서 롯데가 다급해졌다. 롯데 역시 롯데마트의 점포 숫자를 늘려 이마트에 대응을 해야 했는데 점포를 늘릴 충분한 현금이 없었던 것이다.

당시 한국 롯데는 미국에서 선진 경영을 배웠다는 차남 신동빈이 주도권을 쥐고 있었다. 봉건적 경영방식을 고수했던 신격호와 달리 신동빈은 주식을 증시에 상장하는 일에 거부감이 없었다.

신동빈의 주도로 롯데는 유통 분야의 핵심인 롯데쇼핑을 2006년 증시에 상장하기로 했다. 상장을 통해 새로 3조 원이 넘는 자금을 증시로부터 마련하고 그 돈을 이마트와 일전을 겨룰 실탄으로 삼겠다는 심산이었다.

롯데그룹 계열사 중 주력이라고 불릴만한 회사가 마침내 증시에 상장됐다. 투자자들은 그제야 롯데그룹 주력 계열사의 지배구조를 공식적으로 확인할 수 있었다. 그리고 새롭게 확인한 사실들은 이것이었다. 당시 롯데그룹의 총수였던 신격호의 롯데쇼핑 보유 지분은 고작 1.8%였다. 반면 신동주, 신동빈 두 형제가 보유한 롯데쇼핑 지분은 40%가 넘었다.

한국 사회는 비로소 베일에 가려있던 롯데그룹 지배구조를 이해할 실마리를 찾았다. '아들 형제가 거대 유통기업의 지분 40%를 보유했다는데 그 돈은 어디서 마련한 것일까? 증여를 받았다면 증여세는 제대로 냈을까?' 등 한국 사회가 당연히 해야 할 질문을 찾은 것이다. 그전까지는 그 질문을 하고 싶어도 누가 얼마의 지분을 갖고 있는지 당최 알 수 없었으니 불가능했던 일이었다.

신동빈 롯데그룹 회장 ⓒ민중의소리

　롯데쇼핑이 주식을 증시에 상장키로 한 뒤 회사 관계자들이 여의도 증권
거래소를 찾았다. 주주 알기를 호구로 알던 롯데 관계자들이 여의도를 찾는
것은 극히 이례적인 일이었다. "롯데 관계자가 증시를 찾은 것은 100년 만
이다"라는 농담이 여기저기서 터졌다. 30여 년 동안 비밀의 그룹이었던 롯
데가 라이벌 신세계의 추격에 화들짝 놀라 주력 계열사를 상장하고 기업 비
밀의 일부를 공개한 것은 매우 역설적이다. 롯데가 오랫동안 닫아났던 비밀
의 문이 열리기 시작했다.

반도체 회로보다도 복잡한 전설의 롯데그룹 지배구조도

A라는 기업이 있다. 그 기업에게 "너희 주인은 누구니?"라고 묻는다. A가 답한다. "우리 주인은 B예요." B가 A를 지배하고 있다는 이야기다.

그러면 B의 주인이 누구인지 궁금해진다. 그래서 B에게 "너희 주인은 누구니?"라고 묻는다. B가 답한다. "우리 주인은 A예요."

뭔가 이상하다. 우리는 A와 B의 실질적인 주인이 누구인지 알고 싶다. 그런데 A는 B가 주인이라고 주장하고, B는 A가 주인이라고 주장한다.

"그래서 결론적으로 너희는 누가 주인인 거야?"라고 물으면 A와 B는 합창하듯 큰 목소리로 말한다. "신격호 회장님이요!"라고 말이다.

이제 완전히 이상해졌다. 왜냐하면 신격호는 A와 B 두 회사 주식 중 한 주도 갖고 있지 않았기 때문이다. 그런데 왜 신격호가 주인인지 상식적으로 설명이 되지 않는다. 그래서 다시 한 번 묻는다. "신격호는 주식이 한 주도 없는데 왜 주인이지?"라고 말이다. 이때 A와 B는 다시 합창하듯 큰 목소리로 말한다.

"우리 마음이에요! 신경 끄세요!"

이 황당한 지배구조를 전문용어로 '상호출자'라고 부른다. 정작 신격호는 회사를 설립하는 데 땡전 한 푼 낸 적이 없다. A의 자본금은 B가 댔고 B의 자본금은 A가 댔는데, A와 B는 어떤 이유에서인지 신격호를 주인으로 모신다.

이게 너무나 부당한 방식이기에 상호출자는 법으로 금지돼 있다. 이렇게 하는 것은 위법이라는 이야기다.

이번에는 이 둘을 셋으로 늘려보자. A, B, C 세 회사가 있다. A에게 "너희 주인은 누구니?"라고 물으니 "우리 주인은 B에요"라는 답이 나왔다. 그래서 B에게 "그러면 너희 주인은 누구니?"라고 물으니 "우리 주인은 C에요"라고 답한다. 누가 진짜 주인인지 알기 위해 C에게 "그러면 너희 주인은?"이라고 묻자 C는 "A가 우리 주인이에요"라고 답한다.

장난하는 것도 아니고, 이게 무슨 짓인가? 그래서 A, B, C 셋을 모아놓고 "그러지 말고 정확히 이야기해봐. 도대체 누가 너희 주인이라는 거야?"라고 다그치니 A, B, C는 다시 입을 맞춰 큰 목소리로 외친다. "우리 주인은 신격호 회장님이에요!"라고 말이다.

이런 지배구조를 순환출자라고 부른다. A가 B를 지배하고, B가 C를 지배하는데, 그 C가 A를 다시 지배하는 동그라미 구조를 말한다. 이 구조에서도 신격호는 땡전 한 푼 낸 적이 없다. 그런데 이 셋은 신격호가 자기들 주인이라고 빡빡 우긴다. 이 역시 너무나 부당하기에 순환출자도 법으로 금지돼 있다.

그런데 우리나라 재벌들은 오랫동안 이런 식으로 지배구조를 유지해왔다. 총수는 돈 한 푼 들이지 않고 계열사들끼리 상호출자, 순환출자를 시켜 그룹 전체를 지배한 것이다. 사정이 이렇다보니 도무지 자격이 없어 보이는 자들이 그룹의 총수 자리를 꿰차고 있다.

2017년 공정거래위원회의 발표에 따르면 총수가 있는 49개 집단소속회사 1782개의 총수 지분율은 평균 2.1%였다. 그러니까 전체 그룹 주식 중에 고작 2%가량 들고 "내가 총수다"라고 주장하고 있는 셈이다. 자식이나 형제 등이 주식을 많이 갖고 있어서 그런 건 아닐까? 천만의 말씀이다. 49개 집단 총수와 친족들의 지분을 모두 합쳐도 총수일가 지분율은 4.1%에 불과했다.

더 큰 재벌일수록 이런 기형적인 구조가 더 심했다. 49개 집단이 아니라 총수가 있는 상위 10개 기업집단삼성, 현대차, SK, LG, 롯데, GS, 한화, 현대중공업, 신세계, 두산으로 범위를 좁혀보면 총수 평균 지분율은 0.9%로 뚝 떨어진다. 주식 2.1% 들고 총수라고 주장하는 것도 코미디인데 글로벌 기업을 자처하는 10대 재벌 총수들은 그의 절반도 안 되는 0.9%로 총수 행세를 한다. 일가 지분까지 합쳐도 이들의 지분율은 2.5%에 불과했다.

그런데도 이들이 총수인 이유는 계열사들이 모여서 "우리 주인은 신격호에요!"라고 외치기 때문이다. 10대 재벌 총수들의 보유 주식은 고작 0.9% 지만 계열사들끼리 서로 보유한 주식 지분내부지분율은 무려 58.3%나 됐다. "왜 58.3%의 주식을 보유한 계열사가 0.9%를 보유한 개인을 총수로 모시지?"라고 물어보면 "내 마음이에요!"라고 답을 하니 어쩔 방법이 없다. 한국의 재벌들은 모두 이런 비정상적인 지배구조의 혜택을 입고 있다.

그렇다면 롯데는 구체적으로 어떤 지배구조를 갖고 있었을까? 바로 다음 그림이 2015년 공정거래위원회가 발표한 롯데그룹의 지배구조를 그린 그림이다.

'글씨가 잘 안 보이는데?'라는 불만을 충분히 이해한다. 그런데 이 지배구조도는 공정위의 발표 당시부터 이처럼 낮은 해상도로 나왔다. 너무 그림이 복잡해 큰 글씨로 쓸 수가 없었기 때문이다.

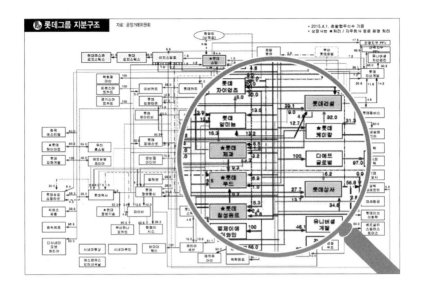

그리고 이 그림의 핵심은 글씨의 식별 여부가 아니다. 도대체 몇 개인지 셀 수조차 없는 복잡한 화살표 숫자가 핵심이다. 이 엄청난 화살표의 숫자는 롯데그룹 지배구조가 얼마나 개판이었는지를 여실히 드러낸다. 끈기를 가지고 화살표 숫자를 세 보니 그 숫자가 무려 416개였다.

대한민국 역사상 이보다 더 복잡한 지배구조도는 없었다. 이 그림이 바로 '반도체 집적회로도보다도 더 복잡하다'는 전설의 롯데그룹 지배구조도다.

이 복잡한 그림으로 어떻게 그룹 주인을 찾아낼 수 있다는 말인가? 하지만 롯데그룹 모든 계열사는 조금도 주저하지 않고 한 목소리로 외쳤다. "우리 주인은 신격호 회장님이에요!"라고 말이다. 신격호가 왜 그토록 오랫동안 롯데그룹을 '비밀의 롯데', '밀실의 롯데'로 관리해왔는지 이해가 가는 대목이다.

글로벌 기업 롯데의 주인은 골판지 만드는 회사

생각해보자. 신격호는 저 그림을 이해하고 있을까? 새로운 롯데그룹 지배자로 떠오른 신동빈은 저 그림을 다 이해했을까? 그럴 리가 없을 것이다. 하지만 어차피 모든 계열사들이 이구동성으로 "이유는 모르겠고, 우리 주인은 신격호 회장님이에요!"라고 주장하는 한, 사실 신격호건 신동빈이건 저 복잡한 그림을 이해해야 할 이유도 없었다.

그런데 2015년 신동주, 신동빈 형제끼리 치고받는 난투극이 벌어지면서 문제가 시작됐다. 신동주, 신동빈 형제의 다툼은 한마디로 그룹 경영권을 차지하기 위한 쟁투였다. 그렇다면 그룹 경영권을 다투기 위해서는 누가 어느 회사를 지배해야 그룹 경영권을 차지할 수 있는지를 가려야 한다. 416개의 화살표가 난마처럼 얽힌 지배구조에서 애먼 회사 한 곳 지배한 뒤 "내가 이제부터 주인이다"라고 외쳐봐야 욕만 바가지로 먹을 것이기 때문이다.

형제끼리 치고받는 통에 베일에 가려졌던 롯데그룹의 지배구조 핵심이 어디인지가 마침내 드러났다. 복잡한 계산을 거친 끝에 롯데그룹의 주인이 되기 위해서는 호텔롯데를 지배해야 한국 롯데그룹 전체를 지배할 수 있다는 사실이 밝혀진 것이다. 신동주건 신동빈이건 한국 롯데그룹을 지배하기 위해서는 호텔롯데 주주총회에서 다수의 표를 얻어야 했다.

그렇다면 형제의 난 당시 호텔롯데 주주 구성은 어땠을까? 호텔롯데의 주식을 가장 많이 보유한 곳은 일본롯데홀딩스라는 사실이 밝혀졌다. 그렇다면 승부는 일본롯데홀딩스의 주주총회에서 갈린다. 이제는 일본롯데홀딩스의 지분을 누가 가장 많이 보유했는지 알아야 한다. 그런데 그게 누구인지 찾아봤더니 엉뚱하게도 일본 도쿄 신주쿠 거리에 있는 광윤사라는 회사가 나타났다. 광윤사가 일본롯데홀딩스의 지분을 무려 28.1%나 들고 있었던 것이다.

광윤사라는 회사는 무슨 회사였을까? 이 회사는 골판지 같은 포장재를 만드는 영세 업체였다. 직원 수도 고작 3명뿐이었다.

지금까지 설명했던 길고 복잡한 스토리를 한 번 정리해보자. 형제 간 골육상쟁에서 동생 신동빈이 승리했다는 사실은 앞에서 확인한 바와 같다. 문제의 핵심은 우리가 그동안 글로벌 기업이라고 믿었던 롯데의 진짜 주인은 도쿄 신주쿠 거리에 있는 직원 세 명짜리 골판지 만드는 회사였다는 사실이다. 세상 어느 천지에 매출 90조 원에 이르는 거대 그룹을 직원 세 명짜리 골판지 만드는 회사가 지배하는 나라가 있던가?

호텔롯데의 주인이 누구인지를 가리기 위해 형제끼리 치고받는 바람에 새롭게 알려진 사실이 하나 더 있다. 'L투자회사'라는 정체불명의 회사가 호텔롯데를 비롯한 롯데그룹 주요 계열사의 지분을 상당히 갖고 있었다는 점이다. L투자회사는 L1부터 L12까지 모두 열 두 곳이 있었다.

그런데 이 열 두 곳의 L투자회사가 무엇을 하는 회사인지 아는 사람이 없었다. 롯데그룹 내부에서도 "L투자회사의 정체를 정확히 아는 사람은 아무도 없을 것"이라는 말이 나돌았다. 명색이 글로벌기업인데 최대주주 혹은 주요주주의 정체가 불투명하다. 영세 개인사업자도 사업을 이따위로 하지는 않는다.

이게 얼마나 황당한 일인지 예를 들어보자. 롯데그룹의 주요계열사 중에 롯데알미늄이라는 회사가 있다. 알루미늄 호일도 만들고 플라스틱 병이나 열교환기, 가스보일러도 만든다. 연 매출이 1조 원에 육박하는 탄탄한 회사다.

그런데 한때 이 회사의 최대주주는 지분을 34.92%나 보유한 L2투자회사였다. 하지만 우리는 그 누구도 매출 1조 원짜리 대기업의 최대주주인 L2투자회사가 뭐 하는 곳인지 알지 못했다. 오죽 답답했던지 금융감독원이 2007년 "도대체 L2투자회사가 어디 있는 회사냐?"를 물어 겨우 이 회사의 주소를 찾아냈다. 도쿄東京도 시부야渋谷구 하츠다이初台 2-25-31이 그 주소였다.

한 기자가 이 주소에 무엇이 있는지를 확인하기 위해 그곳을 찾았다. 그랬더니 그 주소에는 회사가 아니라 거대한 저택이 떡 하니 있었다. 저택의 문패에는 '시게미츠 다케오' 즉 신격호의 일본 이름이 걸려 있었다.

글로벌 그룹 주인이 골판지 만드는 회사였고, 계열사의 주인은 회장 자택이었다는 이야기다. 이게 웃기려고 한 이야기였으면 충분히 웃겼는데, 웃기려고 한 이야기가 아니라 롯데가 수 십 년 동안 감추려 했던 진실의 민낯이었기에 오히려 슬프다.

2018년 현재 롯데의 지배구조는 많이 깨끗해졌다. 416개의 화살표가 난무하며 반도체 집적회로를 능가한다고 불렸던 지배구조도 꽤 깔끔해졌다. 신동빈이 경영권을 장악하면서 투명한 지배구조를 갖추겠다고 약속했고 그 노력의 일환으로 합병과 지분 정리를 통해 상호출자와 순환출자를 해소했기 때문이다.

정거래위원장과 5대그룹간 정:

2017. 11. 2(목) 10:00 ~ 11:00   대한상공회의소

5대그룹과 공정거래위원장의 간담회. 오른쪽 두번째가 황각규 롯데지주 공동대표 ⓒ민중의소리

"잘 된 일이냐?"고 묻는다면 당연히 그 답은 "그렇다"이다. 물론 남들은 오래 전부터 그렇게 해 왔던 것을 이제야 정리한 게 칭찬받을 일은 아니지만 그렇다고 상호출자와 순환출자의 고리를 끊은 것을 나쁘다고 할 이유는 없다.

롯데는 복잡한 지배구조를 정리한 것을 계기로 "뉴 롯데를 만들겠다"고 공언했다. 아버지 신격호와 달리 새로운 지배자 신동빈은 미국에서 공부를 한 선진 경영자이기 때문에 더 이상 신격호 시대의 비밀 경영은 없을 것이라는 게 롯데의 장담이었다.

롯데

그런데 아무리 생각해도 "뉴 롯데로 변하겠다"는 다짐이 믿기지 않는다. 개인적인 경험이지만 2017년에 롯데의 갑질에 관한 기사를 〈민중의소리〉에서 한번 다룬 적이 있었다.

그런데 기사가 나가자마자 롯데그룹 관계자가 득달같이 전화를 걸었다. "기사에 뭔가 팩트가 틀린 것이 있냐?"고 물었더니 그는 "그건 아니고요. 다만 저희가 뼈를 깎는 반성과 개선 노력을 하고 있다는 점을 감안해 주셨으면 해서요"라고 답했다.

오랫동안 롯데의 역사를 추적하고 기록한 기자로서 나는 그들이 뼈를 깎는 반성을 한다는 말 자체를 믿지 못한다. 그리고 이번에도 그 생각은 틀리지 않았음이 곧 입증됐다.

롯데 관계자가 "갑질에 관해 뼈를 깎는 노력을 하고 있다"고 전화한 때가 2017년 8월이었다. 그런데 그들은 딱 두 달 뒤인 10월 진상급 갑질을 벌였던 롯데하이마트 대표 이동우의 사표를 반려하고 그를 대표로 재신임했다. 뼈를 깎았다면서? 반성은 뼈를 깎을 정도로 치열하게 하는데 자기 캐리커처 그려진 종이에 사인이나 하고 다니는 갑질 사장은 왜 그렇게 옹호하는지 설명이 안 된다. 뼈를 깎을 각오면 이동우가 아무리 신동빈의 총애를 받더라도 그런 인물부터 깎는 게 정상이다.

그래서 롯데의 반성은 믿을 수 없다. 역사적인 사실들을 쭉 살펴봐도 롯데는 결코 뼈를 깎은 적이 없었기 때문이다.

롯데는 한국 기업인가?
일본 기업인가? 박쥐인가?
– 롯데그룹 국적 논란

일본기업이면 어떻고 달나라 기업이면 어떤가?

우리나라는 1994년 이전까지 거시경제 지표로 국민총생산GNP, Gross National Product이라는 개념을 사용했다. 1인당 국민소득을 계산할 때도 당연히 기준은 GNP였다. GNP에서 중요한 건 국적national이다. GNP를 계산할 때 바탕이 되는 수치는 대한민국 국적을 가진 사람들이 얼마의 상품과 서비스 등 부가가치를 생산했느냐이다.

그런데 이 거시지표가 1994년 이후부터 국내총생산GDP, Gross Domestic Product이라는 새로운 개념으로 대체됐다. GNP와 달리 GDP에서 중요한 것은 국가가 아니라 지역domestic이다. 어느 나라 사람이 만들었느냐가 아니고 어디서 만들었느냐가 중요한 기준이 된다.

예를 들어 한국인 김철수 씨가 미국에서 자동차를 만들어 돈을 벌었다면 이는 GNP에 포함된다. 김철수 씨가 한국 사람이기 때문이다. 하지만 김철수 씨가 한국인이라 해도 그가 번 돈은 한국 경제에 별다른 영향을 미치지 못한다. 그의 국적은 한국이지만 그가 돈을 벌고 그 돈을 쓰는 곳은 미국이기 때문이다.

그래서 GNP는 실질적인 나라 경제의 규모를 잘 나타내지 못한다. 반면 GDP, 즉 국적과 상관없이 어느 지역에서 부가가치가 생산됐느냐를 기준으로 삼으면 한 나라 경제의 전반을 살피는 데 많이 유리하다.

예를 들어 미국인 로버트 스미스 씨가 한국에서 학원 강사를 해 돈을 벌었다면 그 돈은 GNP에는 잡히지 않지만 GDP에는 잡힌다. 스미스 씨가 돈을 번 행위가 한국이라는 지역에서 이뤄졌기 때문이다. 한국에 거주하는 스미스 씨가 쓰는 돈도 당연히 한국 경제에 영향을 미친다. 1994년 이후 GDP가 GNP를 대체한 이유가 바로 이것이다.

이 말은 현대 사회에서 경제를 판단할 때 국적은 그다지 중요하지 않다는 점을 뜻한다. 글로벌 시대에 어떤 기업에게 "너는 어느 나라 기업이냐?"라고 묻는 것은 의미가 없다. 이미 세계 자본주의를 지배하는 초대형 기업들의 국적은 오래 전부터 모호했다. 그래서 그런 기업을 '여러 국적을 가진 기업'이라는 의미로 다국적기업multinational corporation이라고 부른다.

그래서 우리는 롯데의 국적이 어디인지 근본적으로 관심을 가질 필요가 없다. 롯데가 일본 기업이면 어떻고 한국 기업이면 어떤가? 롯데 회장실에 태극기가 걸려있건 일장기가 걸려있건 중요하지 않다. 심지어 롯데의 국적이 달나라나 화성이라고 해도 그게 무슨 상관이란 말인가?

롯데는 그룹 전체 매출 중 90%가 한국에서 발생하고 10%는 일본에서 발생하는 기업이다. 그렇다면 롯데는 한국과 일본을 주 무대로 활용하는 다국적기업이다. 다만 그 중에서도 한국 사업의 비중이 훨씬 큰 기업으로 이해하면 된다. 전혀 어려울 것이 없다. 실제로 창업주 신격호는 자기 입으로 "롯데는 한국과 일본 두 나라에 절반씩 기반을 둔 기업"이라고 말했다. 절반이라는 단어가 딱 50%를 이야기하는 것이 아니라면 이 말은 지극히 지당하다.

사업이라는 것은 물건을 파는 행위만을 말하는 것이 아니다. 자금을 조달하는 것도 사업의 일부다. 한국 매출이 일본 매출에 비해 압도적으로 많지만 롯데는 필요한 자금의 대부분을 일본에서 조달했다. 일본의 금리가 한국에 비해 현격하게 낮았기 때문이다. 이 부분에서 롯데는 한국과 일본 양국에 기반을 둔 다국적기업이라는 사실이 더 분명해진다.

그런데 이 간단한 문제를 우리가 다루려는 이유는 다른 곳에 있다. "롯데는 쪽바리 기업이니 한국에서 몰아내자"라는 황당한 주장을 하려는 게 아니다. 한국이 비록 반일反日 정서가 강한 나라이긴 하지만 그렇다고 일본 제품을 안 쓰는 나라도 아니다. 축구 국가대표 한일전이 열리면 "가위바위보라도 일본한테는 이겨야 한다"며 조국을 응원하지만, 게임으로 축구 한일전을 즐길 때에는 소니의 플레이스테이션이나 닌텐도의 위Wii를 이용하는 나라다.

우리가 롯데의 국적을 다루는 이유는 두 가지다. 하나는 롯데가 그 동안 한국에서 애국심을 자극하는 마케팅으로 사업을 확장했다는 점이고, 나머지 하나는 롯데가 외국인 투자기업으로 한국에서 각종 혜택을 받아왔다는 점이다.

외국인 투자기업으로 혜택을 받았으면 외국 기업으로 활동을 해야 한다.

대형태극기를 외벽에 내건 제2롯데월드
ⓒ민중의소리

마케팅에서 한국 기업임을 강조해 매출을 올렸으면 외국 기업이 받는 혜택은 포기해야 한다. 그게 순리 아닌가?

그 어느 다국적기업도 해외에 진출할 때 "우리는 당신 나라 기업이에요"라며 애국심을 자극하지 않는다. 하지만 롯데는 한국에서 유리하다 싶을 때에는 태극기를 앞세웠고, 국내법에 의해 규제를 받아 불리하다 싶을 때에는 일장기를 머리에 둘렀다.

그래서 롯데에게 "당신은 한국 기업인가? 일본 기업인가?"를 묻는다. 그리고 미리 결론을 이야기하자면 롯데는 국적과는 상관없이 돈과 시류를 좇아가는 박쥐같은 기업이었다.

3.1절에 롯데가 "대한민국 만세!"라고 외친다

2015년 광복 70주년을 맞았을 때 롯데월드타워 70층에 초대형 태극기가 걸렸다. 롯데는 초대형 태극기를 건 뒤 "1억 원이나 들인 마케팅"이라며 자랑을 했다. 2016년 롯데물산도 3.1절을 맞아 롯데월드타워 42~58층에 태극기와 함께 '대한민국 만세!'라는 글귀를 새긴 초대형 메시지를 설치했다. "태극기를 설치하기 위해 6일 동안 10여 명의 작업자들이 하루 평균 8시간씩 작업을 했다"는 게 롯데의 꼼꼼한 자랑이었다.

이게 안 어색한가? 아무리 생각해도 너무 어색하다. 다국적기업이 한국에 진출해 3.1절에 "대한민국 만세!"라고 외치는 일은 거의 없다. 다국적 기업은 한국뿐 아니라 일본에서도 장사를 하기 때문에 복잡하게 얽힌 민족 감정을 건드리지 않는다. 맥도날드가 오랫동안 프랑스의 지배를 받았던 알제리에서 "프랑스는 나쁜 놈!"이라고 외치지 않는 이유다.

그런데 롯데는 민족의 가장 중요한 기념일 중 하나인 3.1절에 초대형 태극기를 걸고 "대한민국 만세!"를 외쳤다. 3.1절에 "대한민국 만세!"를 외치는 게 무슨 뜻인가? 일제 강점기에 조선의 민중들은 목숨을 내걸고 "대한독립 만세!"를 외쳤다. 그 만세는 조선을 강제 침탈한 제국주의 일본에 대한 수많은 민중들의 목숨을 건 저항이었다.

롯데는 그 의미를 알고 있나? 정녕 그 의미를 알고 3.1절에 "대한민국 만세!"를 외쳤다면 롯데는 당연히 일본의 반성을 진심으로 요구하는 애국적 기업일 것이다. 그런데 아무리 살펴봐도 롯데는 애국심을 갖고 있는 기업처럼 보이지 않는다.

예를 들어 신동주와 신동빈은 모두 병역의무를 다하지 않았다. 2부에서 자세히 살펴보겠지만 한국 재벌들 중 병역을 기피한 사람이 한 둘이 아닌 것은 잘 안다. 그런데 이 두 사람의 경우는 좀 특별하다. 이 둘은 병역의무를 이행해야 할 나이에 한국인이 아니라 일본인이었다. 엄밀히 말하면 이 둘은 병역의무를 기피한 게 아니라 병역의무를 이행할 이유가 없었다. 일본인에게 '한국의 국방의무를 다하라'고 말할 수는 없는 노릇이다.

20대 청년 당시 신동주는 신동주가 아니라 시게미츠 히로유키重光宏之라는 일본인이었다. 신동빈도 신동빈이 아니라 시게미츠 아키오重光昭夫라는 일본인이었다. 이 둘은 40대가 된 이후 귀신같이 일본 국적을 포기하고 한국 국적을 취득했다. 더 이상 군대에 갈 필요가 없는 나이가 되고나서 말이다.

신동빈의 아들은 신유열이라는 젊은이다. 그런데 2015년 일본인과 결혼한 신유열 역시 병역의 의무를 다하지 않았다. 우리가 그 청년을 신유열이라고 불러서 그렇지, 그는 사실 시게미츠 사토시라는 일본인이기 때문이다.

한국의 언론은 이렇게 전망한다. 시게미츠 사토시 또한 적당한 나이가 되면 일본 국적을 포기하고 한국 국적을 취득해 3세 경영에 나설 것이라고 말이다. 이것들이 진짜 장난하나? 국적이 씹다가 종이에 뱉어두고 필요하면 다시 씹는 풍선껌은 아니지 않나?

'형제의 난'이 한창이던 2015년 8월 3일 신동빈이 김포공항에 귀국해 일련의 추태에 대해 공식적으로 사과했다. 이때 신동빈은 "롯데는 일본 기업입니까?"라는 질문에 "한국기업입니다. 95%의 매출이 우리나라에서 일어나고 있습니다"라고 분명히 답했다.

한 달 여 뒤 신동빈의 최측근이었던 소진세 롯데그룹 대외협력단장이 〈한국일보〉와의 인터뷰에서 이렇게 말했다. "롯데가 일본기업이라는 어처구니없는 오해를 받으니 40년간 이곳에서 일한 '롯데맨'으로서 누구보다 가슴이 아프다"라고 말이다.

이런 태도가 문제라는 것이다. 롯데가 한국 기업이건 일본 기업이건 달나라 기업이건 전혀 문제가 되지 않는다. 그런데 왜 롯데는 유난히 국적 논란만 불거지면 한국 기업임을 강조하고 3.1절에 "대한민국 만세!"를 외치며 마케팅을 펼치느냐는 말이다.

신격호가 한국에 진출할 당시 롯데는 외국인 투자기업 대접을 받았다. 신

일본 도쿄 신주쿠에 있는 일본 롯데 본사 ⓒ연합뉴스

격호가 전두환의 배려로 따낸 롯데월드 역시 외국인 투자기업으로 사업을 진행했다. 신격호의 마지막 꿈이었던 롯데월드타워를 운영하는 주체가 롯데물산인데 이 회사도 1987년 외국인 투자기업으로 인정받았다. 한국 롯데 그룹을 지배하는 호텔롯데도 1990년 외국인 투자기업으로 등록했다.

롯데가 한국에서 벌인 굵직한 사업은 모두 외국인, 정확히 말하면 일본기업 자격으로 벌였다. 외국인 투자기업으로 사업을 하면 조세특례제한법상 법인세와 소득세, 부가가치세를 감면받는 등 혜택이 수두룩하다.

롯데는 항변한다. "요즘 같은 글로벌 시대에 외국인 지분이 높아 외국인 투자기업으로 지정되는 건 대부분 재벌들에게서 나타나는 현상이다"라고 말이다. 틀린 말은 아닌데 맞는 말도 아니다.

적지 않은 재벌 계열사들이 외국인 투자기업으로 등록해 혜택을 받는 것은 맞다. 삼성그룹 계열사인 제일기획이나 호텔신라, 현대차그룹 계열사인 현대글로비스와 이노션, SK그룹 계열사인 SK텔링크, 한화그룹 계열사인 한화토탈 등이 모두 외국인 투자기업으로 등록돼 있다. 외국인 투자기업은 외국인이나 외국 법인이 주식의 10% 이상을 취득하면 등록할 자격이 생긴다.

하지만 그것은 금융시장이 개방되고 자본의 드나듦이 자유로워지면서 생긴 현상이다. 그런데 롯데는 그런 경우가 아니다. 롯데는 원래부터 일본 국적의 자금으로 세워진 회사고 일본 돈으로 한국에 진출한 회사다.

게다가 외국인 투자기업으로 인정받아 각종 혜택을 누리는 계열사의 비중을 살펴봐도 롯데는 다른 그룹 탓을 할 처지가 못 된다. 2017년 12월 〈재벌닷컴〉의 조사에 따르면 국내 10대 그룹 계열사 일곱 곳 중 한 곳이 외국인 투자기업이었다.

그런데 롯데그룹은 전체 92개 계열사 중 외국인 투자기업으로 등록된 회사가 무려 28개30.8%에 달했다. 다른 재벌은 일곱 곳 중 한 곳이 외국인 투자기업인데 롯데는 세 곳 중 한 곳이 외국인 투자기업이라는 이야기다. 당연히 이 수치는 10대 그룹 계열사 중 압도적인 1위다.

왜 롯데만 이렇게 유난을 떠나? 이유는 하나다. 다른 재벌들과 달리 롯데의 뿌리가 외국, 즉 일본에 있기 때문이다. 그러면 롯데는 그냥 솔직하게

"우리는 일본에서 시작됐고 한국과 일본 양국에 기반을 둔 다국적 기업이다"라고 말하면 된다. 하지만 롯데는 그렇게 솔직하지 못했다. 3.1절에 롯데가 외치는 "대한민국 만세!"의 외침은 그래서 가증스럽다.

"롯데는 한국 기업 아닌데!"를 주장한 장남 신동주

신동주와 신동빈이 피터지게 치고받았을 때 일이다. 동생에게 쫓겨난 신동주는 일본에 머물면서 절치부심, 역전을 노렸다. 신동주는 2016년 '롯데 경영 정상화를 요구하는 모임www.l-seijouka.com'이라는 일본어 사이트를 만들고 일본에서 여론전을 펼쳤다. 그런데 이 해 5월 이 사이트에 특이한 문건이 하나 올라왔다. 문건 제목은 〈사원 여러분의 회사로 만들기 위해〉였다. 이 문건에서 신동주는 다음과 같이 주장했다.

"(신동빈은) 롯데를 처음부터 창업하고 약 70년에 걸쳐서 세계적 기업으로 성장시킨 신격호 회장으로부터 정당한 이유 없이, 부당한 방법으로 대표권을 빼앗아 윤리관이 결여되어 있다. 또 신동빈 씨는 한국 사업에서 많은 경영 실패를 했고 중국 사업에서도 엄청난 손실을 입었다. 신동빈 씨는 롯데를 (글로벌 기업이 아니라) '한국 기업'이라고 공식 석상에서 발언했다.

신동빈 씨는 지금까지 한일 양국에서 경영을 해 온 롯데그룹에 대해 글로벌 기업이 아니라 한국 기업이라고 공식 석상에서 밝혔다. 또 한국 롯데그룹의 지주회사 역할을 할 호텔롯데에 대한 일본 롯데그룹의 주식 보유 비중을 낮추겠다고 한국 국회에서 설명했다.

현재 롯데가 일본 기업인지 한국 기업인지는 중요하지 않다. 그럼에도 불구하고 롯데가 한국 기업임을 분명히 하는 경영자에게 향후 롯데 그룹을 맡길 수 있겠는가?"

한국의 국적 감정을 건드린 동생을 이기기 위해 신동주가 일본의 국적 감정을 건드린 것이다. 국적 감정을 건드리는 문구는 이것으로 그치지 않았다. 신동주는 〈본 회의에 보내온 의견에 관한 보고〉라는 문건을 통해 전현직 롯데그룹 직원들의 의견을 상세히 전했다. 그 중 한 전직 직원이 남긴 코멘트는 다음과 같았다.

"지금 일본 롯데그룹의 상태는 좋지 않다. 일본과 한국이라는 국적 문제도 있고, 내 친정인 롯데리아를 포함해 롯데그룹 제품은 (일본에서) 불매운동 대상이 된 상태다. 고객 이탈이 심각하다. 아키오신동빈 씨가 한국에서 한 발언을 보면 한국 국민과 한국이라는 국가에 대해서 바짝 다가가는 느낌이 든다. 불쾌하다. 일본을 소홀히 하는 느낌이다."

일본 기업 사정에 밝은 한 관계자는 "일본과 한국은 기업문화에서 큰 차이가 있다. 한국은 '기업이 가이진外人에게 먹히는 것'에 비교적 관대하지만 일본은 기업 소유권에 대한 국수주의 문화가 매우 강하다"고 설명한다. 2차 세계대전 패전 이후 일본 정부는 이른바 '히노마루日の丸, 일장기기업', 즉 국수

주의 문화가 강한 기업을 보호하고 지원하는 방식으로 미국 업체와의 경쟁을 이겨냈다. 그리고 일본 국민들은 이것이 오늘날 일본 경제의 근간이 됐다고 믿는다. 사정이 이렇기 때문에 신동주가 일본 국적 감정을 건드린 것이다.

"롯데가 한국기업인가? 일본기업인가?"라는 질문은 바로 그들이 시작한 것이다. 아무도

롯데의 국적이 궁금하지 않았는데, 롯데는 필요에 따라 태극기를 몸에 두르고 3.1절에 애국자인 척을 했다. 아무도 롯데의 국적이 궁금하지 않았는데, 롯데는 필요에 따라 일장기를 몸에 두르고 외국인 투자기업인 척을 했다. 한때 롯데그룹 후계자 후보였던 장남은 코너에 몰리자 "롯데는 한국기업이 아니다!"를 대놓고 외쳤다.

그래서 우리는 "롯데가 한국기업인가? 일본기업인가?"라는 질문에 답을 하지 않을 수 없다. 우리가 내린 결론은 "롯데는 박쥐같은 기업이다"라는 것이다. 롯데는 한국이 달면 한국을 삼키고 일본이 달면 일본을 삼키는, 아침에는 태극기를 앞세우고 밤에는 일장기에 몸을 숨기는 그런 존재라는 이야기다.

한일 양국에서 빛나는 롯데의 갑질

한일 양국에서 롯데가 벌이는 행태를 살펴보면 한 가지 흥미로운 사실을 발견할 수 있다. 롯데는 유불리에 따라 현해탄을 오가며 박쥐같은 변신을 하지만 노동자를 탄압하는 갑질 분야에서만큼은 양국에서 일관된 자세를 취한다는 점이다.

한국에서 롯데가 벌인 갑질의 유구한 역사는 살펴본 바와 같다. 그런데 일본에서도 롯데는 대표적인 블랙기업으로 찍혀있다. 블랙기업이란 일본에서 만들어진 말로 '고용 불안 상태에서 일하는 청년 노동자들에게 저임금과 장시간 노동 등 불합리한 노동을 강요하는 기업'이라는 뜻이다. 한 마디로 청년 노동자들을 착취하는 악덕 기업을 뜻하는데 이 단어는 '2013년 일본 10대 유행어'에 오르기도 했다.

일본 잡지 〈아카하타〉는 일요판 르포르타주 시리즈인 '블랙기업을 쏴라!'에서 일본 롯데를 블랙기업으로 지목했다. 그리고 '블랙 기업을 쏴라!'에 실린 전직 일본 롯데리아 점장30대 남성의 증언은 이렇게 시작된다.

"몸도 마음도 한계에 부딪혀 더 이상 일을 계속 할 수 없었습니다."

이 점장은 과도한 매출과 이익 목표를 강요하는 회사 탓에 우울증까지 얻고 회사를 그만뒀다. 롯데리아는 그에게 매년 전년대비 110%의 목표치를 할당했다고 한다.

품질 개선 없이 롯데리아가 무슨 수로 매년 10%의 성장을 한단 말인가?

이를 달성할 방법은 하나밖에 없다. 경비를 줄이는 것이다. 그리고 경비를 줄이는 가장 좋은 방법은 노동자들의 임금을 착취하거나 해고하는 것이다.

일본 롯데리아의 각 점포에는 보통 20~30명이 일한다. 이 중 정직원은 점장을 포함해 두 명 정도다. 그런데 그 몇 안 되는 정규직 점장조차 중간관리자 취급을 받아 아무리 잔업을 해도 잔업 수당을 받지 못했다. 우울증을 얻은 전직 점장에 따르면 한 달에 잔업 시간만 무려 300시간이었단다. 오전 6시에 출근해 이튿날 새벽 1~2시에 퇴근을 했다. 18세기 산업혁명 시절의 이야기가 아니다. 3대 경제대국이라는 일본 롯데그룹에서 21세기에 벌어진 일이다.

막무가내로 매출 10% 신장을 강요하는 본사의 횡포 앞에 점장들은 아르바이트 직원들을 끊임없이 해고해야 했다. 해고된 아르바이트 청년들의 고통도 고통이지만 그 일을 떠맡은 점장들의 고통도 무시할 수준이 아니었다. 대부분 점장들은 점포에서 잠을 잤고 심지어 차 안에서 숙식을 해결하는 사람들도 있었다. 도저히 일손이 감당이 안 되면 점장들이 사비로 아르바이트를 구해 급여를 주는 일도 있었다.

매출 목표를 달성하지 못하면 바로 강등이 되거나 지사로 좌천을 당했다. 사정이 이렇다보니 직원들이 직접 돈을 내 음식을 사는 경우도 허다했다.

"사전에 상품을 구입했다가 재고가 나지 않도록 신속하게 팔아치워야 했습니다. 그래서 친척들에게 신세를 지거나 자주 가던 라멘집 주인에게까지 (빙과류를) 비치해 달라고 부탁했어요. 그래도 물건이 남으면 냉장고에 넣어두었다가 아르바이트 직원들에게 간식으로 나눠줬습니다."

처참하고 황당하다. 도대체 추운 겨울에 무슨 수로 빙과류 매출을 올리나? 하지만 그들은 그 일을 해내야 했다. 이 슬픈 현실을 확인코자 〈아카하타〉가 롯데리아 본사에 문의를 했더니 홍보 담당자가 "조사 중"이라고 답했단다. 노동자들을 착취하고 언론에다 대고는 "나 몰라라" 하는 태도가 한국과 일본에서 어찌 그리 똑같은지 신기할 따름이다. 다시 한 번 상기하자면 롯데는 한국에서도 청년유니온이 선정한 '2015년 청년 착취 대상'에서 대상을 수상한 기업이었다.

축하한다, 롯데! 한국에서는 청년 착취 대상을 받고 일본에서는 블랙기업 리스트에 이름을 올렸다. 이 악랄한 갑질의 행태를 보니 국적 문제에 대한 중요한 깨달음을 얻게 된다. 적어도 노동자를 착취하는 분야에서만큼은 롯데에게 국적이 없다는 사실을 말이다.

정경유착으로 흥한 자,
정경유착으로 망하리라
– 신동빈 구속

정경유착으로 구속된 롯데 총수 신동빈

예수가 겟세마네 동산에서 기도를 마치고 로마 제국의 군인에게 체포를 당하자 분노한 예수의 제자 베드로가 칼을 뽑아 휘둘렀다. 이때 예수가 베드로를 타일렀다.

"칼을 다시 칼집에 꽂아라. 무릇 칼을 뽑는 자는 그 칼로 망하리라."
"Put your sword back in its place. For all who draw the sword will die by the sword."

2018년 2월 13일 롯데그룹 총수 신동빈이 구속됐다. 롯데 역사상 총수가 구속된 것은 이때가 처음이었다. 롯데는 반세기 넘게 반은 일본, 반은 한국 기업으로 활동하며 교묘하게 국내법의 규제를 피해왔다. 사업을 확장할 때에는 일장기를 앞세워 외자도입법에 의해 세금을 감면받았다. 한국에서 물건을 팔 때에는 태극기를 내걸고 한국 시장을 개척했다.

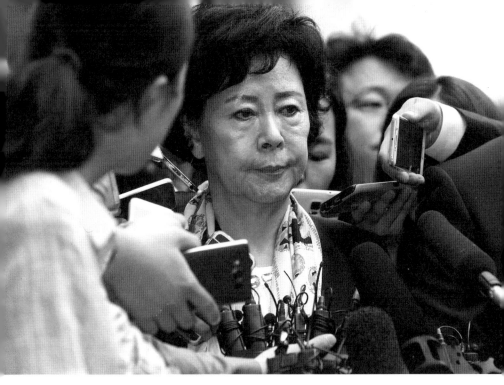

신영자 롯데장학재단 이사장 ©민중의소리

    이들이 아무리 편법을 저질러도 한국의 법망은 이들을 잡아 가두지 못했다. 신동주, 신동빈 형제는 병역을 대놓고 기피했지만 이들은 자신이 일본인임을 앞세워 법의 심판을 피했다.

    신격호가 서미경에게 주식을 증여하면서 706억 원의 증여세를 포탈했을 때에도 한국의 사법부는 "증여된 주식이 일본 주식이고 서미경이 실질적으로 국내에 거주하지 않아 한국 조세법을 적용할 수 없다"는 이유로 이들에게 면죄부를 줬다.

    롯데는 이런 식으로 현해탄 사이에서 줄타기를 하며 한국의 법질서를 조

롱했다. 그런데 한국의 사법부가 박근혜-최순실에게 돈을 갖다 바치고 면세점 사업권을 연장한 롯데 총수 신동빈을 구속한 것이다.

이명박과의 유착이 워낙 강했던 탓에 롯데는 박근혜 정권 출범 이후 상당한 고초를 겪었다. 하지만 롯데는 정경유착의 달인답게 박근혜 정권과 돈으로 거래를 시작하며 관계를 복원해 나갔다.

신동빈은 미르와 K스포츠재단 출연에 적극적으로 나서며 박근혜의 마음을 돌렸다. 그리고 박근혜와 30분 동안 독대한 자리에서 박근혜가 K스포츠재단의 하남 거점 체육시설 건립자금을 요구하자, 그 틈을 놓치지 않고 면세점 사업 연장을 요청했다.

이때 신동빈이 박근혜에게 건넨 뇌물은 70억 원. 아버지 신격호는 전두환에게 150억 원을 갖다 바쳐도 아무 일 없었다. 그래서 신동빈은 70억 원쯤이야 가볍게 생각했을지도 모른다. 하지만 70억 원의 뇌물 공여는 누가 봐도 가벼운 죄가 아니다. 한국 재벌들이 그런 범죄를 가볍게 생각했을 뿐이다. 2018년 2월 한국의 사법부는 모처럼 상식적인 판결을 내렸다. 롯데 총수 신동빈을 구속한 것이다.

롯데가 한국에서 활동한 반세기는 정경유착의 역사였다. 정경유착은 갑질과 함께 한국 롯데를 상징하는 가장 중요한 단어였다.

하지만 예수의 말씀대로 칼로 흥한 자는 결국 칼로 망하는 모양이다. 정경유착으로 꽃길을 걸었던 롯데는 마침내 정경유착 때문에 응징을 당하고 말았다.

MB와 친하다는 이유로 박근혜에게 박살났던 재벌들

박근혜 정권이 후반부로 치달을수록 롯데 관계자들 입에서는 볼멘소리가 터져 나왔다. 속내를 털어놓는 자리가 생기면 이들의 입에서는 "말이야 바른 말이지…"로 시작되는 푸념이 쏟아졌다. 전직 대통령 이명박과 친했다는 이유로 롯데가 너무 심하게 박근혜 정권으로부터 탄압을 받는다는 게 이들의 볼멘소리 요지였다.

2016년 6월 10일 서울 중구 소공동 롯데그룹 본사에 검사들과 수사관들이 들이닥쳤다. 압수수색 영장을 앞세운 200여 명이 롯데그룹 본사와 계열사를 탈탈 털어갔다.

정운호 네이처리퍼블릭 대표로부터 출발한 법조비리 게이트가 '롯데 비자금 게이트'로 전환되는 순간이었다. 정운호 게이트는 홍만표의 법조계 로비로 이어지면서 사회적으로 큰 파장을 일으켰다. 세간에서는 이 사건이 법조계 전체를 뒤흔들 초대형 법조 게이트로 번질 것이라고 생각했다. '법피아'라고 불리는 고위직 출신 법조인들의 기득권이 뿌리째 흔들릴 것이라는 예상도 나왔다.

그런데 위기에 몰린 검찰은 뜻밖의 반전 카드를 들고 나왔다. 갑자기 롯데그룹에 대규모 압수수색을 실시하며 분위기를 전환한 것이었다. 정운호 게이트를 수사하던 검찰은 네이처리퍼블릭이 롯데면세점 로비에 연루된 사실을 밝혀냈다. 검찰은 주저 없이 롯데를 치고 들어갔다. 5대 재벌 롯데가 정운호 게이트의 유탄을 맞자 여론의 관심은 법조 게이트에서 롯데 비자금으로 바뀌었다. 이 사건은 당시 롯데의 2인자로 불렸던 부회장 이인원의 자살로 이어졌다. 이인원의 자살로 롯데 비자금 수사는 흐지부지됐지만 롯데는 성주 골프장을 사드 부지로 내주는 굴욕을 감수해야 했다.

박근혜 정권이 들어선 이후 검찰이 사정의 칼날을 휘둘렀던 네 곳, 롯데를 비롯해 CJ, 포스코, 효성은 모두 이명박과 친했다는 공통점이 있었다. 박근혜 정부의 첫 번째 타깃은 CJ그룹이었다.

검찰은 박근혜 정부 출범 3개월만인 2013년 5월 CJ그룹에 대한 수사를 시작해 이재현을 구속했다. 대표적인 친 이명박 기업 CJ는 2010년 온미디어를 인수하면서 미디어 사업을 확장했고 2011년 택배업체 대한통운을 인수했다. CJ푸드빌은 이명박 정부의 중점 사업인 한식 세계화에 참여하기도 했다. CJ는 이명박 정부 출범 당시2008년 10조 2000억 원이었던 자산총액을 2012년에는 갑절인 22조 9000억 원으로 불렸다.

총수가 구속되자 CJ는 정권 내내 〈연평해전〉이나 〈인천상륙작전〉 같은 반공영화를 제작, 상영하며 박근혜에게 용서를 구했다. 또 CJ가 보유한 주요 케이블채널에 "힘내라 창조경제!" 따위의 공익광고(?)를 끊임없이 틀어댔다. 극심한 아부공세 덕에 CJ는 2016년 마침내 '이재현 구하기'에 성공광복절 특사로 사면했다.

박근혜 정권의 사정 칼날에 걸린 두 번째 재벌은 효성이었다. 효성은 이명박과 사돈 관계에 있는 그룹이다. 창업주 조홍제의 차남 조양래 한국타이어 회장의 며느리가 이명박의 셋째 딸인 이수연이다.

2013년 효성그룹에서 형제의 난이 벌어지자 검찰은 기다렸다는 듯이 효성그룹에 사정의 칼날을 들이댔다. 효성그룹의 치부를 폭로한 뒤 이를 무더

구속된 우병우 전 민정수석 비서관 ⓒ민중의소리

기로 검찰에 고소한 조현문조석래 효성그룹 회장의 차남이 우병우를 변호사로 채용

한 것도 효성그룹의 고난을 가중시켰다.

　우병우는 이후 청와대 민정수석이 됐고 효성그룹에 대한 수사 강도는 나

날이 강해졌다. 효성은 친MB라는 원죄에 우병우를 적으로 둔 추가 범죄(!)

까지 곁들여져 탈세 등 범죄 사실이 낱낱이 까발혀졌다. 그룹 회장 조석래

는 징역 3년, 벌금 1365억 원의 유죄 판결을 받았다.

　세 번째로 걸린 기업은 포스코였다. 이명박 시절 그의 친형인 이상득이

포스코에 막강한 영향력을 행사했고 정준양 전 포스코 회장도 이명박 측근

으로 유명했다. 정준양을 포스코 회장으로 밀어준 이도 이상득이었다.

정준양은 뇌물공여 및 배임 등의 혐의로 기소됐다. 영일대군, 만사형통萬事兄通·모든 일은 형을 통한다 등으로 불렸던 이상득도 저축은행 비리 사건으로 구속됐다.

박근혜의 검찰이 마지막으로 겨냥했던 곳이 롯데였다. 신격호의 평생 숙원이었던 제2롯데월드롯데월드타워를 허가해 준 이가 이명박이었다. 정운호 게이트라는 위기를 맞은 검찰이 '어차피 찍힌 기업' 롯데를 반전의 소재로 사용한 것은 어찌 보면 당연한 일이었다.

역사적으로 이런 사건이 벌어졌을 때 우리는 판단이 흐려지곤 한다. '좋은 분'과 '나쁜 놈'의 싸움이 벌어지면 판단이 쉽다. 하지만 '나쁜 놈'과 '나쁜 놈'이 대결하면 누구의 말이 맞는지 판단하기가 어렵다. 비리를 저지른 나쁜 재벌과 보복 차원에서 그들을 난도질한 나쁜 박근혜 중 누가 옳은가?

롯데를 비롯한 4개 재벌은 자신이 당한 수모가 정치보복 탓이라고 억울해 하겠지만 아무리 생각해도 이건 재벌도 나쁘고 박근혜도 나쁘다. 물론 박근혜 정권의 보복성 사정은 옳은 일이 아니다. 사정의 기준이 "죄를 지어서"가 아니라 "이명박과 친해서"여서는 안 된다는 이야기다. 이런 기준으로 죄를 응징하면 범죄자들은 "죄를 짓지 말아야지"라고 반성하는 것이 아니라 "줄을 잘 서야지"라는 처세의 기술을 배운다.

하지만 그렇다고 비자금을 조성하고, 형제끼리 치고받고, 탈세에 횡령을 반복한 재벌들을 '정치보복의 희생양'으로 추켜세울 수는 없는 노릇이다. 특히 롯데는 절대로 "억울하다"고 말하고 다닐 자격이 없다.

한국 재벌 흑역사

롯데는 이명박 집권 시절 상상을 초월하는 특혜를 누렸다. 게다가 롯데는 거의 전 보수정권에 걸쳐 정경유착으로 성공가도를 달렸다. 정경유착은 롯데가 살아온 방식이었고 그것에 대한 역사의 응징은 아직도 턱없이 부족한 상태다.

롯데백화점이 아니라 롯데쇼핑이었던 이유는?

1979년 10월 26일 박정희가 청와대 궁정동 안가에서 살해됐다. 그런데 널리 알려진 이 사건에서 흥미로운 사실 하나가 숨어있다. 박정희는 술을 마시다가 총을 맞고 숨졌다. 사생활을 즐기다 사고를 맞은 셈이다.

그렇다면 박정희가 대통령으로서 공식적으로 했던 마지막 일은 무엇이었을까? 10월 26일 목숨을 잃기 불과 몇 시간 전 박정희가 마지막으로 결정했던 공무는 명동 롯데쇼핑센터 건축을 허가한 일이었다.

1979년 박정희는 도심에 인구가 너무 집중되는 현상을 막기 위해 강력한 도심 인구 억제 정책을 실시했다. 이는 박정희의 의지였기에 당시만 해도 도심 한 복판에 대규모 백화점이 들어설 가능성은 없다시피 했다.

그런데 롯데는 백화점 7층을 포함해 무려 25층짜리 빌딩을 명동에 짓겠다고 나섰다. 허가를 담당하는 서울시는 난감했다. 정부 정책에 따르자면 누가 봐도 허가를 해줘서는 안 되는 신청이었지만, 박정희가 롯데에 허가를 내주고 싶어 한다는 조짐이 감지됐기 때문이었다. 실제 박정희는 그해 4월 주차장 부지가 부족했던 롯데에게 지금의 소공동 롯데호텔 신관 자리에 있던 산업은행 본관 땅을 팔도록 지시한 일도 있었다.

분명히 대통령이 원하는 일인데 대통령의 정책은 그 건축물을 허가할 수 없는 곤란한 상황이었다. 머리를 쥐어짜던 서울시가 묘수를 찾았다. 규정만 따져서는 서울시 한복판에 대규모 백화점을 허가할 수는 없었다. 하지만 백화점이 아니라면 어떤가? 서울시는 백화점만 아니면 도심이라도 건축허가를 내 줄 수 있다는 점을 찾아냈다.

문제는 롯데가 짓겠다는 건물 25층 중 무려 7개 층이 백화점이었다는 사실이었다. 그래서 서울시는 '쇼핑센터'라는 기상천외한 묘수를 들고 나왔다. 롯데가 짓는 것이 백화점이 아니라 쇼핑센터라는 황당한 주장을 서울시가 펼친 것이다. 백화점이지만 백화점이 아닌, 백화점 같기도 하고 아닌 것 같기도 한 정체불명의 건물이 롯데쇼핑센터라는 이름으로 명동 한 복판에서 허가를 받았다.

롯데그룹에서 유통부문을 담당하는 기업 이름이 롯데백화점이 아니라 롯데쇼핑인 이유가 바로 이것이다. 롯데가 먼 미래를 내다보고 홈쇼핑이나 할인점까지 포함하는 복합 유통기업이 되려고 롯데쇼핑이라는 명칭을 쓴 게 아니라는 이야기다.

게다가 롯데에게는 천운도 따랐다. 앞에서도 밝혔듯이 박정희가 이 쇼핑센터라는 황당한 건축물을 허가한 것이 숨지기 불과 몇 시간 전이었으니 말이다.

롯데가 한국에 쉽게 정착하고 빠른 속도로 성장할 수 있었던 것은 박정희의 배려 덕분이었다. 맨 앞장에서 살펴봤지만 박정희는 껌에서 쇳가루가 나온 사건을 계기로 서울 도심 한 복판 금싸라기 땅 반도호텔을 롯데에게 넘겼다. 껌에서 쇳가루가 나오면 벌을 줘야 마땅한데 재일교포의 자본에 눈독을 들였던 박정희는 벌이 아니라 상을 내렸다.

1974년 6월에 실시된 반도호텔 매각 입찰에서 롯데는 단독으로 입찰해 42억 원에 반도호텔을 차지했다. 당시 김종필은 서울시장을 집무실로 불러 "호텔롯데 건설에 모든 지원을 아끼지 말라"고 강조했다.

실제로 신격호는 박정희 정권의 2인자 김종필과도 돈독한 관계를 유지했다. 김종필이 한일수교 막후협상의 역할을 맡았을 때 신격호는 자신의 인맥을 총동원해 김종필이 굴욕적인 한일수교 협상을 성공리(!)에 이끌도록 도왔다. 신격호는 김종필의 오른팔이었던 김동환을 1973~1974년 호텔롯데 사장으로 임명하기도 했다.

롯데월드의 꿈을 이루게 해 준 전두환

그렇게 박정희와 한 몸처럼 붙어 다니던 신격호에게 박정희의 죽음은 당연히 큰 충격으로 다가왔다. 게다가 쿠데타로 집권한 전두환의 신군부는 초창기 신격호를 그다지 좋게 보지 않았다.

그런데 롯데에 대해 싸늘했던 전두환과 신군부의 시선이 언젠가부터 완연히 달라졌다. 『서울 도시계획 이야기』의 저자 손정목의 기록을 잠시 살펴보자.

"분위기가 확연히 바뀐 것은 전두환과 신격호 두 사람의 단독면담이 이뤄진 직후부터였다고 한다. 확실한 것은, 전두환은 국보위 의장 때부터 대통령의 재임 기간이 끝날 때까지 언제나 롯데그룹의 사업을 적극적으로 지원했다. 제5공화국 전두환 대통령과 가장 가까운 기업인 하나를 꼽으라면 신격호가 거명될 정도로 두 사람 사이는 각별한 것이었다.”

그렇다면 지금부터는 상상의 날개를 펴야 한다. 우리는 보통 박정희와 전두환을 한 세트로 묶어 ‘독재자’라고 부르지만 사실 박정희와 전두환은 경제면에서 전혀 다른 스타일로 정권을 운영했다.

박정희는 완벽하게 중앙정부가 통제하는 계획경제를 이끌었던 반면 전두환은 철저하게 신자유주의를 받아들였다. 박정희는 자유무역을 배척했고 전두환은 자유무역을 추구했다. 박정희의 경제가 사회주의에 가까웠다면, 전두환의 경제는 전형적인 자유주의의 그것이었다. 박정희 때 금지됐던 해외여행은 전두환 때 자유롭게 허용된다.

실제 전두환 시절 경제를 이끈 주역 강경식은 1991년 몇몇 언론과의 인터뷰에서 “신현확 보사부 장관을 모시고 1978년 9월 소련 알마아타에서 열린 세계보건기구WHO 회의에 참석한 적이 있었다. 소위 계획경제, 사회주의 경제의 실상을 볼 수 있는 좋은 기회였다. 충격이 컸다. 비참한 상황도 그렇지만 우리 경제도 자칫 저렇게 되지 않을까 하는 느낌이 들었다”고 말한 바 있다. 강경식의 눈에 1978년 박정희가 이끌었던 경제는 ‘사회주의의 비참한 모습’을 연상시켰다는 이야기다.

박정희와 전두환은 기업에 대한 선호도도 달랐다. 박정희는 들소처럼 돌진하는 현대그룹 정주영을 아낀 반면 돈 부자 느낌의 이병철은 좋아하지 않았다. 박정희는 쿠데타 직후 이병철을 부정축재자로 몰아 사형을 시키겠다고 협박한 일도 있었다. 반면 중동 진출을 시도할 때 박정희가 가장 먼저 청와대로 불러 상의하고 일을 맡긴 인물은 정주영이었다.

하지만 전두환 통치기에 이 관계는 완전히 역전됐다. 정주영은 전두환과 각이 전혀 맞지 않았다. 전두환 임기 후반 정주영은 등 떠밀리듯 일해재단 이사장을 맡았지만 차기 정부가 들어서자 정주영은 전두환에 대한 온갖 불리한 진술을 청문회장에서 거침없이 내뱉었다.

이런 차이를 이해한다면 박정희와 찰떡궁합이었던 신격호를 신군부와 전두환이 예쁘게 볼 이유가 없었다는 사실도 쉽게 이해가 된다. 그런데 집권 초기 별로 돈독하지 않았던 전두환–신격호의 관계가 독대를 하고 났더니 갑자기 좋아졌다는 게 손정목의 기록이다. 그렇다면 독대에서 무슨 일이 벌어졌을까?

좋게 봐주자면 두 사람이 한 눈에 의기투합해 서로를 신뢰하게 됐을 수도 있고 나쁘게 보면 독재자와 재벌이 늘 그랬듯 이해관계를 주고받으며 공생의 관계를 구축했을 수도 있다. 정치자금이 필요했던 전두환에게 신격호가 돈을 내밀었을 수도 있다.

아무런 근거 없이 이런 상상을 하는 게 아니다. 지금은 롯데월드타워로 불리지만 한때 제2롯데월드로 불렸던 곳은 롯데와 이명박의 정경유착 합작품이라고 많은 사람들이 믿는다.

그런데 제2롯데월드의 부지 2만 6000평을 롯데가 차지한 때는 뜻밖에도 이명박 시절이 아니라 1987년 12월 전두환 집권이 끝나기 직전이었다. 당시 롯데월드 건너편 송파구 신천동 29번지 일대의 땅은 위치로 보나 크기로 보나 서울 강남권에 남은 마지막 노른자 땅이었다.

그런데 소유자였던 서울시가 그 땅을 대통령 선거를 불과 며칠 앞둔 1987년 12월 12일 전격적으로 롯데에 불하해 버린 것이다. 당연히 이 결정을 내린 곳은 서울시가 아니라 전두환의 청와대였다.

왜 이런 일이 벌어졌을까? 우리는 그해 11월 신격호가 청와대에서 전두환을 독대한 사실에 주목해야 한다. 두 사람이 독대한 이후 한 달 만에 제2롯데월드 부지가 롯데의 손에 넘어간 것이다.

진실은 1996년 전두환 비자금 수사에서 밝혀졌다. 신격호는 이날 독대 때 전두환에게 50억 원을 건넸다. 그리고 송파의 노른자 땅은 롯데의 단독 입찰을 거쳐 시가市價의 절반 수준인 819억 원에 롯데로 넘어갔다.

이 두 사실을 다시 조합해 보자. 집권을 두 달 남짓 남긴 상황에서도 전두환은 신격호와 독대해 50억 원을 뜯어냈고 서울시의 알짜 땅을 신격호에게 넘겼다. 그렇다면 집권이 언제 끝날지도 모르는 쿠데타 직후, 전두환과 신격호의 독대 때에는 무슨 일이 벌어졌다고 보는 게 상식적일까? 그 전까지 신격호를 탐탁찮게 여겼던 전두환이 독대 이후 신격호와 한 몸이 된 것처럼 붙어 다닌 사실을 우리는 기억해야 한다. 실제로 1996년 전두환 비자금 수사에서 밝혀진 바에 따르면 신격호는 1984년 10억 원을 전두환에게 바친 것을 비롯해 5차례에 걸쳐 모두 150억 원의 뇌물을 전두환에게 제공했다.

신격호와 전두환의 첫 독대 때 돈이 오갔는지, 오갔다면 얼마가 오갔는지 우리는 알지 못한다. 하지만 이후 롯데가 전두환으로부터 받은 각종 혜택이

상상을 초월했다는 점을 감안하면 진실이 무엇이었는지 우리는 충분히 상상해 볼 수 있다.

전두환 시기 롯데는 그야말로 정권으로부터 막대한 지원을 받으며 승승장구했다. 전두환은 산업은행이 미적거리며 버티고 있던 소공동 부지에서 산업은행을 즉각 내쫓았다. 애초 주차장 부지로 박정희한테 얻어낸 이 땅에 롯데는 주차장이 아니라 호텔 신관을 지었다. 호텔 객실과 백화점 면적도 크게 늘렸다. 오늘날 명동 일대에 들어선 '롯데 타운'은 이렇게 박정희와 전두환 두 독재자의 아름다운(?) 콜라보레이션으로 형성됐다. 그리고 88올림픽 전까지 잠실벌에 그럴싸한 위락 시설을 짓고 싶어 했던 전두환 정권의 후원 아래 롯데는 롯데월드 땅마저 차지했다. 롯데는 이때도 외국계 기업으로 인정받아 각종 세금을 감면받는 혜택을 누렸다.

신격호의 구세주는 김영삼이 아니라 이명박이었다

김영삼이 대통령으로 취임하자 신격호는 마침내 가슴 속에 품었던 최후의 꿈을 이룰 기회를 얻었다고 생각했다. 100층이 넘는 마천루를 짓는 것, 그것이 바로 일흔을 막 넘긴 신격호의 마지막 꿈이었다.

신격호가 김영삼 시절 이 꿈을 노골적으로 드러낸 것은 그와 김영삼과의 관계가 워낙 각별했기 때문이었다. 신격호는 전두환과도 찰떡궁합을 자랑했지만, 야당인사였던 김영삼에게도 늘 살가운 애정을 드러냈다. 김영삼이 롯데호텔을 방문하면 VIP주차장은 늘 김영삼의 몫이었다.

신격호는 1990년 보수 대연합으로 불렸던 민자당 합당에도 깊숙이 관여

했다. 노태우는 내각제를 매개로 김영삼을 끌어들이려 했는데 김영삼에게 내각제의 장점을 설파한 이도 일본 내각제에 통달했던 신격호였다.

노태우-김영삼-김종필의 조합에서 신격호가 개입했다는 사실은 그가 얼마나 정경유착에 능한 인물이었는지를 짐작케 한다. 신격호는 노태우와도 잘 지냈고, 김종필과는 한일수교 막후협상 이후 매우 끈끈한 관계를 자랑했다. 야당인사였던 김영삼과도 동향경남을 매개로 돈독한 관계를 이어왔다. 또 신격호는 공화당에서 상당한 영향력을 행사했던 박태준과도 친구 이상의 관계를 유지했다. 박태준이 포항제철을 세울 때 도움을 준 이도 신격호였다.

서로 다른 정치색을 보였던 노태우와 김영삼, 김종필박태준의 합당이라는 엽기적 시도에서 세 진영 모두에게 신뢰를 줄 수 있는 사람은 신격호가 유일했다. 신격호는 김영삼이 집권하자마자 대통령 차남 김현철의 장인 김웅세를 롯데물산 사장으로 끌어들였다. 롯데물산은 제2롯데월드 사업을 추진하던 곳이었다. 대통령 사돈을 끌어들인 신격호는 김영삼에게 100층이 넘는 마천루의 건축 허가를 내달라고 간곡히 졸랐다.

하지만 신격호와 가까웠던 김영삼도 그 청탁만은 들어줄 수 없었다. 잠실지역에 100층이 넘는 마천루가 생기면 교통 혼잡은 눈에 보듯 뻔했고 인근 군사기지인 성남 비행장서울공항의 안전 문제도 해결되기 어려웠기 때문이었다.

신격호는 김대중 정부 때에도 친분이 있는 박태준을 앞세워 제2롯데월드 승인을 신청했다가 퇴짜를 맞았다. 같은 시도가 노무현 정부에서마저 거절

롯데월드타워 상량식 ⓒ민중의소리

당하자 신격호는 방향을 틀었다.

신격호가 눈을 돌린 곳은 미래의 권력에 가장 가까이 다가갔던 서울시장 이명박이었다. 2005년 롯데는 이명박과 고려대 경영학과 61학번 동기인 장경작을 호텔롯데 대표이사로 영입했다. 장경작이 영입되자마자 롯데와 이명박의 관계는 급속도로 호전됐다. 이들 사이에 유착이 오죽 심했으면 세간에서는 이를 '친구 게이트'라고 부르기도 했다.

이명박이 대통령에 당선되자 장경작의 직책은 제2롯데월드 사업을 총지휘하는 호텔롯데 총괄사장으로 바뀌었다. 장경작은 제2롯데월드 사업이 승인된 뒤 롯데에서 퇴임했고 이후 이명박이 세운 청계재단 감사로 임명됐다.

장경작이라는 다리를 놓은 롯데는 아낌없이 이명박에게 편의를 베풀었다. 이명박은 2007년 당내 대선 경선 때부터 롯데호텔 31층 스위트룸에 머물렀다. 이명박이 당선인 시절 조각 작업을 한 곳도 롯데호텔 스위트룸이었다.

현대건설 출신인 이명박과 재벌 신격호는 궁합이 잘 맞았다. 장경작을 통해 이명박의 마음을 얻은 신격호는 2006년 서울시로부터 꿈에 그리던 제2롯데월드 건설계획안을 승인받았다. 하지만 노무현 정부가 공군의 반대가 심하다는 이유로 서울시의 승인을 행정조정협의에 넘겨버리면서 신격호의 꿈은 또 다시 제동이 걸렸다.

마침내 이명박이 2008년 대통령에 취임했다. 서울시장 이명박의 지원은 대통령 노무현에게 막혔지만, 이제 이명박이 대통령이 된 이상 신격호의 꿈을 이루는 일에 장애물은 완전히 사라졌다.

2008년 4월 28일 청와대에서 열린 '투자 활성화 및 일자리 창출을 위한 민관합동회의'에서 국방장관 이상희는 제2롯데월드 계획에 우려를 표시했지만 이명박은 이상희에게 "긍정적인 방향으로 검토해 보라"고 지시했다. 이상희의 표정이 어두워지자 이명박은 "날짜를 정해놓고 그때까지 해결할 수 있도록 검토하라"고 강력하게 압박을 가했다. 이후 이명박은 제2롯데월드에 반대한 공군참모총장 김은기를 경질하는 등 공군의 반대론자들을 삽시간에 제압했다. 그리고 2009년 마침내 신격호에게 123층짜리 마천루 제2롯데월드의 건축 승인이라는 선물을 안겼다.

돌이켜보면 박근혜가 성질을 부린 게 이해가 될 정도로 롯데와 이명박의 유착은 역대급이었다. 롯데는 이명박 정부 기간 동안 46개였던 계열사를 79개로 불렸다. 자산 총액도 49조 원에서 96조 원으로 갑절 가까이 늘어났다.

그랬던 롯데가 이제 와서 억울하다고 투덜댄다면 어처구니가 없는 일이다. 살펴봤듯이 한국에서 일군 롯데의 역사는 비밀스런 속임수와 정경유착, 외국기업으로서 받았던 특혜로 이뤄진 것이었다.

신격호의 시대가 저물고 신동빈의 시대가 열렸다고 한다. 롯데는 신동빈의 시대를 '뉴 롯데'라고 부른다. 하지만 롯데의 역사를 돌이켜보면 결코 부인할 수 없는 사실이 하나 있다. 만약 롯데라는 이름으로 일군 성과가 있다면 그것은 신 씨 가문이 정당하게 이룬 것이 아니라는 점이다.

그래서 갑질의 상징 롯데가 '뉴 롯데'로 탈바꿈하는 일은 신 씨 가문의 후계자가 할 수 있는 일이 아니다. 아버지를 치매 환자로 몰고, 형을 내치는 패륜조차 아무렇지 않게 벌이며, 뇌물죄로 감옥에 간힌 범죄자가 해 낼 수 있는 일이 아니라는 뜻이다. '뉴 롯데'가 가능하다면 그것은 전과자 신동빈이 아니라 롯데의 역사를 정확히 인지하고 그들의 패악질을 뿌리부터 뜯어고칠 시민사회가 주인공이 돼야 한다.

2부

SK

적산 가로채기로부터 시작된
선경그룹의 역사

-SK그룹의 출범

선경치안대? 뭘 하던 조직인가?

"해방 직후 청년 최종건은 선경치안대를 조직해 선경직물의 일본인 간
　부들이 무사히 일본에 돌아가도록 도왔다."

　2003년 SK그룹이 창립 50주년을 맞아 내놓았던 창업자 최종건 평전『공
격경영으로 정면 승부하라』에 나오는 한 대목이다. 한국 재벌들에 대한 기
록이 너무나 부실한 탓에 우리는 그들의 역사적 과오를 평가할 때 어쩔 수
없이 그들이 직접 적은 자화자찬의 기록에 의존해야 할 때가 많다.

　특히 재벌 창업자들에 관한 기록은 더더욱 그러하다. 그들이 창업을 할
시기에 관해서는 거의 전적으로 창업자의 기억에 의지할 수밖에 없기 때문
이다. 그리고 대부분의 사람들은 자기가 잘 한 것만 기억하고 못 한 것은 기
억에서 지운다.

　그래서 우리는 재벌 창업자들의 기억을 읽을 때 행간을 이해할 줄 알아야

한다. 예를 들어 삼성 창업주 이병철은 자신이 젊었을 때 끊임없이 요정에서 술판을 벌였던 행각을 자수(!)했다.

자기 딴에는 그런 과오를 딛고 굴지의 재벌이 된 변신을 스스로 칭찬하고 싶었을 것이다. 하지만 이병철이 남긴 기록의 행간에서 우리는 진실을 유추할 수 있다. 이병철은 청년 시절 모친상을 당하고도 요정에서 걸쭉한 술판을 벌인 이유를 "암담한 정세 속에서 찾아드는 말할 수 없는 허전한 심정이 밤마다 발길을 주석으로 돌리게 했을 뿐이다"라고 회고했다. 이 한 문장은 일제 강점기를 대하는 이병철의 태도가 어떠했는지를 고스란히 드러낸다. 1941년 일제의 조국 착취가 극에 달했을 때 이병철은 암담한 정세가 너무나 자신의 마음을 허전하게 하여 요정을 찾아 여성을 끼고 술을 쳐드셨단다. 그런 이병철에게 조국이 무엇이었겠고 해방이 무엇이었겠나?

SK그룹 창업의 역사를 살펴보기 위해서는 두 가지 기록을 중요하게 살펴봐야 한다. 하나는 창립 50주년 때 발간된 최종건 평전 『공격경영으로 정면 승부하라』이고, 다른 하나는 창립 60주년을 맞아 발간된 『SK 60년사』다.

SK그룹으로서는 행운인 것이 대부분 재벌 창업자들의 평전은 그들의 살아생전 기억을 바탕으로 작성됐다. 그래서 이병철처럼 뜬금없는 자수와 고백이 가끔 등장한다.

하지만 SK그룹 창업자 최종건은 1973년 47세의 나이에 요절했다. 당시만 해도 SK그룹은 전혀 대기업이 아니었고, 최종건의 평전을 써야 할 일이 있을 거라고 상상도 못했다. 그로부터 30년 뒤인 2003년 SK그룹은 국내 굴지의 재벌이 됐고 최종건에 대한 기록의 복원도 비로소 시작됐다.

이 말은 최종건에 대한 기록 중 그 무엇도 최종건의 입을 통해 들은 것이 없다는 뜻이다. 대부분이 후대에 의해 윤색되고 미화된 기록들이었다. 2003년 『공격경영으로 정면 승부하라』가 발간될 때 SK그룹은 '최종건 평전 위원회'라는 것을 꾸려 이 책을 만들었다. 창업자의 행적을 미화하기 위해 온갖 전문가들이 동원됐다는 이야기다. 그래서 최종건 평전은 정말로 온전한 승자의 기록으로 남을 수 있었다. 이병철이 남긴 것 같은 자그마한 실수도 쉽게 발견되지 않는다.

하지만 아무리 역사가 승자의 기록이라 해도 그것이 '역사의 기록'인 한 행간의 의미는 반드시 남기 마련이다. 그리고 우리는 그 행간을 통해 최종건이 어떤 인물이었고 어떤 경로로 그룹의 기반을 닦았는지 확인해 나가야 한다.

그들의 기록에는 SK그룹의 뿌리가 어떠했는지를 유추해 볼 수 있는 문장 하나가 있다. 그것이 바로 맨 앞에서 소개한 "해방 직후 청년 최종건은 선경치안대를 조직해 선경직물의 일본인 간부들이 무사히 일본에 돌아가도록 도왔다"라는 문장이다. 그들이 남긴 기록에도 공장 중간 관리자였던 최종건은 분명히 이 치안대 결성을 주도했고 적산을 남기고 떠난 일본인들의 탈출을 도왔다. 그리고 나중에 그 공장을 차지해 그룹의 기반을 닦았다. 그로부터 10년 뒤 발간된 『SK 60년사』에서는 아무리 생각해도 영 찜찜했는지 이 대목을 살짝 수정한다.

8.15 광복 후의 혼란 속에서 선경치안대를 조직해 공장 보호에 앞장섰던 최종건 창업회장은 미군정이 선경직물을 적산敵産: 일본인 재산으로 지정해 관리인을 위촉하자 공장의 조속한 가동을 설득했다.

『공격경영으로 정면 승부하라』에 나왔던 "일본인 간부들이 무사히 일본에 돌아가도록 도왔다"라는 대목은 "선경치안대를 조직해 공장 보호에 앞장섰던"이라는 문장으로 바뀌었다.

하지만 이미 늦었다. 아무리 그 행위를 '공장 보호'로 미화하려 해도 당신들이 남긴 기록에서 우리는 분명한 진실을 본다. 최종건은 35년 동안 한반도를 수탈했던 일제의 기업, 그것도 전쟁에 간여했던 기업의 충실한 관리자였고, 해방 직후 자신을 관리자로 임명해줬던 일본 전범기업 간부들의 탈출을 도왔다. 그것이 바로 '승자의 기록'에서 우리가 발견할 수 있는 중요한 진실이다.

적산을 가로챈 자들은 누구일까?

그룹의 기반이 일본 적산이었다는 사실이 스스로 쪽팔렸던지 『SK 60년사』는 기록에 '적산敵産: 일본인 재산'이라는 식으로 설명했다. 적산이란 단지 '일본인의 재산'일 뿐이라는 중립적인 표현을 사용한 것이다. 하지만 적산의 사전적 의미는 '자기 나라나 점령지 안에 있는 적국敵國의 재산'이다. 최종건이 차지한 적산은 그냥 일본인의 재산이 아니라 적敵의 재산, 조국을 35년 동안이나 강탈한 일본 제국주의자들의 재산이었다.

그렇다면 적국을 물리친 이후 우리 영토에 남은 적산은 누구의 몫이어야 할까? 당연히 그 적과 싸우며 목숨을 걸었던 민족의 몫이어야 한다. 그런데 매우 슬프게도 한국 역사에서 적이 남기고 간 재산을 차지한 자들은 대부분 그 적에 빌붙어 살던 민족 반역자들이었다.

해방이 되자 조선에 남아있던 일본인들은 극도의 불안에 떨었다. 처음에 그들은 보유한 현금이라도 들고 무사히 달아날 수 있기만을 간절히 바랐다. 하지만 총독부가 일본인들을 위한 무사귀환 조치를 마련하자 이들의 마음에 욕심이 자리를 잡았다. 현금 뿐 아니라 모아뒀던 재산을 한 푼이라도 더 챙겨 달아나고 싶은 마음이 생긴 것이다.

대부분 일본인들의 적산은 부동산 형태였다. 가장 중요한 적산은 땅이었고 그 다음으로 중요한 적산은 집이었다. 공장과 공장 기계들도 중요한 적산이었다.

일본인들이야 개인적으로 그 재산이 자기 것이라고 착각했을지 모르지만 그 적산은 대들보에 박힌 못 하나까지 우리 민족의 것이었다. 땅이 우리 민족의 것임은 말할 나위도 없고 조선을 35년 동안 강탈하며 그 땅 위에 지은 모든 재산도 모두 우리 민족의 것이었다.

하지만 달아나는 일본인들의 생각은 달랐다. 그들은 팔 수 있는 것을 최대한 팔아 현금을 챙겼다. 정상적인 귀국 조치에 따르면 조선에 남아있던 일본인들이 자기나라로 들고 갈 수 있는 돈은 1000엔이었다. 하지만 일본인들은 더 많은 재산을 들고 튀기 위해 밀항을 택했다. 밀항선을 타면 훨씬 많은 재산을 챙길 수 있었기 때문이었다.

일본인들은 평소 자신을 도와주던 조선인(이라고 쓰고 민족 배신자라고 읽어야 마땅한)들을 이용했다. 그들에게 자기 재산을 헐값에 넘기는 대신 최소한의 현금을 챙겼다. 일본인들이 남긴 적산을 헐값에 넘겨받은 친일파들은 그 대가로 일본인들의 안전한 탈출을 도왔다. 민족의 재산임이 분명한 적산은 이런 과정을 거쳐 일부는 일본인들의 손에, 일부는 친일파들의 손에 넘어갔다.

이것이 바로 적산이 친일파들에게 넘어간 1차 과정이다. 이 과정을 염두에 두고 선경치안대를 조직해 일본인들의 밀항을 도왔다는 SK창업자 최종건의 행적을 해석해보자.

최종건은 10대의 나이에 일본 기업이었던 선경직물에 입사해 18세의 나이에 조장이 됐다. 당시 선경직물의 조장은 무려 100여 명의 조원들을 관리하는 중요한 관리직책이었다. 그리고 선경직물은 태평양전쟁이 한창이던 1942년 시루빠silver라고 불리던 천을 생산하고 있었다. 시루빠는 군복의 안감으로 사용되는 군수천이었다. 즉 선경직물은 태평양전쟁에 참전한 일본군의 군복을 만드는 데 일조했던 전범기업이었던 셈이다.

전범기업에서 18세의 나이1944년에 조장이 되는 파격적 인사를 놓고 SK는 자신들의 기록에 "최종건이 직공들의 애로사항을 들어주고 고장이 난 기계를 고쳐줌으로써 신뢰를 얻었다"고 적는다. 하지만 상식적으로 생각해보자. 전범기업이 조선인 청년을 관리자로 승승장구시켜준 이유가 그 조선인이 훌륭해서였을까? 아니면 그가 전범기업을 경영하던 일본인에게 철저히 복종해서였을까?

이듬해 해방이 되자 최종건은 자신이 모셨던 전범기업 간부들이 일본으로 무사히 돌아가는 일을 도왔다. 과연 최종건은 그 일을 하면서 허겁지겁 달아나던 일본인으로부터 아무런 대가도 받지 않았을까?

최종건이 치안대까지 조직해 일본인의 탈출을 도왔다면 그건 필시 밀항이었을 확률이 높다. 그런데 당시 일본인들의 밀항은 앞에서도 살펴봤듯이 더 많은 돈을 들고 튀기 위한 편법이었다. 그렇다면 전범기업 간부들이 최대한 많은 재산을 들고 튈 수 있도록 하는 일에 최종건은 얼마나 간여했을까? 이것이 미화된 승자의 기록만을 남긴 SK가 우리 민족에게 솔직히 고해야 하는 진실이다.

치밀하고 정교했던 청년 최종건의 적산 가로채기

최종건은 1926년 최학배의 8남매 중 장남으로 수원에서 태어났다. 보통 한국 재벌들의 출생을 살펴보면 삼성 이병철, 효성 조홍제처럼 태어날 때부터 대지주의 자식으로 태어난 금수저들이 있고, 정주영처럼 이른바 자수성가를 한 유형이 있다.

굳이 분류하자면 최종건은 후자에 속한다. 하지만 그렇다고 최종건의 출생이 찢어지게 가난했던 것은 아니었다. 최종건의 아버지 최학배는 수원에서 쌀과 나무를 파는 가게를 소유한 중소상인이었다. 그 덕에 최종건은 식민지배 아래에서도 경성직업학교 기계과를 졸업할 수 있었다.

3급 기계정비사 자격증을 소지했던 최종건은 아버지의 권유로 수원에서 공장을 경영하던 선경직물에 입사했다. 선경직물은 1939년 설립된 선만주단이라는 회사와 경도직물이라는 회사가 공동으로 돈을 대 세운 회사였다. 오늘날 SK라는 회사 이름은 바로 선만주단의 'S'와 경도직물의 'K'가 합쳐져 만들어진 것이다.

선경직물은 1944년 8월 일제의 전시기업 정비령에 의해 조선직물로 흡수됐다. 당시 전황이 일본에 만만찮게 돌아가자 조선총독부는 방산시설을 확충하는 차원에서 강제로 기업구조조정을 실시했다. 최종건은 일제가 전쟁을 위해 효율적으로 개편한 조선직물이라는 회사에서 조장으로 승진한 것이다.

이듬해 해방이 되자 일본인들이 친일파의 도움을 받아 적산을 헐값에 넘기고 일본으로 튄 1차 적산 처리 과정이 끝났다. 하지만 적산은 여전히 상당한 양이 남아있었다. 워낙 해방이 급작스럽게 이뤄져 일본인들로서도 막대한 적산을 다 들고 튈 수 없었기 때문이었다.

처리가 안 된 적산을 차지한 곳은 미군정이었다. 남한 내 공장 85%가 미군정의 손에 넘어갔다. 미군정은 적산 중 일부를 민간인에게 불하한 뒤 나머지를 1948년 정부 수립과 함께 이승만 정권에 넘겼다.

이승만 정권은 민족의 재산인 적산을 황당한 방식으로 불하했다. 일단 불하 가격이 문제였다. 이승만은 적산을 시장가격보다 훨씬 낮게, 거의 무상이라 할 만한 가격에 팔아넘겼다. 싼 가격에 팔아넘기는 것도 모자라 돈을 받는 상환기간도 5년에서 15년까지 분할상환이 가능하도록 넉넉하게 배려했다. 해방 이후 4년 동안 물가가 60배 가까이 올랐다는 점을 감안하면 15년 분할상환은 거의 공짜로 적산을 가져가도록 한 배려와 마찬가지였다.

또 한 가지, 이승만은 적산을 먼저 차지할 수 있는 우선순위를 일제 치하에서 해당기업의 주주 및 경영인으로 있었던 자, 관리인으로 있었던 자, 채권자 순으로 매겼다.

얼마나 황당한 조치인가? 적산이란 민족의 적인 일본이 남기고 간 재산인데 그 재산을 불하받을 권리가 적을 가장 열심히 도왔던 적산기업의 주주, 경영인, 관리인들에게 먼저 돌아갔다는 이야기다. 최종건은 전범기업의 관리인이었고, 전범기업을 잘 도운 자격(!)으로 적산기업을 불하받을 권리를 챙긴 셈이다.

이게 얼마나 큰 혜택이었는지는 SK가 남긴 승자의 기록에도 잘 나와 있다. SK 스스로도 이 행운이 너무나 기뻤는지 『선경 40년사』에 이렇게 기록한다.

"당시로서는 귀속재산 매각통지서를 손에 넣는다는 것이 곧 큰 행운을 잡는 거라고 생각했다. 실제로 귀속재산을 불하받아서 손해 보는 사람은 아무도 없었다. 귀속재산은 으레 시가보다 싼값에 매각되기 마련이었으며 매수대금도 5년 내지 15년까지 장기분납이 가능했다. 매수계약금에 해당하는 1차 납부금도 매수총액의 1/10만 납부하면 되었으며, 게다가 매수대금은 액면가보다 훨씬 싼값에 살 수 있는 농지증권으로 대납할 수 있었다. 그 뿐 아니라 날이 갈수록 치솟는 인플레로 화폐가치가 자꾸 떨어지기 때문에 귀속재산을 불하받는다는 것은 횡재나 다름없었다."

SK가 고백하듯 '횡재나 다름없었'던 이 행운은 최종건의 치밀한 계획에 의해 벌어진 일이었다. 선경직물은 1946년 2월 조업을 재개했는데 치안대까지 조직해 열성적으로 일본 간부들의 도주를 도운 21세 청년 최종건은 생산부장으로 임명됐다.

한국전쟁이 발발하자 마산으로 피난을 갔다가 1952년 수원으로 돌아온 최종건은 선경직물을 불하받을 계획을 구체적으로 세웠다. 전쟁 통에 기계는 대부분 파손됐지만 직기 10~20여 대 정도는 수리만 하면 충분히 사용이 가능한 상태였다. 게다가 선경직물의 공장부지 1만 2000만 평만 해도 엄청난 재산이었다. 당시 적산이 말도 안 되는 헐값에 불하됐던 것을 감안하면 선경직물의 공장부지만 차지해도 최종건에게는 무조건 남는 장사였다.

최종건은 선경직물을 불하받기 위해 '수원 한량' 소리를 듣던 방구현이라는 자를 끌어들였다. 방구현은 1차 적산 불하 과정에서 엄청난 적산을 불하받아 거부가 된 자였다.

방구현에 대한 역사적 기록은 두 가지가 남아있다. 하나는 1936년 그가 수원에서 텅 빈 창고를 하나 장만한 뒤 창고에 곡식이 가득한 것처럼 꾸미고 사기를 쳐 3300원을 들고 튀었다는 사실이다. 당시 수원경찰서가 사기범 방구현을 백방으로 찾아 수배하고 다녔다는 기록이 〈동아일보〉에 남아있다. 또 다른 하나의 기록은 방구현이 1939년 만주지방으로 금을 밀수출하다가 경찰에 적발됐다는 내용이다. 대충 두 기록을 종합해보면 최종건이 동업자로 삼은 방구현은 사기범에 밀수범이었다. 그런 자가 적산을 불하받아 '한량' 소리까지 들었다면 방구현은 당연히 역사에 고개를 떳떳이 들고 다닐 만한 인물은 아닐 것이라는 추정이 가능하다. 하지만 최종건은 적산을 차지하기 위해 적산으로 돈을 모은 전직 사기범 방구현을 동업자로 끌어들였다. 선경직물을 불하받는 과정에서 방구현의 '풍부한 적산 불하 경험'이 매우 유용하게 작용했음은 충분히 짐작이 가능하다.

최종건은 아버지로부터 약간의 자금을 지원받아 1953년 7월 27일 선경직물을 관재청으로부터 130만 환에 불하받기로 했다. 불하 조건은 3주일 이내에 매각대금의 10%(고작!)를 납부하고 나머지 돈은 10년 동안 천천히 갚는 조건이었다. 그야말로 거저먹는 것과 다름없는 조건이었지만, 그보다 훨씬 헐값에도 적산을 차지했던 방구현은 이 조건에 불만을 품고 동업에서

최종건 창업주의 아들 최신원 SK네트웍스 회장이
2003년 최종건 평전 「공격 경영으로 정면승부하라」를
공개하는 모습 ⓒ연합뉴스

발을 뺐다. 결국 최종건은 그해 8월에 계약금을 납부하고 선경직물을 품에 안았다. 18세에 공장에 입사해 전범기업 경영진의 마음에 쏙 들었던 청년 최종건이 해방 직후 SK그룹 창업자의 반열에 오르는 순간이었다.

적산 가로채기에 나선 또 다른 친일 재벌들

한국의 재벌들 중 자수성가했다고 주장하는 실로 많은 자들이 최종건과 비슷하게 적산을 불하받아 기반을 닦았다. 예를 들어 자수성가형 재벌의 대표 인물인 현대그룹 창업주 정주영의 사업 기반도 미군정 때 불하받은 서울시 중구 초동 땅 200여 평이었다.

삼성 창업주 이병철은 금수저를 물고 태어났지만 그 역시 적산으로 큰 이득을 봤다. 이병철은 1951년 무네이棟居 양조장을 불하받아 재산을 불렸다. 영화 〈암살〉에 등장했던 미쓰코시 백화점 경성점은 일제 강점기 조선에서 유행한 '모던 걸', '모던 보이'의 상징 같은 곳이었다. 일제가 항복한 뒤 경성의 신문물을 상징했던 미쓰코시 백화점 역시 적산이었다.

이 백화점은 한국전쟁 당시 미군 PX로 사용되다가 1962년 동방생명에 팔렸는데 이듬해 삼성이 동방생명현 삼성생명의 전신을 인수하면서 미쓰코시는 삼성의 몫이 됐다. 이 백화점이 오늘날 신세계의 전신이다.

황당한 것은 이런 사실을 뻔히 알고 있는 신세계가 자신의 역사를 '1930년 미쓰코시 백화점으로 설립된 한국 최초의 백화점'이라고 주장하고 있다는 점이다. 유통업계에서는 이런 신세계의 주장에 "일본인이 세운 백화점을 국내 유통산업의 발원지라고 주장하는 것부터 코미디"라고 비웃는다.

실제 유통업계 대부분은 국내 최초 백화점을 1932년 지금의 종각 사거리에 세워진 화신백화점으로 생각한다. 하지만 그러거나 말거나, 자신의 뿌리가 적산이었거나 말거나, 신세계의 눈에는 그냥 미쓰코시 백화점이 자신의 조상이었다. 정상적인 사고방식이라면 자신의 뿌리가 일본 적산이라는 사실을 숨기고 싶을 텐데 참 신기한 멘털이 아닐 수 없다.

한화그룹의 창업자 김종희는 조선화약공판 공장을 불하받아 사업의 기반을 닦았다. 김종희는 일제 강점기 때부터 고이께 쓰루이치 원산 경찰서장의 도움을 받았다. 일제 강점기 순사에게 도움을 받는다는 것이 무엇을 의미하는지는 익히 우리가 아는 바다.

김종희는 고이께의 도움으로 조선화약공판에 입사했다. 조선화약공판은 당시 조선 유일의 화약 판매 독점기업이었고 이는 이 공장이 전범기업이라는 뜻이기도 했다. 김종희는 최종건과 마찬가지로 공장에서 인정을 받아 승승장구했고 29세 때인 1952년 이 공장을 불하받았다. 다행히(!) 한화는 적산이 자기의 뿌리라는 점을 부끄러워 할 줄은 알았다. 그래서 한화는 신세계와는 달리 그룹의 모태를 조선화학공판이 아니라 1952년 설립된 한국화약주식회사라고 주장한다. 이처럼 대부분의 적산 불하 기업은 자신의 역사에서 적산이라는 기록을 지우려 애쓴다. 부끄러움을 안다면 당연한 일이다. 그래서 신세계의 멘털이 더 돋보인다.

한때 두산그룹의 주력이었던 OB맥주는 창업주 박승직의 아들 박두병이 불하받은 소화기린맥주라는 회사였다. 박두병도 일본 기업이었던 소화기린맥주의 관리인으로 일했고 창업주 박승직은 심지어 이 회사의 주주이기도 했다.

박승직은 친일인명사전에도 이름이 올라있는 국가 공인 친일파였다. 조선의 초대 통감 이토 히로부미伊藤博文가 1909년 안중근 의사의 저격으로 사망했을 때 박승직은 히로부미를 추도하는 국민대추도회 발기인 41명 중 한 명이었다. 또 박승직은 1919년 친일단체 조선실업구락부의 회원이었다. 이 단체의 설립 목적은 친목도모와 일선융화日鮮融和였다.

1938년 1월 1일 〈매일신보〉가 주최한 '조선인의 진로와 각오'라는 제목의 좌담회에서 박승직은 중일전쟁의 책임은 전적으로 중국에 있음을 강조하는 한편 조선인들이 보여준 거국일치의 '애국정신'에 찬사를 보냈다. 이어 그는 "조선통치에 있어 조선총독부의 시정施政이 적절하므로 개선이 전혀 필요 없다"고 태연히 강조했다. 박승직은 1941년 해군 국방헌금으로 1만 원을 헌납했고 1943년에도 두 차례에 걸쳐 국방헌금을 바쳤다. 참으로 일본을 위해 열심히, 부지런히, 다양한 활동을 펼쳤다.

재벌에 오르지 못해 같은 반열에서 거론하기는 그렇지만, 워낙 유명한 정치인이니 한 자리를 내어 주자. 2017년 이후 새누리당-바른정당-자유한국당으로 눈부신 변신을 거듭한 김무성 자유한국당 의원의 아버지 김용주도 적산인 전남방직을 불하받아 거부가 됐다. 2016년 김무성은 광주를 방문해 이런 인연을 강조하며 "나는 광주의 아들"이라고 주장했다는데 정말 놀고들 계시는 거다.

김용주라는 이름은 친일인명사전에 모두 세 명이 등재돼 있다. 그런데 이 세 명 모두 김무성의 아버지가 아닌 동명이인이다. 그래서 김무성은 "부친은 친일인명사전과 아무 상관이 없다"고 강력히 주장했다. 하지만 2015년 민족문제연구소는 "김무성의 부친이 친일인명사전에 등재돼 있지는 않지만 김용주 씨의 친일 행적을 검토한 결과 친일인명사전 등재 기준에 부합한다"며 "향후 개정판을 낼 때 수록대상이 될 게 확실하다"고 밝혔다. 축하한다, 김무성 씨! 다음 개정판을 기대하시면 되겠다.

최종건을 비롯해 한국 재벌들 중 자수성가를 했다고 주장하는 이들 대부분은 민족의 재산을 찬탈하는 방식으로 사업의 기반을 닦았다. 그게 한국 재벌의 부정할 수 없는 뿌리였다는 이야기다.

재벌들은 조상이 한 행위를 자수성가라고 주장할지 모르겠는데 아무리 생각해도 그건 '자수성가'가 아니라 '민족 재산의 찬탈'이었다. 하지만 우리의 역사는 민족의 재산을 친일파들의 손에 넘겨준 채 오늘도 그들의 승승장구를 지켜만 보고 있다.

정경유착 전문 그룹 SK와 노태우의 밀월
- SK그룹과 정경유착

사돈 잘 만나는 것도 능력이다

1994년 어느 날 전두환이 옛 동력자원부 장관이었던 최동규로부터 골프 초청을 받았다. 1994년이면 '5·18 진상규명과 광주항쟁 정신 계승 국민위원회'가 출범하는 등 광주민주화운동에 대한 진상규명 작업이 한창이던 때였다. 하지만 반성 따위는 결코 할 줄 몰랐던 전두환은 자중에 자중을 거듭해도 모자랄 시기에 최동규와 골프장에서 만나 골프채를 휘둘렀다. 골프가 한참이던 도중 최동규가 불현듯 전두환에게 질문을 던졌다.

"각하, 과거에 유공^{대한석유공사}을 선경에 넘기셨잖습니까? 그때 왜 선경^{현재SK}에 넘기셨는지 많은 사람들이 궁금해 합니다."

이 질문에 전두환은 이렇게 답을 했다.

"아, 그거? 그때 유공을 선경에 넘기게 한 사람은 내가 아니고 보안사령관이었던 노태우야. 나도 몰랐어."

1999년 12월 산업자원부가 펴낸 역대 상공─동자부 장관 에세이집『남기고 싶은 이야기들』에 나온 에피소드다. 최동규는 이 책에 기고한 '정유 산업의 민영화'라는 글에서 당시의 비화를 이렇게 소개했다. 이전까지만 해도 유공이 SK그룹에 넘어간 이유를 사람들은 잘 몰랐다. 하지만 그제야 진실의 일단이 드러났다. 한국 현대 경제사의 10대 미스터리 중 하나로 불리는 선경의 유공 인수 사건 주인공은 전두환이 아니라 노태우였다.

SK그룹이 오늘날 재계에서 다섯 손가락 안에 꼽히는 재벌이 된 계기는 1980년 유공을 인수한 덕분이었다. 단번에 국내 굴지의 재벌 반열에 오른 SK가문은 1988년 최태원과 노소영의 결혼을 성사시키며 정경유착의 정점을 찍었다. 현직 대통령이 5대 재벌 가문과 사돈을 맺은 일은 역사상 처음 있는 일이었다.

당시 선경의 유공 인수는 재계에서조차 "말도 안 되는 미스터리"라고 평가할 정도의 일대 사건이었다. 1970년대 석유 파동을 겪으면서 공기업이었던 유공의 위상은 상상을 초월할 정도로 높아져 있었다. 1978년 대기업 순위에서 유공은 6281억 원의 매출로 당당 한국 1위에 올랐다.

반면 당시 선경그룹은 주력 계열사인 선경과 선경금속 두 곳만 매출 50위 안에 올랐고 두 회사의 매출을 합해도 유공의 3분의 1에도 미치지 못했다. 그런 선경이 당시 재계 서열 1위였던 삼성그룹을 뿌리치고 유공을 삼킨 것은 그야말로 새우가 고래를 삼킨 격이었다.

최태원은 1988년 노태우의 딸 노소영과 결혼했고 SK그룹은 노태우가 권력 실세였던 5공화국 시기 성장을 거듭한 뒤 그가 대통령이었던 6공화국 시절에 전성기를 누렸다. 더 거슬러 올라가보면 SK그룹은 박정희 정권과도 긴밀한 관계를 맺었다. 그리고 박정희와의 관계에서도 혼맥이 등장했다. SK그룹에게 '권력 실세와 혼인 전문 그룹'이라는 곱지 않은 시선이 존재하는 이유가 바로 여기에 있다.

이후락이라는 뒷배, 거대 그룹의 기반이 되다

선경직물은 박정희의 군사 쿠데타가 성공하기 전까지 이불 안감과 나일론 등을 만드는 중견 수도권 기업에 불과했다. 그런데 최종건에게 뜻밖의 행운이 하나 찾아왔다. 수원 출신의 최종건이 오래 전부터 친분을 유지했던 이병희라는 인물이 5.16 군사 쿠데타에 가담한 것이다. 이병희는 김종필의 최측근으로 활약하며 나중에 중앙정보부 서울분실장까지 오르는 등 승승장구했던 인물이었다.

이병희는 자신의 보스였던 김종필에게 최종건과 선경직물에 대해 우호적인 이야기를 많이 늘어놓았다. 김종필이 한일회담 막후교섭을 위해 일본으로 떠나기 직전 박정희는 환송회를 겸한 만찬장에서 김종필에게 이렇게 물었다.

"기업인들이 거의 다 부정축재자들이니 대체 우리나라 경제를 누가 이끌어가겠습니까? 기업인들 가운데 가장 양심적인 사람을 꼽자면 누가

있겠습니까? 우리나라에는 특혜 없이 자생력으로 성장한 기업이 하나
도 없으니 참으로 안타까운 일입니다."

이때 김종필이 평소 이병희에게 들은 이야기를 풀었다.

"수원에 선경직물이라고 있는데 전쟁으로 잿더미가 된 공장을 일으켜
세워 자생력으로 성장한 기업이라고 합니다."

이병희와 김종필을 통해 박정희에게 전달된 이 한 문장은 최종건과 선경
직물의 운명을 바꿨다. 박정희는 쿠데타에 성공한지 넉 달 뒤인 1961년 9
월 국가재건최고회의 의장 신분으로 수원의 선경직물을 전격적으로 방문
했다. SK그룹조차 이에 대해 "박 의장이 선경직물을 방문하고 돌아갔다는
소문이 퍼지자 여기저기서 최종건에게 전화를 걸어 왔다. 너도나도 적극적
으로 돕겠다는 것이었다. 이렇게 되자 막혔던 자금줄이 저절로 풀렸다"고
회고할 정도였다.

기록에 따르면 당시 박정희가 찾은 기업은 '특혜 없이 자생력으로 성장한
기업'이었다. 하지만 그렇게 찾아낸 최종건은 박정희와의 관계로 인생 역전
의 기회를 잡았다. '권력의 맛'을 안 최종건과 그의 직계들은 이후 권력 실
세와의 관계 개선에 집착에 가까운 모습을 보였다. '특혜 없이 자생력으로
성장한 기업'이라는 이유로 박정희 눈에 든 선경직물이 대한민국 최고의 특
혜 전문 기업으로 성장하는 역설은 이렇게 시작됐다.

최종건은 군부의 막후 실세였던 이후락과도 호형호제할 정도로 막역한 사이였다. 그리고 마침내 최종건은 자신의 넷째 딸을 이후락의 넷째 아들에게 시집 보내는 데 성공했다. 이후락의 지원이 시작되자 수도권 직물회사였던 선경의 변신은 놀라울 정도로 빨라졌다.

1973년 박정희 정부가 매각하기로 한 워커힐 호텔은 원래 한진그룹이 인수하기로 돼있었다. 하지만 막판에 이 결정이 뒤집어졌다. 대연각 화재로 막대한 손실을 입은 최종건이 탈출구로 워커힐 호텔을 사들일 의사를 밝혔다. 섬유사업에 집중했던 선경그룹으로서는 실로 뜬금없는 사업다각화 구상이었다.

워커힐 인수에 대해 창업자 최종건과 동생 최종현 사이에서는 의견 차이가 있었다고 전해진다. 최종건은 워커힐을 사들여 여느 재벌들과 마찬가지로 문어발식 확장을 추구하려 한 반면 최종현은 "섬유 만드는 회사가 호텔을 어떻게 경영하느냐"며 만류한 것으로 알려졌다. 하지만 최종건의 의지가 강했고 결국 그 뜻은 이후락을 통해 박정희에게 전달됐다. 박정희는 "그럼 선경에 매각하시오"라고 한 마디로 결정을 뒤집었다. 선경의 문어발식 다각화는 이렇게 시작됐다.

이후락의 지원으로 선경은 1970년대 말까지 그야말로 승승장구했다. 선경개발관광, 서해개발조림, 선경유화DMT공장, 선경석유정유공장, 선경금속, 선경매그네틱오디오테이프, 선경종합건설건설, 선경머린요트 등이 모두 이 무렵 세워졌다. 워커힐 인수 직후 창업자 최종건은 폐암으로 세상을 떠났지만 정경유착의 고리는 후계자인 동생 최종현 시대에도 그대로 이어졌다.

최종현 회장이 사우디아라비아 야마니 석유상과 만나는 모습 ⓒSK그룹 홈페이지

민영화의 첫 번째 혜택, 대한석유공사

재계가 SK그룹에 대해 가지는 일반적 시각은 '온실 재벌' 혹은 '공기업 민영화 전담 그룹'이라는 것이다. 민영화란 정부가 일반 기업에게 베푸는 크나큰 시혜다. 민영화를 한다는 말은 곧 정부가 공기업을 매각한다는 뜻이고, 공기업이 있었다는 자체는 곧 그 시장이 독점 시장이라는 뜻이기 때문이다.

그런데 SK그룹은 한국 역사에 길이 남을 두 번의 초대형 민영화에서 모두 승자로 남았다. 1980년 유공을 삼킨 것이 첫 번째 사례이며 1994년 한국이동통신을 인수한 것이 두 번째 사례다. 한국이동통신은 오늘날 SK그룹의 주력인 SK텔레콤의 전신이다. SK그룹은 이 두 개의 거대한 정부재산을 공개경쟁 입찰이 아니라 모두 '낙점'이나 '배분'의 방식으로 손에 쥐었다. SK에 '민영화 전담 그룹'이라는 별칭이 붙은 것은 우연이 아니다.

형 최종건에 이어 그룹 경영을 물려받은 2대 회장 최종현은 1980년 마침내 꿈에 그리던 국내 최대의 국영 정유사 대한석유공사를 손에 넣었다. 앞에서 살펴본 최동규의 회고에 따르면 새우가 고래를 삼킨 격인 이 황당한 민영화를 주도한 자는 당시 보안사령관이었던 노태우였다.

하지만 이 부분에 대해 다른 주장도 존재한다. 반론의 주인공은 1991년 노태우 정권 시절 수도방위사령관에 올랐던 안병호다.

안병호는 유공을 선경에 넘긴 인물이 노태우가 아니라 자신이라고 주장한다. 안병호에 따르면 유공이 선경에 넘어가는 결정이 내려진 때는 1980년 8월이었다. 군사 쿠데타에 성공한 신군부는 5.18 광주 민주화 운동을 잔인하게 진압한 뒤 국가권력을 완전히 장악했다. 그리고 그해 8월 소격동 국군보안사령부 회의실에 모여 현안을 의논했다.

이 회의에 참가한 자들은 전두환을 비롯해 수경사령관이었던 노태우, 국보위 상임위원장 비서실장 허화평, 보안사 처장이었던 허삼수와 정도영, 권정달 등이었다. 안병호는 수경사 정보참모 자격으로 이 회의에 참가했는데 당시 안병호의 실질적 역할은 노태우의 비서였다.

지금부터는 순전히 안병호의 기억이다. 2010년 3월 〈월간조선〉에 실린 안병호의 기억을 따라가 보자.

그 자리에서 안병호는 전두환을 향해 "사령관님, 삼성이 유공을 가져가면 안 되지 싶습니다"라고 주장했다. 당시 유공 인수에 가장 적극적이었던 곳은 국내 1, 2위를 다투던 재벌 삼성이었다. 신군부의 분위기도 거의 삼성 손을 들어주는 분위기였다.

안병호의 갑작스런 주장에 전두환이 "그건 삼성이 가져가기로 얘기 끝난 것 아닌가? 얼마 안 있다가 발표한다고 들었는데 갑자기 무슨 소리야?"라고 눈을 치켜떴다. 안병호는 이에 굴하지 않고 "선경이 가져가는 게 맞겠습니다. 최규하 대통령이 5월 사우디까지 날아갔다 왔는데, 다른 나라에서 기름을 받으면 문제가 되지 않겠습니까? 선경은 사우디에서, 삼성은 멕시코에서 기름을 받을 예정이랍니다. 최종현 씨 얘기를 들어 보니까, 사우디는 우리한테 안정적으로 기름을 준다고 약속을 했답니다. 외교적으로나 국익 차원에서나 기름을 안정적으로 받는 차원에서 삼성보다 선경이 좋겠습니다"라고 주장했다.

회의에 참석한 다른 어느 누구도 안병호의 갑작스런 제안을 거들지 않았다. '삼성이 유공을 가져가는 것은 결정된 사안인데 무슨 소리냐'는 표정들이었다. 그러나 잠시 뒤 전두환이 입을 열고 결정을 뒤집었다.

"안병호 말이 맞네. 장관 불러서 선경에 주라고 해."

이래서 선경이 삼성을 제치고 유공을 차지하게 됐다는 게 안병호의 주장이다. 안병호는 이 인터뷰에서 "나는 최종현을 두 번 정도 만났을 뿐 어떤 개인적 인연도 없다"면서 자신의 주장이 순전히 국익을 위한 판단이었다고 강변했다.

그런데 안병호의 이런 주장은 신빙성이 너무 약하다. 우선 안병호는 당시 회의에서 노태우의 비서 자격으로 참가했다. 일개 비서가 전두환, 노태우, 허화평 등 쿠데타의 주역들이 모인 자리에 당당히 자기 목소리를 냈고, 자기 비서도 아니고 노태우 비서의 한 마디에 전두환이 마음을 돌려 삼성이 아닌 선경을 선택했다는 것은 과장이 심해 보인다.

게다가 안병호는 시쳇말로 그 회의에서 목소리를 높일 짬밥이 아니었다. 전두환, 노태우는 육사 11기 동기생이었고, 회의에 참가했던 정도영은 14기, 권정달은 16기, 허화평, 허삼수는 17기였다. 그런데 안병호는 육사 20기 출신으로 그 자리에서 거의 쫄따구나 다름이 없었다.

물론 안병호야 자기의 주장을 전두환이 한 번에 받아들일 만큼 자신의 영향력이 컸다고 기억하고 싶을지는 모르겠다. 하지만 상식적으로 유공을 선경에 넘긴 주인공이 자신이었다는 주장은 너무 과하다는 생각을 지울 수 없다. 그리고 전두환이 그 중요한 결정을 안병호의 한 마디에 바꾸었다는 것도 상식적으로 이해하기 어렵다. 적어도 전두환에게 그 정도 영향력을 미칠 인물이라면 최소한 노태우 정도는 됐어야 한다고 보는 게 상식에 가깝다.

실제로 안병호의 기억과 달리 유공의 선경 인수를 주도한 인물이 노태우라는 정황은 여러 곳에서 드러난다. 주무부처였던 동자부 차관이었고, 이후 골프장에서 전두환에게 들은 말을 전한 최동규는 "인수할 기업을 미리 선정하고 그 기업이 아니면 인수할 수 없도록 인수조건을 각본에 맞게 정하는 것 같아 보였다"고 회고했다.

1980년 5~9월 동력자원부 장관으로 재직한 유양수도 〈공직과 소신〉이라는 기고문에서 비슷한 주장을 펼쳤다. 유양수는 "1980년 7월 선경의 C회장은 최종현이 분명하다. 당시 선경에 이니셜 C로 시작하는 이름의 회장은 최종현뿐이었다이 장관실로 직접 찾아와 단도직입적으로 유공을 자기에게 넘겨 달라고 요구해 유공 민영화에 대한 고위층 독촉의 막후인물이 C회장이라는 생각을 갖게 됐다"라고 증언한 바 있다.

또 유양수는 "C회장의 태도는 이 문제를 지금 최고 권력자의 힘에 의지하고 있는 터에 '장관쯤이야'하는 생각이 엿보일 정도로 당당했다"라고 전했다. 최종현이 고작 수경사령관 비서였던 안병호를 믿고 이런 당당한 태도를 보일 정도로 바보일 리는 없다. 유양수의 증언에 나오는 '최고 권력자의 힘'은 최소한 노태우 정도여야 말이 맞는다.

물론 새우 격이었던 선경이 고래 격이었던 유공을 집어삼킨 과정에 대한 진실은 아직 밝혀지지 않았다. 하지만 이후 대통령이 된 노태우가 딸을 최종현 집안에 시집을 보낸 사실로 미루어 우리는 그 진실을 충분히 짐작할 수 있다. 진실은 전두환의 한 마디, "유공을 선경에 넘기게 한 사람은 내가 아니고 보안사령관이었던 노태우야. 나도 몰랐어"에 담겨 있을 것이다.

민영화의 두 번째 혜택, SK텔레콤

1987년 노태우는 갖은 선거부정과 야권의 분열에 힘입어 대통령에 당선됐다. 그리고 1990년 야당이었던 김영삼과 김종필을 끌어들인 3당 합당을 통해 정국을 주도하려 했다. 하지만 1992년 김영삼이 민자당의 대통령 후보로 결정되면서 힘의 균형추는 급격하게 김영삼으로 옮겨졌다.

그런데 노태우는 임기 마지막 해인 1992년 8월 여당 대통령 후보였던 김영삼의 반대를 무릅쓰고 제2이동통신 사업자로 선경그룹을 선정했다. 뉴스가 발표되자 재계는 완전히 충격에 빠졌다. 이 결정은 권력의 중심이 김영삼으로 이동한 국면에서 노태우가 내리기에 너무 엄청난 것이었기 때문이었다. 당시만 해도 이동통신사업은 상상을 초월할 정도의 거대한 이권사업이었다.

재계의 판도를 뒤바꿀만한 엄청난 결정을 임기를 불과 반년 정도 남긴 대통령이 내렸다는 사실, 그리고 수혜자가 대통령의 사돈 그룹인 선경이었다는 사실. 누가 봐도 이는 공정할 수가 없는 사업자 선정이었다. 당시 재계에서는 "노 대통령이 선경을 밀어주는 대신 퇴임 후 생활을 선경으로부터 보장받았다"는 소문이 파다했다. 당연히 야당이 반발했고 여당 후보였던 김영삼마저 이 불투명한 거래에 대해 격렬히 반대했다. 결국 선경그룹은 여론에 밀려 일주일 만에 사업권을 반납해야 했다.

바로 이런 과정 때문에 SK그룹은 "우리가 이동통신 사업에 진출한 것과 노태우 전 대통령은 아무 상관이 없다"고 주장한다. 노태우 시절 사업권을 따내긴 했지만 결국 반납했다는 설명이다. 하지만 이는 일부만 사실일 뿐 전체적으로는 맞지 않는 주장이다.

실제 SK그룹이 이동통신 사업에 진출한 것은 1994년이었다. 그리고 진출 방식은 공기업이었던 한국이동통신의 주식을 매입하는 식으로 이뤄졌

SK Telecom 본사 앞 간판석 ⓒ민중의소리

다. 그런데 1994년은 SK가 반납했던 제2이동통신 사업자 선정을 두고 포철과 SK 등 6대 기업이 치열한 경합을 벌였던 때였다. 즉 당시 정부는 이동통신 시장을 활성화하기 위해 제1이동통신이었던 한국이동통신을 민영화하고, 제2이동통신으로 신규 사업자를 선정하려 했던 것이다.

유력 인수 후보였던 포철과 SK, 코오롱 등은 그야말로 눈알이 빠질 정도의 치열한 눈치 경쟁을 벌였다. 한 기업이 제1이동통신 인수로 돌아서면 나머지 기업은 제2이동통신 사업자 경합을 벌여야 하는 상황이었기 때문이다. 정부는 애초부터 인수 후보를 1992년 인수전에 참여했던 6개 그룹으로 제한함으로써 SK 등 기존 경력자들에게 큰 혜택을 줬다.

워낙 이권이 큰 사업이었던 탓에 어떻게 선정을 해도 뒷말이 나올 가능성이 높아졌다. 그래서 김영삼 정부가 생각해 낸 묘안이 바로 제2이동통신 사업자 선정권을 재계에 넘기는 것이었다. 지금 생각해보면 이동통신이라는 국가 중추 사업자 선정권을 돈벌이에 혈안이 된 재계에 넘긴다는 사실이 참으로 무책임한 일이었지만 김영삼 정부는 그렇게 일을 처리했다. 결국 사업자 선정권은 전경련으로 넘어왔고 공교롭게도(!) 당시 전경련 회장은 선경그룹의 수장 최종현이었다.

최종현이 전경련 회장에 취임한 것은 1993년. 하지만 그가 전경련 회장직에 내정된 것은 노태우 정권 말기인 1992년 11월이었다. 사실 당시만 해도 재계에서는 최종현이 전경련 회장으로 부적합한 인물이라는 여론이 많았다. 왜냐하면 최종현은 1991년 태평양증권을 프리미엄 56억 6000만 원이라는 헐값에 인수하는 파격적 혜택을 누리면서 세간의 비난을 한 몸에 받은 전력이 있기 때문이었다.

당시 증권가에서 거론되던 태평양증권의 프리미엄은 1000억~3000억 원 선이었다. 그런데 최종현은 이 증권사를 56억 원이라는 누구도 이해할 수 없는 가격에 인수했다. 심지어 최종현은 개인 자격으로 태평양증권을 인수하면서 30대 재벌의 신규업종 진출을 제한한 여신 관리 규정도 교묘히 피해 갔다. 대통령의 사돈이 아니면 결코 할 수 없는 거래였다. 그런 최종현이 여론의 반대를 뚫고 노태우 정권 말기에 전경련 회장으로 내정된 것이다.

그리고 최종현은 2년 뒤인 1994년 정부가 넘긴 제2이동통신 사업자 선정권을 전경련 회장 자격으로 손에 쥐었다. 최종현은 전경련 회장직을 이용해 선경그룹이 제2이동통신 사업권을 따냈다는 여론의 비난을 듣고 싶지 않았다. 그래서 그가 낸 묘안이 바로 포철과 선경그룹의 역할 분담이었다. 선경그룹은 제2이동통신 사업권 경쟁에서 발을 빼는 대신, 즉 포철에게 그 사업권을 몰아주는 대신 자신은 제1이동통신인 한국이동통신의 민영화에 참여하기로 결정한 것이다.

전경련 회장단은 며칠의 격렬한 토론 끝에 최종현의 이 방안을 승인했다. 대부분의 재벌 총수들은 1992년 사업권을 땄다가 한 번 토해낸 적이 있는 선경과 최종현에게 마음의 빚이 있었다. 결국 이동통신이라는 국가 중추 사업은 선경과 포철의 나눠먹기로 결정이 났고, 선경은 이 과정을 통해 유유히 한국이동통신이라는 거대 공기업을 손에 넣었다. 비록 이 결정이 노태우 정권 시절 일은 아니었다고 해도 1992년 사업권을 따냈다가 토해낸 과정과 최종현이 노태우 정권 시절 전경련 회장직에 올랐다는 사실 등이 영향을 미치지 않았다고는 결코 말할 수 없는 일이었다.

최태원이 받은 것들은 원래 누구의 것인가?

2015년 8월 광복절 사면을 받아 출소한 최태원은 그해 12월 29일 공개적으로 아내 노소영과 결별을 추진할 것이라고 밝혔다. '재벌 총수의 이혼'도 아니고 '재벌 총수의 이혼 추진'이라는 황당한 뉴스가 전국을 강타했다.

"최태원이 풀려나야 경제가 살아난다"며 게거품을 물었던 보수 언론의 보도를 기억한다면 당시 최태원이 경제를 살리기 위해 추진해야 할 것이 한둘이 아니었을 것이다. 그런데 정작 최태원이 가장 먼저 추진한 일은 어처구니없게도 이혼이었다. 하지만 살다보면 별의별 일이 다 생기는 법이고 이혼은 개인사에 속한다. 최태원이 이혼을 추진하건 재혼을 추진하건 그것이 사회의 공익적 관점에서 해석돼야 할 이유는 없다.

문제는 최태원이 결별을 추진한다는 그 결혼생활이 한국 사회에 너무나 많은 영향을 미쳤다는 점이다. 하이닉스 반도체를 인수하기 전까지 SK그룹의 주축은 단연 텔레콤과 정유였다. 물론 하이닉스 반도체를 인수한 이후 최근에는 반도체가 그룹의 주축이 되긴 했지만 1980년대 이후 SK그룹은 정유와 이동통신으로 먹고 살았다. 그리고 이 두 산업은 모두 정부의 규제가 막강한 영향력을 미치는 영역이라는 공통점이 있다.

지금은 규제가 덜 하지만 과거 정유 산업 역시 정부의 규제 아래 사업자들이 막강한 보호를 받았던 온실 산업이었다. 이동통신은 아직도 정부의 규제가 결정적 영향을 미치는 산업 분야다. 모두 국민들의 편의를 먼저 생각해야 할 공기업의 영역들이다. SK가 축적한 자본은 곧 '국민 편의'를 독점한 대가로 얻은 것이라는 이야기다.

그리고 SK그룹은 이 모든 혜택을 '노태우'라는 고리를 중심으로 풀어 나갔다. 그 고리의 중심에 노소영이 있었다는 사실은 더 말할 필요가 없다. 그런 SK그룹의 수장이 개인사를 이유로 그 고리를 끊겠다고 한다. 남녀 관계야 이혼으로 끊을 수 있을지 몰라도 SK그룹과 최태원이 그 고리를 통해 얻은 수 조 원대의 재산은 그렇게 쉽게 끊을 수 있는 게 아니다.

그래서 우리는 SK그룹과 최태원에게 진지하게 질문을 던진다. "이혼이야 당신의 자유이지만 노태우와의 정경유착으로 공적 영역을 독점해 얻은 막대한 부는 어떻게 할 것인가? 그 부가 감히 당신이 이뤄낸 성과라고 말할 수 있는가?"라는 질문 말이다.

남의 불행한 가정사를 비아냥거리기 위해 묻는 질문이 아니다. 국가 경제 살리라는 말도 안 되는 명분으로 막대한 비리를 저지른 범죄자를 풀어줬더니 고작 하는 일이 '이혼 추진'이란다. 이런 자에게 한국 사회는 이 질문을 던질 분명한 권리가 있고, 대답을 들어야 할 막중한 의무가 있다.

헤지펀드를 불러들인 SK의 분식회계
- 소버린 사태

분식회계를 바라보는 관점의 차이

분식회계粉飾會計. 기업이 회계장부를 작성할 때 자산이나 이익을 실제보다 부풀려 수치를 고의로 왜곡시키는 행위를 말한다. 분粉은 '화장할 때 쓰는 가루'를 뜻하고, 식飾은 '곱게 칠한다'는 뜻이다. 분식회계란 엉망진창인 회사의 장부를 화장을 하듯 예쁘게 꾸미는 것이다.

그렇다면 기업은 언제 장부에 화장을 할까? 장부의 기록이 너무 나쁘면 뭔가 큰일이 안 될 때 분식회계를 한다. 예를 들어 은행에서 돈을 빌릴 때 분식회계가 필요하다. 장부가 너무 나쁘면 은행이 돈을 안 빌려줄 가능성이 높기 때문이다. 주식을 증시에 상장할 때에도 분식회계는 유용하다. 장부가 그럴싸해야 주주들로부터 더 많은 돈을 끌어 모을 수 있다.

이런 경우도 있다. 만약 회사의 대표가 오너가 아니라 주주로부터 임명을 받은 사람이라면 그 대표는 분식회계의 유혹에 넘어가기 쉽다. 투자자로부터 임명을 받은 대표는 대부분 연임을 원한다. 따라서 임기 마지막 해 분식회계의 유혹이 더 커진다. 대표는 '내가 경영을 맡은 뒤 회사 성적이 이렇게 좋아졌다'라는 것을 강조하고 싶어 한다.

한국 기업 역사에서 분식회계가 큰 문제가 된 때는 의외로 최근이다. 1990년대 중반까지 분식회계가 사회를 뒤흔들 정도로 문제가 된 적이 거의 없다. 몇 가지 이유가 있다. 첫째, 한국의 재벌들은 외환위기가 터지기 전까지 회계장부를 제대로 쓴다는 개념 자체가 없었다. 회계장부란 주주들에게 기업 상황을 투명하게 공개하기 위해서 작성하는 것이다. 그런데 한국의 재벌들 중 그 누구도 재벌 일가가 아닌 다른 주주들에게 기업 상황을 투명하게 공개할 생각 자체를 안 했다.

둘째, '주주로부터 임명을 받은 대표'라는 개념이 없었다. 어떤 회사의 대표도 모두 총수가 지목한 자가 임명됐다. 따라서 바지사장들은 총수의 눈에만 잘 들면 연임이 보장됐다. 실적이 좀 좋지 않아도 총수 마음에만 들면 해고될 걱정도 없었다. 반면에 실적이 아무리 좋아도 총수 눈 밖에 나면 해고된다.

실적이 자신의 생명을 연장하는 핵심 요소가 아니었기에 분식회계의 필요성이 크지 않았다. 그래서 외환위기 이전까지 한국에서 벌어진 분식회계는 대부분 총수의 주도 아래 은행권 대출을 받거나 주식을 상장할 때 이익을 챙기기 위한 목적으로 진행됐다.

분식회계가 범죄라는 인식도 매우 약했다. 사정이 이렇다보니 분식회계를 적발하는 시스템도 취약하기 짝이 없었다. 오죽했으면 2000년대 초반 금융당국은 "분식회계를 자수하면 처벌을 깎아준다"는 황당한 제안을 한 적도 있었다.

반면 서구 국가, 특히 주주자본주의가 발달한 영미권 국가에서는 분식회계가 오래 전부터 매우 중요한 경제 범죄로 취급받았다. 일단 이들 국가에는 한국의 재벌과 같은 철권통치를 휘두르는 오너가 없다. 회사의 대표도 주주총회에서 권한을 위임받은 이사회에서 결정한다.

따라서 대표가 눈치를 봐야 하는 곳은 주주총회와 이사회다. 주주들의 관심은 대표가 얼마나 회사를 잘 경영해 주주들의 재산을 불려주었느냐다. 당연히 회사 실적이 최우선시됐다. 이 때문에 영미권 기업 경영자들 중에는 실적을 그럴싸하게 부풀리는 분식회계의 유혹에 넘어가는 이들이 적지 않았다. 그래서 영미권 국가에서는 분식회계도 발달했지만, 분식회계를 적발하고 처벌하는 제도 역시 상당히 발달했다.

역대 1, 2위의 분식회계를 저지른 기아자동차와 대우그룹

그런데 한국이 1997년 외환위기를 맞으면서 상황이 급변했다. 이전까지 대마불사大馬不死의 정신으로 오로지 기업의 덩치를 키우는 데 몰두했던 재벌들에게는 '회사가 망한다'는 개념 자체가 부족했다. 독재 권력에게 밉보이지만 않으면 기업이 망하는 일은 매우 드문 현상이었다. 하지만 1990년대 후반 한국 경제가 한계에 도달하면서 아무리 큰 기업이라도 경영을 엉망으로 하면 자연적으로 망할 수 있다는 사실이 드러났다.

그 첫 번째 사례가 바로 기아자동차의 몰락이었다. 기아자동차는 1997년 부도가 나기 직전까지 자동차 생산량 세계 17위, 자산총액 재계 8위, 매출액 재계 7위의 대기업이었다.

최악의 분식회계를 저질렀던 대우그룹 회장 김우중 ⓒ민중의소리

하지만 기아차는 다른 재벌들과 마찬가지로 건설과 전자, 금융 등 다양한 분야에 닥치는 대로 진출했다. 계열사도 어느덧 38개로 불어나 있었다. 문어발 확장으로 그룹 전체가 진 부채도 막대했다. 이 와중에 특수강과 건설 분야에서 적자가 지속되면서 그룹 전체가 위기에 몰렸다. 당시 기아차가 겪은 위기는 말 그대로 정말 그룹이 망하느냐 마느냐에 가까운 위기였다. 이 때 기아차가 선택한 길이 바로 분식회계였다.

부도 위기에 몰린 기아차는 은행권으로부터 자금을 끌어오기 위해 장부에 분칠을 거듭했다. 부도가 나던 해 기아차의 장부에는 무려 1조 원이 넘는 회사 재산순자산이 있는 것으로 기록됐다. 하지만 이듬해 6월 장부를 검토한 결과 기아차의 순자산은 1조 원이 아니라 마이너스 3조 3000억 원이었다. 분식 규모가 무려 4조 원이 넘었다. 이것이 바로 한국 경제 역사상 두 번째로 규모가 큰 분식회계 기록이다.

1999년에는 재계 서열 2위에 올랐던 대우그룹이 부도를 냈다. 대우그룹 역시 문어발 확장에 일가견이 있던 기업이었다. '세계 경영'을 모토로 온갖 사업에 다 손을 댔던 대우는 1999년 부도 당시 400개가 넘는 계열사를 거느리고 있었다.

무리한 사업 다각화는 당연히 막대한 부채를 유발했다. 당시 대우그룹의 은행권 부채는 무려 70조 원에 이르렀다. 이 상태에서 대우그룹이 무너지면 은행 몇 곳도 함께 부도가 날 판국이었다. 겨우 외환위기를 수습해 오던 김대중 정부는 울며 겨자 먹기로 국민 혈세인 공적자금을 대우그룹에 투입했다. 공적자금의 규모는 21조 원이었다. 대우그룹 살린다고 국민 1명 당 45만 원을 바친 셈이었다.

하지만 대우는 이런 국민들의 도움을 분식회계로 보답(!)했다. 경영이 더 악화되자 대우는 문어발 사업을 정리하기는커녕 오히려 새로운 계열사를 계속 설립해 그 계열사 이름으로 담보대출을 더 받아냈다. 그리고 은행권으로부터 빌린 돈은 끊임없이 해외 계열사로 빼돌렸다.

이런 짓이 가능했던 이유는 대우가 회사의 장부를 분식했기 때문이었다. 대우가 거짓으로 꾸민 장부만 보면 대우그룹 여러 계열사들은 여전히 은행으로부터 대출을 받을 정도로 건강했다. 대우가 해외로 빼돌린 자금은 여전히 국내에 남아있는 것으로 장부에 기록됐다.

은행권은 대마불사의 신화를 믿고 아낌없이 돈을 쏟아 부었다. 대우그룹은 분식된 회계 장부를 바탕으로 물 먹는 하마처럼 돈을 빨아들였다. 이후 검찰 조사에서 밝혀진 바에 따르면 대우가 받은 불법 대출은 10조 원이었고 해외로 빼돌린 자금은 24조 원이었다. 대우가 꾸민 분식회계 규모는 무려 41조 원이었다.

영미권에서 최악의 분식회계로 기록된 사건은 2001년 파산한 엔론의 경우다. 2008년 노벨 경제학상을 받은 폴 크루그먼Paul Krugman 교수가 "엔론 사태는 테러 공격보다 경제에 미치는 영향이 크다"고 평가할 정도였다. 그런데 전 세계를 충격과 공포에 빠트린 엔론의 회계부정 규모는 5년 동안 고작(!) 13억 달러1조 4000억 원였다. 반면 1999년 대우그룹의 분식회계 규모는 엔론의 30배에 가까운 41조 원이었다. 대우그룹이 얼마나 대담했고, 얼마나 무모했으며, 얼마나 비도덕적이었는지를 짐작할 수 있는 대목이다.

거대한 대국민 사기극을 벌인 대우그룹의 총수 김우중은 179개국에서 공식 수배령이 떨어졌다. 이것이 바로 한국 경제, 아니 어쩌면 전 세계 역사상 가장 규모가 큰 분식회계 사건이었다.

끝 모를 멍청함이 낳은 SK글로벌 분식회계 사태

외환위기가 터지고 국가의 경제 통제권이 국제통화기금IMF에 넘어갔다. IMF의 요청으로 한국의 증시는 외국인에게 문호를 열어야 했다. 외국인 투자자들이 한국 기업 주식을 사고 보니 한국 재벌들의 회계가 그야말로 엉망진창이라는 점을 발견했다. 외국인 주주들은 당연히 투명한 회계를 요구했다.

하지만 이때에도 한국 재벌들은 과거의 습관에서 쉽게 벗어나지 못했다. 기아차와 대우그룹이 부도가 났지만 그건 남의 이야기였다. 외국인 주주들이 회계 투명성을 요구해도 한국 재벌들은 "외국인 주주? 제까짓 것들이 뭘 어쩔 건대?"라는 오만한 생각을 버리지 않았다.

하지만 외국인 주주들은 결코 한국 재벌들이 얕잡아볼 상대가 아니었다. 월가와 시티 오브 런던City of London, 런던의 금융 중심지에서 수 십 년 동안 잔뼈가 굵은 이들은 한국 재벌들의 회계 부정을 자신들 돈벌이에 활용할 충분한 능력을 보유하고 있었다. 군사정권의 보호를 받으며 '분식회계 쯤이야'라고 안이하게 생각했던 재벌들과, 분식회계 잡아내는 데 도가 튼 외국 자본의 충돌은 피할 수 없는 숙명이었다.

2003년 대우그룹과 기아차그룹에 이어 한국 역사상 세 번째로 규모가 큰 분식회계 사건이 터졌다. 주인공은 SK그룹의 계열사 SK글로벌이었다. 대우나 기아차는 그룹이 절체절명의 위기에 빠졌을 때 부도를 피하기 위해 분식을 저질렀다. 하지만 SK글로벌은 순수하게 주주들을 속이기 위해 분식회계를 저질렀다. 분식 규모는 무려 1조 5587억 원. 이 역시 엔론의 회계부정을 뛰어넘는 규모였다.

SK글로벌은 최종건이 일본인들의 도피를 도와 불하받았던 선경직물 바로 그 회사였다. 1998년 SK상사로 이름을 바꿨다가 2000년 7월부터 SK글로벌이라는 이름을 쓰기 시작했다. 하지만 2003년 분식회계 사건이 터지자

한국 재벌 흑역사

사명을 그대로 쓰기 창피했는지 그해 10월 회사 이름을 SK네트웍스로 바꿨다. SK네트웍스는 홈페이지에 회계부정 사건을 쏙 빼놓고 자신들의 역사를 설명한다. 그리고 이 회사는 2003년부터 현재까지를 'SK네트웍스의 도약기'라고 기록한다. 역사까지도 분식을 한 셈이다.

당시 SK글로벌은 그룹의 부실을 처리하는 해결사 노릇을 했다. SK그룹 계열사 중 SK증권이라는 회사가 있었다. 이 회사는 외환위기 직후 완전자본잠식 상태에 빠져 퇴출 위기에 몰렸다.

SK증권은 부실을 만회하기 위해 월가를 대표하는 자본 JP모건으로부터 돈을 빌렸다. JP모건으로부터 돈을 빌린 것은 JP모건의 꼬드김에 넘어간 탓이었다. JP모건은 당시 태국 바트화에 투자를 했다가 큰 손실을 입은 상태였다. 손실을 만회하기 위해 JP모건은 만만해 보이는 SK증권에 접근해 "우리가 투자한 태국 바트화에 추가로 투자를 하면 큰 이익을 볼 수 있다. 무이자로 돈을 빌려줄 테니 태국 바트화에 투자하라"고 꼬드겼다.

세상 이치라는 것이 그렇다. "여기에 투자하면 큰돈을 벌 수 있다"고 꼬드기는 자는 무조건 피해야 한다. 그건 백발백중 사기다. 큰돈을 벌 수 있는데 왜 자기가 투자 안 하고 남을 끌어들이겠나?

하지만 멍청한 SK증권은 그 꼬드김에 넘어갔다. 바트화 투자에 성공하면 단번에 부실을 만회할 수 있다는 한탕주의가 정상적인 이성을 마비시켰다. SK증권은 무이자로 JP모건으로부터 돈을 빌려 바트화 투자에 나섰다. JP모건이 입어야 했을 대부분의 손실을 SK증권이 대신 떠안은 셈이다. 결국 태국 바트화는 폭락을 거듭했고 SK증권은 이 투자로 2000억 원의 손실을 입고 말았다.

JP모건에 낚였다는 사실을 뒤늦게 알아 챈 SK증권은 JP모건을 상대로 소송을 걸었다. 누가 봐도 SK증권이 JP모건에 당한 셈이니 충분히 소송을 걸만한 일이었다. 그런데 갑자기 SK증권이 JP모건으로부터 투자를 받는 다는 뉴스가 보도됐다. 두 회사의 분쟁도 화기애애하게 마무리됐다는 소식이 전해졌다.

굴지의 월가 자본인 JP모건이 SK증권에 투자한다는 소식이 전해지자 다른 투자자들은 안도의 한숨을 내쉬었다. 'JP모건이 투자를 할 정도면 SK증권 경영 상황이 실제로 그렇게까지 나쁘지 않구나'라고 생각했다.

하지만 이 역시 JP모건과 SK증권이 벌인 사기극이었다. SK증권은 자신을 속인 JP모건과 맞서는 대신 그들의 명성을 이용해 회사의 신뢰도를 높이려는 꼼수를 부렸다. JP모건이 투자했다는 돈은 나중에 SK그룹이 웃돈을 얹어 되갚아주는 이면계약을 통해 받은 돈이었다. 사기를 친 놈한테 빌붙어 웃돈까지 얹어줬다는 이야기다. 멍청해도 그렇게 멍청할 수가 없었고, 못나도 그렇게 못날 수 없는 행태였다.

이때 웃돈을 얹어준 곳이 SK글로벌이었다. SK글로벌이 입은 손실은 1000억 원이 넘었다. SK글로벌은 이 사실을 감추기 위해 분식회계를 사용했다. 분식회계 규모가 1조 5000억 원을 넘어섰다.

2003년 2월 22일 최태원이 SK글로벌을 이용해 SK증권을 부당 지원했고 분식회계를 주도한 혐의로 구속됐다. 하지만 최태원이 구속된 사유는 단지 분식회계를 지휘한 때문만이 아니었다. 그 와중에 최태원은 알뜰하게 자

2005년 열린 SK㈜ 주주총회에서 소버린 측 대표가 발언하는 모습 ©연합뉴스

기 호주머니를 채웠다. 최태원의 구속 사유에는 분식회계 외에도 그룹 계열
사끼리 주식을 사고팔도록 해 자기 호주머니에 959억 원을 챙긴 혐의가 추
가됐다.

　이 사건이 이렇게 마무리됐다면 '반도 재벌들의 흔한 악행' 정도로만 역
사에 기록됐을 것이다. 하지만 이 사건은 한국 경제 역사에 길이 남을 충격
적인 사건으로 이어졌다. 종전까지 재벌들이 나쁜 짓을 하면 그것은 한국
사회가 처리해야 할 문제로 남았다. (거의 드문 일이었지만) 구속을 당하건,
사회적 지탄을 받건 그건 국내 문제였다는 이야기다.

하지만 2003년은 한국의 자본시장이 활짝 개방된 이후였다. 그리고 국제 투기자본은 신흥국을 휩쓸며 '선진 금융기술'로 돈을 쓸어 모으고 있었다. 재벌이라는 독특한 지배구조와 분식회계 및 배임으로 구속이 된 부도덕한 총수. 이 두 가지 사실은 국제 투기자본에게 너무나 좋은 먹잇감이 되고 말았다.

나쁜 놈 vs 나쁜 놈의 혈전

최태원이 구속되면서 SK그룹 주가가 폭락했다. 선장을 잃은 데다 범죄의 질도 워낙 나빠 그룹 전체의 경영이 파탄 날지도 모른다는 우려가 증시를 뒤덮었다. 한 때 2만 원을 넘나들던 그룹 지주회사 SK(주)의 주가도 5000원대까지 폭락했다.

그런데 주가가 5000원 근처까지 떨어지자 증시에서 묘한 분위기가 감지됐다. 누군가가 5000원대 초반에서 꾸준히 SK(주)의 주식을 사 모으기 시작한 것이다. 2003년 4월 3일 한국 증권가에는 매우 낯선 외국계 투자회사의 보고서 한 통이 접수됐다. '크레스트증권'이라는 이름의 회사가 SK그룹의 지주회사인 SK(주)의 지분을 8.64%나 확보했다는 내용이었다. 증시에서는 투명한 정보 공개를 위해 특정 기업의 지분을 5% 이상 취득하면 이를 금감원에 보고해야 한다.

마침내 SK(주) 주식을 저가에 꾸준히 사 모았던 세력의 정체가 드러났다. 크레스트증권은 모나코에 본사를 둔 소버린자산운용의 100% 자회사였다. 크레스트증권이야 누구도 들어본 적 없는 생소한 회사였지만 주인이 소버린이라면 이야기는 완전히 달라진다. 소버린은 주로 아시아 지역 국가들에 집중적으로 돈을 투자한 뒤 수단과 방법을 가리지 않고 이익을 챙겨가는 악명 높은 투기자본이었다. 그 소버린이 한국 증시에 상륙한 것이다.

한국 재벌들은 그룹 안에서 황제처럼 행세하지만 사실 지분이 거의 없는 것이나 마찬가지다. 복잡한 순환출자와 상호출자 등을 이용해 고작 1~2% 지분으로 오너 행세를 해 왔다. 이런 상황에서 지주회사 지분을 무려 8.64%나 확보한 외국계 투자 회사의 등장은 충분히 충격적이었다.

소버린은 지분 8.64%를 확보한 것에서 멈추지 않고 이후 일주일 동안 거의 하루도 빠지지 않고 SK㈜ 주식을 사들였다. 5000원 대의 주가는 9000원대까지 반등했지만 소버린은 꾸준히 주식을 사들여 마침내 14.99%의 지분을 확보했다. 소버린이 SK㈜의 1대 주주에 오른 것이다. 당시 최태원의 지분은 고작 1.39%에 불과했다.

사람들의 관심은 소버린이 왜 SK㈜의 주식을 그렇게 많이 사 모았느냐에 집중됐다. 보통 외국계 자본이 한국 기업의 주식을 사는 이유는 두 가지로 분류된다. 하나는 단순투자다. 이는 투자한 기업의 주가가 많이 오를 것이라 생각하고 돈을 집어넣는 아주 평범한 투자행위다. 다른 하나는 경영참여다. 단지 돈을 벌기 위해서가 아니라 기업의 경영권을 확보하기 위해 주식을 샀다는 의미다.

전자라면 SK와 최태원은 한숨을 돌릴 수 있었다. 적어도 소버린의 목적이 돈이라면 최태원을 그룹 경영에서 몰아내지는 않을 것이기 때문이다. 하지만 후자라면 SK와 최태원에게는 발등에 불이 떨어진 셈이었다. 최태원의 지분이 워낙 낮았던 탓에 경영권을 지킬 뚜렷한 방도도 찾기 어려운 상황이었다.

소버린은 4월 14일 보도자료를 발표했다. 보도자료에는 "주주가치를 확립하며 SK㈜를 한국에서 기업 지배구조의 모델 기업으로 바꾸도록 경영진과 건설적으로 작업할 계획이다"라고 적혀 있었다. 소버린의 목적이 단순 투자가 아니라 경영 참여임을 분명히 한 선전포고였다.

총수인 최태원이 분식회계를 주도해 구속된 상황은 명백히 소버린에게 유리했다. 최태원 대신 그룹을 이끌던 전문경영인 손길승조차 이듬해 1조원의 비자금을 조성한 혐의로 구속됐다.

소버린은 맹렬히 SK와 최태원을 몰아붙였다. 제임스 피터 소버린 대표는 "주주들에게 사기를 친 혐의로 유죄 선고를 받은 이사들이 여전히 이사회에 남는 것은 문제가 있다. 아버지가 회사의 창립자인 최태원 회장도 마찬가지다"라며 맹공을 펼쳤다. 이어 소버린은 이사 선임안 개정안을 냈다. 이 안에 따르면 금고 이상의 형이 확정된 인물은 사내이사건 사외이사건 어떤 이사직도 맡을 수 없도록 돼 있었다. 만약 소버린의 안이 주주총회에서 통과된다면 최태원은 이사 자격을 박탈당하고 SK그룹 경영에서 축출될 판이었다.

경영권 분쟁이 시작되면서 SK㈜의 주가는 천정을 뚫은 듯 급등했다. 원래 경영권 분쟁이 벌어지면 주가가 급등하기 마련이다. 분쟁 당사자들이 주식을 악착같이 사 모을 것이기 때문이다.

2003년 12월 크레디리요네증권은 "주주총회에서 소버린이 승리할 가능성은 60%"라고 예상했다. SK는 사활을 건 싸움에 돌입했다. 주주들을 찾아다니며 빌다시피 지지를 호소했다. 하나은행, 신한은행, 산업은행 등 4~5개 국내 주요은행들이 백기사를 자처해 최태원을 돕겠다고 나섰다. 지분 15.93%를 보유한 SK그룹 계열사들과 지분 4.3%를 보유한 우리사주도 당연히 최태원 편에 섰다.

반면 이미 지분 14.99%를 확보한 소버린은 50%에 육박하는 외국인 주주들을 설득했다. 양측의 경쟁이 치열해질수록 SK㈜의 주가는 급등했다. 2004년 3월 마침내 운명의 날이 밝았다. 백기사를 확보하려던 SK와 최태원의 눈물겨운 노력에 하늘이 감복했는지 이날 열린 주주총회에서 승부는 의외로 싱겁게 갈렸다. 소버린이 제안한 거의 모든 안건이 60% 정도의 반대에 부딪혀 부결된 것이다. 소버린은 포기하지 않고 몇 차례 더 주주총회에 도전장을 내밀었다. 하지만 도전이 계속될수록 SK와 최태원의 완승 분위기는 이어졌다.

2005년 6월 마침내 소버린이 SK㈜의 보유 목적을 '경영 참여'에서 '단순 투자'로 바꿨다. 소버린이 백기를 든 것이다. 그리고 소버린은 그해 7월 18일 보유했던 SK㈜ 주식 전량을 처분했다.

최태원은 마침내 경영권을 지켜냈다. 만세! 마침내 국내 기업을 외국 투기자본의 손으로부터 지켜냈다! 우리 민족이 일치단결해서 세계 곳곳에서 분탕질을 저질렀던 투기자본의 횡포를 저지했다!

그런데 말이다. 이게 그렇게 웃고 넘어갈 일이 아니었다. 2년 넘게 소버린이 휩쓸고 간 결과는 과연 소버린의 패배였고 최태원의 승리였을까? 양측이 지분 경쟁을 벌이면서 SK㈜의 주가는 하늘 높은 줄 모르고 급등했다고 했다. 소버린은 이 주식을 유유히 팔고 떠났다. 그렇다면 주주총회에서 패했던 소버린이 주식을 팔아 벌어들인 돈이 얼마였을까? 5000원 대에 매집을 시작했던 SK㈜의 주가는 경영권 분쟁 덕에 한 때 10만 원에 육박할 정도로 치솟았다. 이 와중에 소버린이 챙긴 차액은 무려 9437억 원이었다. 2년 4개월 만에 투자금의 4배가 넘는 수익을 올리고 유유히 사라진 것이다. 만세를 불렀던 진정한 승자는 바로 소버린이었다.

봉건과 자유주의의 접전, 우리의 역사는 어디로?

역사를 살펴보면 인류는 더디지만 조금씩 진보해 왔다. 여기서 말하는 진보는 기술의 진보나 물질적 풍요만을 뜻하는 것이 아니다. 호주의 철학자 피터 싱어는 "인류의 발전은 기술의 발전이 아니다. 인류 발전의 역사는 도덕적 권리와 공감의 확대였다"라고 말한 바 있다.

처음에는 왕만 누렸던 권리가 귀족들에게 확대됐고 그 권리는 점차 민중들에게 전파됐다. 남성만이 누릴 수 있는 권리가 여성에게, 주인만이 누릴 수 있는 권리가 노예에게 전달됐다. 이것이 바로 진보하는 역사의 본질이다. 우리가 비록 지금은 자본의 지배 아래 놓여 살지만, 자본가만이 누리는 그 권리는 결국 노동자, 농민들에게 돌아올 것이다. 성에 차지 않을 정도로 느린 속도이긴 해도 역사는 그렇게 도덕적 권리와 공감의 영역을 넓히며 앞으로 전진해 왔다.

소버린의 SK 습격은 그런 면에서 한국 사회에 많은 생각할 주제를 던져

놓았다. 지금 우리가 사는 자본주의가 너무나 후졌기 때문에 사람들 중에는 "헬조선이 조선시대와 다른 게 뭐냐?"라고 반문을 하기도 한다.

그렇게 이야기하는 민중들의 절박한 심정을 이해한다. 하지만 그것은 사실이 아니다. 우리가 사는 자본주의 사회가 엉망이긴 해도 그 사회는 분명 조선시대보다 진보했다. 외형적으로나마 평등권이 헌법에 명시됐고 공식적으로 신분제가 폐지됐다. 여전히 자본이 막강한 힘을 휘두르지만 우리는 4.19혁명, 5.18광주민주화운동, 6월 항쟁, 촛불혁명을 거치면서 민중들의 도덕적 권리를 쟁취해 나갔다.

우리는 인정해야 한다. 자본주의가 아무리 후져도 봉건제보다 진보한 시스템이라는 것을 말이다. 자본주의는 부르주아지 계급이 중세 봉건 귀족을 축출하면서 꽃을 피웠다. 그 과정에서 시민혁명이 일어났다. 1인1표의 원리와 신분제 폐지도 봉건제가 자본주의로 넘어오면서 이뤄진 것이다.

그런데 한국은 외형상 자본주의 시스템을 갖췄지만 재벌들만은 여전히 봉건제를 유지하고 있다. 기업의 경영권을 3대, 4대째 세습하는 이 후진적 시스템은 봉건이라는 단어가 아니고는 도저히 설명할 길이 없다.

재벌들은 중세의 봉건 영주처럼 노동자들을 두들겨 패고 자신의 영토 안에서 황제처럼 군림한다. 귀족들이 그랬던 것처럼 재벌의 신분은 대대로 세습된다. 지도자를 뽑는 일에 민주주의 따위는 결코 범접할 수 없다.

국내 재벌 사상 최초로 4세 승계를 이뤄낸 두산 그룹은 심지어 그룹 리더를 형제끼리 나눠 맡는다. 장남이 몇 년, 차남이 몇 년, 삼남이 몇 년, 사남이 몇 년 씩 회장을 돌려 먹는다. 그 다음으로 장남의 장남이 몇 년, 장남의 차남이 몇 년, 차남의 장남이 몇 년, 차남의 차남이 몇 년 하는 식으로 그룹의 리더를 결정한다.

그래서 두산 가문은 자손이 번성하면 안 된다. 자손이 번성하면 이 그룹은 회장직을 몇 개월만 하고 다음 형제에게 물려줘야 할 판이다. 실로 국제적인 코미디인데 정신 나간 두산그룹은 이 절차를 두고 '형제 간 우애를 돈독히 하는 승계 방식'이라고 주장한다. 우리가 제 정신이 아닌 건가? 이 자들이 제 정신이 아닌 건가?

소버린의 SK 침공은 말도 안 되는 봉건 시스템에 대한 자본주의의 본격적 공세였다. 소버린과 월가 투기 자본이 꿈꾸는 세상이 당연히 우리의 미래일 수는 없다. 하지만 적어도 소버린의 침공이 우리에게 남긴 교훈은 엄중히 받아들여야 한다.

한국의 재벌들은 영미식 자본주의 눈에도 개판으로 보일 정도로 봉건적이라는 사실이 교훈의 핵심이다. 총수가 주식회사 재산을 제 멋대로 빼돌리고도 황제처럼 군림하는 비정상적 봉건사회는 이제 멈춰야 한다. 그렇지 않으면 소버린 침공 같은 일은 영원히 반복될 것이다. 그리고 해외 투기 자본은 한국 봉건재벌의 약점을 휘어잡고 소버린이 했던 것처럼 유유히 국부를 챙겨 달아날 것이다. 이 점이 바로 소버린의 SK침공이 한국 사회에 남긴 준엄한 경고다.

마지막으로 한 가지만 더 첨언한다. 영미권에서 최악의 분식회계를 저지른 기업으로 기억되는 엔론의 최고경영자 제프리 스킬링Jeffrey Skilling은 2006년 사법부로부터 24년 4개월의 실형을 선고받았다. 당연히 1년의 감형도 없었고 스킬링은 아직도 감옥에 있다.

그런데 최태원은 분식회계로 구속된 이후 단 7개월 만에 병보석 신청이 받아들여져 감옥에서 풀려났다. 이게 바로 봉건과 자본주의의 또 다른 차이다. 우리가 아직도 봉건적 재벌 체제에서 벗어나지 못하는 또 다른 이유이기도 하다.

부채도사에게 홀린 재벌 총수의 횡령 행각
- 최태원의 두 번째 구속

2012년 〈한겨레21〉이 설정한 '올해 쫌 너무했던 인물'은?

2012년 12월 28일 주간지 〈한겨레21〉이 '올해의 인물'을 선정해 특집기사로 보도했다. 이 잡지의 '올해의 인물'은 한 해 동안 훌륭한 일을 한 인물이 아니라 그 해 국민들을 멘붕멘털 붕괴 상태로 몰아간 인물들이었다. 기사 제목도 '올해 쫌 너무하신 당신'이었다.

이 기사의 첫 머리를 장식한 자는 그 해 국가인권위원장 연임에 성공한 현병철이었다. 현병철은 2009년 인권위원장에 임명 될 때 "인권위와 인권 현장에 대해 아는 것이 없다"고 주장해 세상을 놀라게 한 인물이다. 현병철은 게다가 "인권위에 대해 모르는 것이 나의 강점"이라는 엽기적인 주장을 펼쳤다. 모르는 게 장점이라니! "아는 것이 힘이다"라는 영국의 철학자 프랜시스 베이컨Francis Bacon의 명언은 어디서 말아 잡수시고 헛소리신가?

인권에 대해 아는 것이 없다던 현병철은 임기 내내 국가인권위원회를 국가인권'외면'위원회로 만드는 데 혁혁한 공을 세웠다. 2009년 7월 업무보고를 받는 자리에서 현병철은 "우리나라에 아직도 여성차별이 존재하느

국회에서 하품을 하는 현병철 전 국가인권위원장 ⓒ민중의소리

냐?"라고 물어 사람들을 놀라게 했다.

　하지만 벌써 다 놀라기에는 한참 이르다. 현병철은 2010년 4월 재한 몽골학교에 방문해 몽골 학생들에게 "야만족이 유럽을 200년 간 지배한 건 대단한 일"이라고 말했다. 졸지에 몽골학교 재학생들이 야만인 취급 받는 순간이었다.

　같은 해 7월 사법연수생들과의 간담회 자리에서는 "우리 사회는 다문화 사회가 됐어요. '깜둥이'도 같이 살고"라는 엽기적 발언을 내뱉었다. 쫓아내도 모자랄 판에 이명박은 그런 현병철을 2012년 국가인권위원장에 연임시켰다. 국가인권위가 6년 동안 이런 자의 손에 들어갔으니 현병철이 그 해 '쫌 너무하신 당신'에 뽑힌 것은 너무나 당연했다. 이명박 집권 마지막 해는 그야말로 말세의 기운이 감돌았던 때였다.

같은 해에 구속된 김찬경 미래저축은행 회장도 '쫌 너무했던 당신'에 선정됐다. 김찬경은 수 천 억 원을 불법 대출하고 고객 돈을 빼돌린 혐의로 구속됐다. 그런데 김찬경은 금융위원회가 저축은행의 영업정지를 발표하기 사흘 전 중국으로 밀항을 시도하다 경찰에 붙잡혔다. 21세기 세계 10대 경제 강국의 저축은행장이 밀항이라니! 그것도 그냥 밀항이 아니라 고객 돈 200억 원을 들고튀려다 붙잡히고 말았다.

김찬경에 관한 황당한 소식은 여기서 그치지 않았다. 김찬경은 1983년 세상을 떠들썩하게 만들었던 이른바 '가짜 서울법대생 사건'의 주인공이었다.

김찬경은 군대에서 서울법대생 김 모 씨를 만나자 "나도 서울법대에 입학한 뒤 곧바로 입대했다"고 거짓말을 하고 제대 후 김 씨가 복학할 때 함께 복학(!)했다. 그리고 김 씨의 소개로 복학생 40여 명을 소개받아 얼굴을 익혔다. 이후 김찬경은 열심히 수업을 들었다. 사건이 들통 나기 직전 해 결혼을 하면서 법대 교수에게 주례를 맡기기도 했다.

김찬경은 서울대 전체 검정고시 출신 학생 대표도 맡았다. 사법고시 1차에 합격했다고 뻥을 치고 한 가정집에 가정교사로 들어가 180만 원을 뜯어냈다. 그리고 결혼 후에는 이 집을 다시 찾아가 졸업 후에 갚겠다며 그 집을 담보로 은행 대출까지 받았다. 김찬경의 실로 화려한 사기 행각은 졸업앨범을 제작하는 과정에서야 비로소 밝혀졌다. 마침 그 해부터 서울법대에서 졸업앨범을 제작할 때 재학생들의 본적을 확인했던 것이다.

그런 사기꾼이 저축은행장이 된 것도 황당하지만 제일 웃긴 대목은 김찬경이 신용불량자 신분으로 저축은행장을 맡았다는 사실이었다. 깜둥이 운운하는 자가 국가인권위원장이 되고 신용불량자가 저축은행장이 된다. 이건 뭐 사기꾼 출신 검찰총장, 강도 출신 경찰총장과 비슷한 개념인가?

이런 엽기적인 자들이 2012년 '쫌 너무했던 당신'에 선정됐을 때, 경제계에서도 현병철, 김찬경과 어깨를 나란히 하며 이 분야에 선정된 인물이 있었다. 바로 SK그룹 총수 최태원이 그 주인공이었다.

최태원은 그 해에 회사 돈 465억 원을 횡령한 혐의로 법정에 섰다. 그런데 횡령한 이유가 엽기적이었다. 점쟁이 말만 믿고 재산 불리겠다며 회사 돈을 횡령했다가 덜미를 잡힌 것이다. 한국 재벌들이 점쟁이들과 밀착해 온 역사는 이제부터 살펴볼 참이지만, 점쟁이한테 홀려 회사 돈을 횡령한 일은 사상 처음이었다. 이 정도면 최태원이 현병철, 김찬경과 능히 어깨를 나란히 할 만하지 않은가?

재벌과 점쟁이들, 그 유착의 역사

원래 무능력한 자들은 점쟁이의 점괘에 자신의 운명을 쉽게 맡긴다. 한국의 재벌들 중 상당수도 이성과 상식을 바탕으로 경영을 하는 대신 점쟁이들에게 그룹의 운명을 맡겼다. 삼성 창업주 이병철이 당시 희대의 관상가이자 역술인으로 이름을 떨친 일명 함양의 박 도사, 박재현을 끔찍이 아꼈다는 사실은 『한국 재벌 흑역사』 1권에서 상세히 다뤘으니 여기서는 생략하기로 한다.

LG그룹 회장 구본무는 파주에 LCD공장을 지을 때 사고가 자주 일어나자 풍수지리학자를 불러 길흉을 봤다고 한다. 공장을 지을 때 사고가 발생하면 안전관리를 강화해야 하는 게 상식인데 4대 재벌 총수는 풍수학자를 불러 원인을 찾고 앉아 있다.

LG그룹에서 분리 독립한 LS그룹은 2006년 용산 국제센터빌딩현 LS용산타워을 인수했다. 이때 LS그룹은 그룹 차원에서 심도 깊은 토의를 거쳤다고 한다.

원래 이 빌딩은 국제그룹의 것이었지만 국제그룹은 전두환에게 밉보여 공중분해됐다. 이후 한일그룹 소유가 됐는데 한일그룹조차 IMF 때 부도를 맞았다. 그래서 LS그룹이 심도 깊게 토의했다는 게 풍수학자들의 의견을 수집했다는 것이다. 심도 깊게 그룹 경영 잘 할 방안을 토론하는 게 아니고 풍수학자들의 의견을 심도 깊게 경청했다니 이걸 어떻게 해석해야 할지 참 난감하다.

실제 LS그룹이 빌딩을 리모델링할 때 풍수 전문가도 참여했는데 그 전문가에 따르면 건물 이름을 국제센터빌딩에서 LS용산타워로 바꾼 것도 개명改名을 통해 살기가 퍼지는 것을 막기 위한 수단이었다. 또 LS그룹은 건물에서 뿜어져 나온 살기를 제압하기 위해 빌딩 북동쪽에 연못을 조성했다.

서울 신문로에 위치한 금호아시아나그룹 신사옥에는 수경시설이 설치돼 있다. 수경시설을 설치한 이유는 바로 옆 흥국생명빌딩에 설치된 미국의 조

각가 조나단 보로프스키Jonathan Borofsky의 10미터짜리 조형물 '해머링 맨' 때문이었다.

이 조형물은 보로프스키의 명작이긴 하지만 풍수학자들은 이 조형물이 좋은 기운을 파괴하는 살기를 내뿜는다고 주장했다. 그래서 흥국생명의 지배자인 태광그룹 총수 이호진이 구속됐다는 게 풍수학자들의 주장이었다.

그런데 아무리 생각해봐도 이호진이 구속된 건 '해머링 맨'이 내뿜은 살기 때문이 아니다. 그것은 이호진이 회사 돈 400억 원을 횡령하고 골프 연습장을 헐값에 매도해 태광그룹에 975억 원의 손해를 끼쳤기 때문이다. 이호진이 횡령을 저지른 것과 해머링 맨이 도대체 무슨 상관이란 말인가?

그런데 이 어처구니 없는 이야기를 금호아시아나 그룹은 진지하게 받아들인 모양이다. 바로 옆 건물에 해머링 맨이 있으니 이를 어찌 막을까 자기들 딴에 열심히 머리를 굴렸다. 그래서 내린 결론이 풍수 전문가의 조언을 받아들여 해머링 맨과 마주한 곳에 수경시설을 설치한 것이다. "망치로 물을 내리치면 출렁거릴 뿐 깨지지 않는다"는 게 이 풍수 전문가의 주장이었다. 참 재미있게 놀고들 계신다.

하도 한심해서 하나만 덧붙이자면 이 회사 총수 박삼구는 매월 한 번씩 서울 강서구에 있는 금호아시아나항공 본사를 방문해 여승무원을 성추행한 전력이 있다. 여승무원들이 본사 1층 로비에 커다란 원 모양으로 둘러서서 대기하다가 박삼구가 본사를 방문하면 열렬히 손뼉을 치며 맞이해야 했다. 박삼구는 그런 여승무원 사이를 헤집고 30분 동안 돌아다니며 손을 주무르고 껴안고를 반복했다. 박삼구는 또 대놓고 "젊은 여자들의 기氣를 받으러 온다"고 떠들었다.

한 여승무원은 "박 회장이 여자 많은 부서만 돌면 각 팀 여자들이 아양을
떨고, 그 중 데면데면한 직원 있으면 (박 회장이) '너는 나 안 안아주냐?'며
강제추행한다"고 폭로했다. 진심으로 묻는다. 너 같으면 안아주고 싶겠냐?

부채도사에게 홀린 최태원, 또 다시 범죄 행각에 나서다

2011년 3월 검찰이 베넥스인베스트먼트라는 투자회사를 덮쳤다. 주가지
수 선물과 옵션에 주로 투자를 했던 이 회사 대표 김준홍이 주가를 조작한
혐의가 발견됐기 때문이었다.

그런데 검찰이 덮친 이 회사 금고에서 뜻밖의 수표가 무더기로 발견됐다.
173억 원에 이르는 수표를 추적해보니 수표 주인이 최태원의 동생이자 당
시 SK그룹 부회장을 맡았던 최재원으로 밝혀진 것이다.

신중하게 자금 흐름을 추적하던 검찰은 같은 해 11월 SK그룹 지주회사
와 주요 계열사 등 10여 곳을 압수수색했다. 173억 원 뿐 아니라 출처가 소
명되지 않는 수천 억 원의 돈이 SK그룹으로부터 베넥스인베스트먼트로 흘
러들어온 사실이 밝혀졌기 때문이었다. 검찰 수사 결과 SK그룹으로부터
베넥스인베스트먼트로 흘러들어온 돈은 무려 2800억 원이었다. 김준홍은
이 2800억 중 1800억 원을 빼돌린 혐의로 결국 구속됐다.

그런데 SK그룹으로부터 흘러들어온 2800억 원 중 정상적이지 않은 돈
이 상당액 포착됐다. 그 돈은 바로 최태원이 회사 돈을 개인적으로 횡령해
투자회사에 맡긴 것이었다.

'부채도사'로 이름을 떨쳤던 김원홍 전 SK고문이 구속되는 모습 ⓒ연합뉴스

　여기까지만 해도 이 사건 역시 '반도 재벌들의 흔한 악행'이었을지 모른다. 하지만 사건을 파헤칠수록 이해하기 어려운 사실들이 속속 드러났다. 최태원이 횡령한 돈은 465억 원. 그런데 최태원이 거액을 빼돌린 이유가 한 점쟁이의 말에 속았기 때문이라는 게 사건의 요체였다.

　최태원의 마음을 사로잡은 점쟁이는 김원홍이라는 인물이었다. 김원홍은 1961년 경북 경주에서 태어났고 1990년대에는 증권사에도 근무했던 '여의도 맨' 출신으로, 어느 날 갑자기 신내림을 받고 점쟁이로 변신했다.

　김원홍이 최태원을 처음 만난 때는 1999년이었다. 김원홍은 이전부터

SK그룹 2인자이자 한국을 대표하는 전문경영인 취급을 받던 손길승과 각별한 친분을 유지했다. 1998년 최종현이 세상을 떠나자 김원홍은 손길승을 다리 삼아 장례식에 참석하기도 했다. 그리고 김원홍은 손길승의 소개로 1999년 마침내 최태원과 대면할 기회를 얻었다.

김원홍의 영빨이 대단하다는 이야기를 들은 최태원은 가지고 있던 현금을 김원홍에게 맡겼다. 김원홍은 최태원으로부터 받은 돈 100억 원을 단숨에 300억 원대로 불려 최태원의 마음을 훔쳤다.

김원홍은 최태원 앞에서 각종 신기를 발휘했다. 하루는 김원홍이 숫자를 적은 뒤 봉투에 넣고 최태원에게 "이틀 뒤에 열어보라"고 말했는데, 이틀 뒤 최태원이 봉투를 열어보니 그 숫자가 그날 종합주가지수와 일치했다는 것이다. 김원홍은 이런 재주를 선보이며 여의도에서 '부채도사'라는 별명까지 얻었다.

특히 김원홍이 실력을 발휘한 분야는 선물투자였다. 선물투자는 수익률과 손실률이 주식 투자에 비해 7~8배에 이를 정도로 다이내믹한 분야다. 한번 빠지면 도박에 빠진 것과 같이 헤어 나오기가 어렵다는 말이 있을 정도다. 선물투자는 그만큼 대박의 확률도 높고 쪽박의 확률도 높다.

그런데 김원홍이 이 분야에서 신들린 듯한 점괘를 과시하자 최태원은 일확천금을 얻을 망상에 빠졌다. 최태원은 김원홍을 너무나 아낀 나머지 그에게 SK해운 고문이라는 직책을 내렸다. 또 최태원은 자식들에게도 "김 고문을 아버지처럼 대하라"고 타일렀다.

2010년 김원홍이 부친상을 당했다. 최태원은 경주로 직접 달려가 빈소에서 잔심부름에 나섰다. 재벌 총수가 부채도사 빈소에서 육개장을 나르는 모습을 상상해보라! 이 어찌 코미디라 하지 않을 수 있나?

최태원은 사람들이 잘 챙기지 않는 49재에도 김원홍 집을 방문했다. 경주의 한 기업인이 "김원홍이 대단하다는 소문은 들었지만 최태원 회장이 49재 날까지 찾아올 줄은 몰랐다"며 놀라워했다. 기세가 오른 김원홍은 주변사람들에게 자신을 '묻지마 회장님'이라고 부르라면서 "내가 시키는 대로 하라"고 떠들어댔다.

하지만 진실을 추정해보자면 김원홍이 진짜로 신기가 있는 사람은 아니었던 모양이다. SK글로벌 분식회계가 터졌던 2003년 그룹 2인자 손길승이 SK해운 자금 7884억 원을 횡령해 해외 선물투자에 나섰다가 5184억 원을 날린 일이 있었다. 그 일로 손길승은 구속됐다. 그런데 손길승에게 해외 선물투자를 권한 인물이 바로 김원홍이었다. 부채도사의 영빨이 내수용이어서 국제무대에서는 신통력을 별로 발휘하지 못했던 모양이다.

하지만 이런 엄청난 실패에도 최태원은 김원홍에 대한 신뢰를 거두지 않았다. 심지어 최태원은 선물투자뿐 아니라 다양한 분야의 경영 자문도 부채도사에게 의지했다.

최태원은 2005년부터 선물과 옵션 투자금으로 무려 6000억 원을 김원홍에게 건넸다. 자신의 급여는 물론이고 동생인 최재원의 급여와 부동산 처분 대금, SK 상장 계열사 주식 매도대금 등을 '몰빵'으로 김원홍에게 전달했다. 하지만 영빨이 다한 부채도사는 그 돈을 불리기는커녕 대부분을 날렸다. 보통 이 정도 되면 사기를 당했다고 알아채야 하는 게 정상인데 눈이 삔 최태원은 이후에도 손실을 만회하기 위해 지속적으로 돈을 김원홍에게 전달했다.

최태원은 2007년 4월부터 한번에 100억 원 이상씩 김원홍에게 갖다 바쳤다. 투자금 대부분은 최태원이 보유했던 SK㈜ 주식을 담보로 대출을 받아 조달했다. 그런데 2008년 9~10월 미국발 금융위기가 터지면서 SK㈜ 주가가 폭락했다. 담보 가치가 폭락하는 바람에 최태원은 제1금융권은 물론 저축은행에서도 돈을 마련하기가 어려워졌다.

결국 최태원은 회사 돈에 손을 대기에 이른다. SK텔레콤, SKC&C 등 주력 계열사들이 465억 원을 마련했고 최태원이 이 돈을 김원홍에게 전달한 것이다. 김원홍은 이 돈을 김준홍 베넥스인베스트먼트 대표에게 맡겼고 김준홍은 이 돈을 들고튀려다 붙잡혔다.

재판 과정에서 최태원은 실로 찌질한 모습을 감추지 않았다. 최태원은 "나는 횡령 사실을 모른다. 모든 일은 동생 최재원이 한 일"이라고 박박 우겼다. 형제끼리 미리 말을 맞췄는지 최재원도 "모든 일은 형 몰래 내가 벌인 것"이라며 죄를 뒤집어쓰려 했다.

하지만 2013년 1월 재판부는 최태원이 횡령을 주도했다는 판결을 내렸다. 징역 4년형의 실형이 선고됐다. 최태원은 판결 결과를 듣고서도 "제가 진짜 제대로 입증을 하지 못했는지 모르겠지만 저는 이런 사건 전체를 하지 않았습니다. 이 일에 전혀 인볼브^{관여}되지 않았고 이 일에 대해 전혀 모릅니다. 이 말씀 하나입니다"라고 저항했다. 하지만 2심에서도, 상고심에서도 판결은 뒤집어지지 않았다. 최태원이 부채도사에게 홀려 회사 돈 465억 원을 횡령한 사실이 너무나 명백했기 때문이었다.

게리 베커의 범죄의 경제학

1992년 노벨경제학상을 수상한 게리 베커Gary Becker 시카고 대학교 교수는 범죄경제학이라는 독특한 영역을 개척한 경제학자로 불린다. 베커는 범인이 범죄를 결심할 때 범죄에 드는 비용과 범죄가 가져올 이익을 비교해서 어느 쪽이 큰지를 판단한 뒤 범행 여부를 결정한다고 주장했다.

여담이지만 베커가 이런 이론을 발전시킨 데에는 본인의 경험이 크게 작용했다고 한다. 베커가 컬럼비아 대학교에서 강의를 할 때 지각을 한 적이 있었던 모양이다. 그런데 하필이면 그 날 주차장이 만차 상태였다.

베커는 불법주차를 할 것인가를 고민하다가 스스로 번개처럼 비용과 이익을 계산하는 자신의 모습을 발견했다. 불법주차로 시간을 벌어 강의 시간을 지켰을 때 얻는 이익학생들에게 신뢰를 얻고 학교로부터 징계도 피하고 등과 불법주차로 치러야 하는 비용딱지를 뗄 확률과 딱지를 뗐을 때의 벌금을 순식간에 고려해 비교했다는 것이다.

베커의 주장대로 범죄란 범죄가 가져다주는 이익이 비용보다 클 때 발생한다면 범죄의 비용을 어떻게 계산하는지를 먼저 확인해야 한다. 베커는 범죄 때 예상되는 비용을 '적발될 확률기소 가능성 × 처벌 강도형량'라는 공식으로 수치화했다.

예를 들어 불법주차를 할 때 과태료가 5만 원이고 적발될 확률이 10%라면 한 번 불법 주차를 할 때 예상되는 비용은 '5만 원 × 10%'인 5000원이 된다. 그러니 불법주차로 얻는 이익이 5000원 이상이면 그는 불법주차를 할 것이고 이익이 5000원 미만이라면 그는 시간이 걸리더라도 주차장을 찾게 될 것이다.

우리는 지금까지 한국 10대 재벌 중 처음으로 두 번이나 구속된 파렴치범 최태원의 범죄 행각을 살펴봤다. 그런데 궁금한 점이 있다. 재벌 총수 쯤 되면 한 번 구속이 되면 상식적으로 정신을 좀 차려야 한다. 구속이 얼마나 무서운 일인지를 알았다면 더더욱 그렇다. 그런데 최태원은 너무도 쉽게, 그것도 점쟁이의 말을 믿고 회사 돈을 횡령하는 두 번째 범죄를 저질렀다.

최태원은 왜 이렇게 반복적으로 범죄를 저질렀을까? 베커의 범죄경제학을 응용해보자면 최태원은 범죄를 통해 얻는 이익과 범죄에 드는 비용을 비교해봤을 것이다. 그리고 비용에 비해 이익이 현저히 크다는 판단을 내렸을 것이다. 범죄에 드는 비용은 '적발될 확률_{기소 가능성} × 처벌 강도_{형량}'로 계산된다고 했다.

그런데 한국은 재벌들의 범죄에 대한 검거율이 형편없이 낮은 나라다. 최태원은 '비록 내가 한 번 구속되긴 했지만 그건 운이 나빠서였어'라고 판단했을 것이다. 자기처럼 횡령하고 사기 치는 주변 재벌들이 버젓이 구속되지 않고 잘 사는 모습도 그런 판단에 도움이 됐을 것이다.

처벌 강도도 현저히 낮았다. 앞에서 살펴봤듯이 최태원은 2003년 SK네트웍스 분식회계를 지휘한 혐의로 구속됐지만 딱 7개월 만에 보석됐다. 분식회계 규모가 1조 5000억 원대였는데도 그가 받은 형벌은 고작 감옥살이 7개월이었다.

당연히 최태원은 적발될 확률과 형량을 모두 고려한 끝에 범죄를 다시 저지르는 것이 이익이라고 판단했을 것이다. 이게 바로 최태원이 재범에 나선 이유이고 한국 재벌이 반복적으로 범죄를 저지르는 이유다. 첫째, 얻을 수 있는 이익이 막대하고 둘째, 검거될 확률이 거의 없으며. 셋째, 설혹 적발되더라도 "경제 발전을 위해 어쩌고~" 몇 마디 하면 풀려날 수 있기 때문이다.

이를 막기 위해서는 당연히 재벌 범죄에 대한 검거율을 높이고 처벌을 강화해야 한다. 전과 2범 최태원이 다시는 범죄를 저지르지 않을 것이라고 누가 장담할 것인가? 두 번째 구속도 사면을 받아 풀려난 마당에 말이다. 게다가 최태원은 부채도사가 봉투 하나만 건네도 회사 돈 465억 원을 빼돌리는 비정상적인 멘털의 소유자다. 한국 경제가 최태원 같은 전과자들이 판치는 곳이 되지 않기 위해서는 다시는 최태원 같은 범죄자를 사면하지 말고 응당한 벌을 받게 해야 한다.

바지사장은 결코 오너를 넘어설 수 없다
- 손길승과 전문경영인

갤러리 겸 카페? 이상한 장소에서 벌어진 성추행

강남에서 돈 많은 사람들이 찾는 술집 중에는 범인凡人들이 이해하기 어려운 희한한 장소들도 있는 모양이다.

예를 들어 '갤러리 겸 카페'라는 곳이 있다고 한다. 주요 공간에는 미술작품이 전시돼 있어 분명히 갤러리처럼 보이는데 으슥한 곳에는 VIP룸이라고 된 술을 마실 수 있는 공간이 있다. 푹신한 소파와 중후한 대리석 테이블이 놓여있는 VIP룸에는 고급 양주와 와인, 그리고 숙취해소 음료가 비치돼 있다. 갤러리라는 이름을 걷어내고 나면 이 방은 고급 룸살롱과 다를 바 없는 공간이 된다.

2016년 5월 3일 서울 강남구 압구정동에 있는 한 '갤러리 겸 카페'에 나이 일흔을 넘긴 노신사가 방문했다. 노신사는 카페 사장, 혹은 갤러리 관장으로 불리는 여사장과 잘 알고 지내는 듯 보였다. 노신사는 관장의 안내에 따라 VIP룸으로 들어갔다.

VIP룸에 20대 여종업원이 동석했다. 70대 노신사는 나이가 쉰 살 가까이 차이가 나는 여종업원의 다리를 만지고 어깨를 주물렀다. 종업원은 분명한 거부의 의사를 밝혔지만 노신사의 치근거림은 멈추지 않았다.

견디다 못한 종업원이 자리를 박차고 나갔다. 그러자 갤러리 관장 겸 사장이 뛰쳐나와 종업원을 붙잡았다. 종업원은 "손님이 안마를 시키고 이상한 행동을 해 다시 들어가기 싫다"며 거부의 뜻을 재차 밝혔지만 사장은 "아버지 같은 분이니까 어깨를 좀 주물러 주라"며 결국 종업원의 손을 이끌고 VIP룸으로 돌아왔다. 싫다고 뛰쳐나간 사람이었는데도 노신사는 아랑곳하지 않고 다시 그 종업원을 껴안고 신체를 더듬었다.

종업원은 이 명백한 성추행 사건을 경찰에 신고했다. 자신을 추행한 노신사는 물론, 성추행을 방조한 사장도 함께 신고했다.

경찰은 카페에 설치된 CCTV를 확인했다. 그리고 노신사가 성추행한 장면을 확보했다. 경찰은 노신사를 성추행 혐의로 약식 기소했고 이듬해 4월 노신사는 벌금 500만 원과 성폭력 치료 40시간을 수료하라는 명령을 받았다.

지금까지 좋게 표현해서 노'신사'라고 불러줬지만 이런 자는 전형적인 성추행범이다. 싫다는 사람을 붙잡고 신체를 더듬는 지저분한 범죄자에게 '신사'라는 표현이 적절할 리가 없다. 이 성추행범의 이름은 한때 SK그룹의 2인자로 불렸던 손길승. 과거 SK그룹 회장이었고 전문경영인으로는 처음으로 전경련 회장에 올랐던 인물이기도 하다.

성추행 사건에 대한 손길승의 변명을 들어보자. 우선 손길승은 "해당 카페는 오래 알고 있던 사람이 새로 개업한 곳이라 인사차 들러 10여 분 간 머물러 있었다"고 답했다. 손길승에 따르면 종업원이 방을 뛰쳐나갔다가 돌아왔고, 두 차례에 걸쳐 종업원을 추행했는데 그게 고작 10여 분 안에 벌어졌다는 이야기다.

이 말은 손길승이 그냥 대놓고 성추행을 하러 들어갔다는 것을 뜻한다. 우발적 사건이 아니라는 이야기다. 사람이 '이래도 되나? 분위기를 좀 봐야 되나?' 이런 걸 고민하고 어쨌다면 저 일은 절대 10여 분 안에 일어날 수 없다. 10여 분 동안 그 일을 할 수 있는 사람은 애초부터 여종업원이 들어오면 성추행을 하려고 마음을 먹은 사람뿐이다.

둘째, 사건이 벌어지자 손길승은 SK그룹을 통해 "평소 알고 지내던 사장이 가게를 새로 열어 간 자리였고, (종업원에게) 불쾌감을 줄 의도는 전혀 없었다. 10여 분 간 머물고 나오면서 종업원에게 격려까지 해주고 나왔고, 당시는 물론이고 이 사실을 알기 전까지 종업원이 불편하게 생각하고 있던 것을 전혀 알지 못했다"고 밝혔다.

하지만 CCTV를 확인한 경찰은 그 장면에 대해 "강제추행 혐의를 적용할 수 있는 정도의 행위였다"라고 분명히 밝혔다. 재판부 또한 "추행 방법이나 부위에 비춰 종업원이 여성으로서 상당한 성적 수치심과 모욕감을 느꼈을 것"이라고 판단했다. 누가 봐도 지저분하게 성추행을 했다는 이야기다.

그런데 손길승은 자기가 성추행을 했다는 사실을 신고를 당할 때까지 몰랐다고 한다. CCTV를 본 제3자들은 다 성추행이라고 판단하는데 자기는 그게 범죄인지도 몰랐다는 이야기다. 불쾌감을 줄 의도도 없었단다. 도대체 이런 자들의 머리에는 뭐가 들어서 처음 보는 여성의 다리를 만지고 뒤

손길승 전 회장이 성추행을 저지른 갤러리 겸 카페의 외부 전경 ⓒ민중의소리

에서 껴안는 게 불쾌감을 주지 않는다고 확신하는 것일까?

손길승이 댄 핑계 중 압권은 "종업원에게 격려까지 해주고 나왔다"는 대목이다. 그래서 성추행을 한 다음에 뭐라고 격려해 줬는지 정말 궁금하다. 뭐 "화이팅!" 이런 거 외치고 나왔다는 이야기인가?

결국은 바지 사장에 불과했던 2인자들

손길승이 경제계에서 가장 주목을 받았던 때는 2003년이었다. 손길승은 이전부터 SK그룹의 확고한 2인자로 불렸지만 이 해에 마침내 전경련 회장이 되는 놀라운 장면을 연출했다. 1961년 설립 이후 전경련의 수장은 항상 재벌 오너의 몫이었다. 그런 전경련이 사상 최초로 오너가 아닌 전문경영인 손길승을 새로운 선장으로 맞이한 것이다.

손길승이 전경련의 수장이 된 이유는 사실 복합적이었다. 하지만 무엇보다 중요한 이유는 2003년 노무현 정부가 들어서면서 재벌 오너들이 전경련 회장을 맡기를 극도로 꺼렸기 때문이었다. 후보군에 오른 오너들이 줄줄이 고사하면서 전경련 회장직이 공석이 될 우려가 높아졌다. 결국 이들은 오너가 아닌 손길승에게 독이 든 성배를 들도록 했다.

손길승이 자리에 앉은 것은 오너들의 고사 탓이었는데, 막상 그가 전경련 회장에 오르자 오너들은 그를 못마땅해 했다. "어디 야도이'고용 사장'이라는 뜻의 일본어로 한국에서는 힘이 없는 '바지 사장'이라는 비하의 의미가 강하다 따위가 오너들 위에서 리더를 하려 하느냐?"는 소리가 나왔다. 모임을 가져도 재벌 2세 오너들이 손길승을 거들떠보지도 않는다는 소문도 퍼졌다. 오너들에게 '야도이'는 자신이 아무 때나 부리고 해고할 수 있는 하인에 불과했다.

소유와 경영의 분리가 아무리 강조돼도, 전문 경영인의 중요성이 아무리 부각돼도, 한국에서 오너가 아닌 최고경영자CEO는 '전문 경영인'이 아니라 '야도이'였다. 평범한 회사원으로 출발해 STX그룹을 한 때 재계 12위권의 중견 그룹으로 부상시킨 강덕수 전 STX 회장도 전경련 모임에서 오너들에게 사람 취급을 못 받았다는 소문이 자자했다. 야도이 출신이 회사 좀 키웠다고 재벌 가문과 어깨를 나란히 하는 것을 여타 오너들이 눈꼴시어 했다는 것이다. STX그룹을 파국으로 몰고 간 무리한 사업 확장은, 강덕수가 '오너들보다 더 잘 나가야 한다'는 강박증을 가진 탓이라고 보는 시각도 있을 정도다. 결국 한국에서 야도이는 야도이일 뿐, 오너들은 그들이 오너의 벽을 넘어서는 것을 용납하지 않았던 것이다.

한국에서 재벌 개혁을 원하는 많은 사람들은 소유와 경영을 분리하자고 주장한다. 무능한 오너들을 경영에서 손 떼게 하고 능력 있는 전문경영인으로 하여금 경영을 전담하게 하자는 이야기다.

매우 일리가 있는 주장인데 현실로 들어오면 절망스러운 감정이 앞선다. 재벌 총수들의 무능이나 비도덕이야 말해봐야 입만 아픈 지경이지만 그들을 대체할만한 전문경영인의 풀pool이 한국에 존재하지 않는다는 게 문제다.

경영학에서는 뛰어난 전문경영인을 양성하는 분야가 한 챕터로 따로 독립돼 있을 정도로 중요하게 다뤄진다. 그런데 우리나라에서는 전문경영인이란 전혀 '전문적인 경영'을 하는 사람이 아니다. 그저 총수 입맛을 잘 맞추는 자, 총수에게 아부를 잘 한 자가 전문경영인으로 살아남는다. 그러니 손길승 같은 자가 한국을 대표하는 전문경영인이라는 소리를 듣는 것이다.

또 총수들은 당연히 전문경영인을 존중하지 않는다. 전권을 맡기지도 않는다. 행여 전문경영인의 위상이 조금이라도 높아질라 치면 "어디 야도이가 감히!"라는 말로 전문경영인을 짓밟는다. 이래서는 재벌을 개혁해도 한국 기업을 제대로 이끌어 갈 전문경영인을 찾을 수가 없다. 100년이 넘는 재벌의 역사가 제대로 된 전문경영인의 씨를 말려 버렸다.

총수의 발 끝 한참 아래에 있었던 전문경영인들

한국에서 전문경영인이라고 불렸던 인물들이 어떤 말로를 겪었는지 살펴보면 그들의 위상이 분명해진다. 스쳐 지나가는 수많은 전문경영인들까지 일일이 언급할 필요가 없다. 그들이야말로 오너가 한 번 쓰고 버리는 소모품일 뿐이었다.

우리가 지금부터 살펴보려고 하는 인물들은 한국을 지배하는 삼성그룹에서 막강한 권력을 휘둘렀던 전문경영인들이다. 한때 삼성그룹의 2인자로 불렸던 사람들의 사례를 통해 오너가 지배하는 재벌 사회에서 전문경영인의 위상이 얼마나 허망한 것인지를 알아볼 참이다.

삼성그룹에서 2인자라고 불리는 자들은 주로 비서실장, 구조조정본부장, 전략기획실장, 미래전략실장 등의 호칭으로 불렸다. 이건희가 회장에 오른 시점은 1987년인데 이때만 해도 삼성에는 구조본이니 미전실이니 하는 총괄 조직이 없었다. 당시에는 회장 비서실이 막강한 권한을 휘둘렀다.

삼성의 역사에서 비서실장으로 막강한 권력을 처음 휘두른 이는 '이병철의 분신'이라 불렸던 소병해 전 비서실장이었다. 소병해는 삼성 역사에 기록된 여러 2인자 중 매우 독특한 인물이었다.

우선 그는 정주영의 최측근이었던 이익치 전 현대증권 회장과 함께 한국 재벌 역사에서 가장 강력했던 전문경영인의 권력을 구축했다. 또 한 가지, 소병해는 이병철 시대에 막강한 권한을 자랑했지만, 이건희 시대에도 3년이나 비서실장 자리를 지켰다. 2대에 걸쳐 2인자 자리를 누린 몇 안 되는 인물이라는 이야기다.

1942년생인 소병해는 1967년 25세의 젊은 나이에 공채 8기로 삼성에 입사했다. 그리고 1974년 서른둘의 젊은 나이에 회장 비서실에서 일을 시작했다. 일본말이어서 쓰기가 적절치는 않지만 업계에서 보통 이런 인물을 '가방모찌'라고 부른다. 어떤 사람의 가방을 메고 따라다니며 시중을 드는 사람을 속되게 이르는 일본말이다.

그리고 이 가방모찌들은 오너의 온갖 사생활까지도 관리하는 경우가 많다. 오너의 사생활을 아는 것은 곧 권력이다. 그래서 가방모찌 출신들은 오너로부터 오랜 사랑을 받는다. 비서실에 자리를 잡은 소병해는 1978년 38살의 젊은 나이에 이병철의 비서실장에 오른다. 38세에 그룹 2인자라니, 이병철이 소병해를 얼마나 아꼈는지가 드러나는 대목이다.

당시 회장 비서실은 우리가 생각하는 그런 간단한 의전 조직이 아니었다. 이때 비서실에는 팀만 무려 15개가 존재했고, 직원 숫자도 250명이었다. 비서실이 그룹을 총괄하는 지금의 미래전략실 같은 역할을 한 셈이다.

소병해는 이병철이 세상을 떠난 1987년에도 여전히 비서실장 자리를 지켰다. 그의 나이 마흔 다섯 때 일이었다. 주지하다시피 삼성의 새 리더는 삼남 이건희로 결정됐다. 이건희는 소병해와 동갑이었다.

이건희가 소병해를 3년 동안 비서실장으로 남겨둔 이유는 두 사람 사이가 좋아서가 아니었다. 소병해는 '포스트 이병철 시대'를 대비해 동갑내기 이건희를 여러 차례 견제했고 이건희는 이를 매우 불편하게 생각했다. 심지어 소병해가 이병철 살아생전 자기 조직을 가동해 이건희의 뒤를 캐고 다녔다는 이야기도 있었다.

새로운 총수가 등극했는데 전시대의 2인자가 공존하는 현실. 한국 재벌 역사에서 오너와 전문경영인 사이에 가장 팽팽했던 긴장감이 감돌았던 시기가 바로 이때였다. 짐작이지만 이건희가 집권 즉시 소병해를 내치지 못했던 이유는 소병해가 그룹의 약점을 너무 많이 알고 있었기 때문이었을 것이다.

이건희는 시간을 두고 소병해를 내칠 기회를 찾았다. 이건희는 3년 탈상을 할 때까지 차분히 기다리면서 소병해의 약점을 조사했다. 1990년 이건희는 기습적으로 소병해를 삼성생명 부회장으로 전보시켰다. 외견상 승진이었지만 사실상 소병해를 그룹 핵심에서 몰아낸 축출이었다.

전보 사실을 발표하기 직전 이건희의 지시를 받은 삼성 비서실 직원들은 일제히 소병해 집으로 몰려가 소병해가 개인적으로 갖고 있던 서류와 자료들을 모조리 압수했다. 소병해가 회사 기밀서류를 무기로 삼아 폭로에 나설 것을 대비한 이건희의 '꼼꼼한' 조치였다. 12년 간 2인자의 자리를 지켰던 막강했던 소병해의 시대도 이렇게 허망하게 저물었다.

소병해 다음으로 삼성에서 두각을 나타냈던 전문경영인은 이수빈 현 삼성생명 회장이다. 이수빈은 2018년 현재에도 삼성그룹 내에서 이건희와 함께 회장 직함을 쓰는 단 두 사람 중 한 명이다. 이건희가 비자금 사건으로 현직에서 물러났을 때 그룹 회장의 역할을 대신한 경험도 있다.

이수빈은 소병해가 축출된 이후인 1991년 이건희 시대 제 3대 비서실장 자리에 올랐다. 특이한 것은 그가 이건희의 고교^{서울사대부고} 4년 선배였다는 점이다. 세간에서는 이런 인연으로 이수빈이 막강한 권한을 누릴 것으로

이건희 삼성그룹 회장이 2008년 4월 22일 삼성 비자금 사건에 대해 사과하며 고개를 숙이는 모습 ⓒ민중의소리

생각했다. 그런데 이수빈 시대는 의외의 사건으로 허무하게 막을 내렸다. 1993년 벌어진 이른바 '티스푼 사건'이 그것이다.

3년 만에 소병해를 몰아내는 데 성공한 이건희는 1993년 야심차게 자신의 시대가 왔음을 선언했다. 삼성이 '프랑크푸르트 선언'이라고 부르는 이건희의 개혁 선언이 그것이었다.

이건희는 아버지와 자신의 차별점을 강조하기 위해 1993년 6월 독일 프랑크푸르트로 200여명의 삼성 고위임원을 호출했다. 그리고 여기서 그 유명한 "마누라와 자식만 빼고 다 바꾸라"라는 말을 남겼다. 이건희가 강조한 대목은 "과거 양_量 위주의 경영에서 탈피해서 질_質을 중시하는 경영으로 탈바꿈하자"는 것이었다.

어찌 보면 평범한 경영혁신 선언 같지만 사실 이는 '나는 아버지와 다른 새로운 군주임'을 선포하는 일종의 등극식이었다. 창업자 이병철의 카리스마가 수 십 년 동안 지배했던 삼성에서 아들은 집권 이후 처음으로 '아버지가 중시한 양 위주의 경영을 버리고 내 시대에는 질 위주로 기업을 바꾸겠다'고 밝힌 것이다.

그런데 이 자리에서 이수빈이 눈치 없이 회장의 선언에 토를 달았다. "경영에서 질도 중요하지만 양적 성장도 어느 정도 이뤄져야 합니다"고 발언한 것이다. 물론 회의에서 이 정도 반론도 제기하지 못하면 그건 회의도 아니다. 문제는 한국 재벌들이 이런 건강한 충언을 기분 좋게 들을 정도로 정상적인 사람들이 아니라는 점, 그리고 그 자리가 마침 이건희가 야심차게 준비한 '아버지와의 차별성을 강조한 등극식'이었다는 점에 있었다.

분노한 이건희는 앞에 놓여있던 티스푼을 강속구로 집어던졌다. 당시 회의 녹음 파일이 존재했는데 나중에 그 파일을 들은 사람들은 티스푼이 부딪치는 소리가 어찌나 컸던지 "이건희 회장이 찻잔을 내던진 줄 알았다"고 회고할 정도였다. 2인자 따위가 자기의 야심찬 선언에 토를 다는 모습이 이건희의 격노를 불러온 것이다.

결국 이수빈은 얼마 안 있어 실각했다. 다만 이건희의 고교 선배였던 덕인지 이수빈은 오랫동안 삼성생명에서 전문경영인으로 남을 수 있었다.

신묘사화로 축출된 이학수

이수빈의 공백을 메운 새로운 실세는 삼성그룹 역사상 소병해와 자웅을 겨룰 정도로 막강한 권력을 누렸던 이학수 전 구조조정본부장이었다. 이학수는 이수빈 퇴임 이후 현명관 비서실장 등의 중간다리를 거쳐 1996년 비서실장 자리에 오른다.

소병해의 별명이 '이병철의 분신'이었다면 이학수의 별명은 '이건희의 오른팔'이었다. 삼성에서만 37년을 재직했고 1996년부터 2010년까지 장장 14년 동안 비서실장, 구조조정본부장, 전략기획실장 등을 거친 인물이다.

이학수에 대한 여러 평가가 있지만 그가 그렇게 오래 삼성에서 2인자로 살아남을 수 있었던 중요한 이유 가운데 하나는 그가 재무 전문가라는 사실이었다. 이학수의 비중이 그룹에서 갑자기 커진 때도 외환위기를 겪으면서였다. 이전까지 비서실이라는 이름으로 존재했던 무소불위의 조직이 구조조정본부라는 이름으로 바뀐 것도 1998년 4월의 일이었다.

당시 김대중 정부는 상당한 강도로 재벌개혁을 추진했다. 이건희는 아마 이때 깨달았을 것이다. 과거에는 주먹구구로 회계장부를 조작해도 아무 문제가 없는데, 앞으로 그런 방식으로 회사 돈을 떼먹기는 사실상 불가능한 시대가 열릴 것이라는 사실을 말이다. 김대중 정부가 들어서고 외국 자본이 대거 유입되면서 과거처럼 주먹구구식 탈세를 벌이는 게 아니라 체계적으로 편법을 동원할 필요성이 커진 것이다.

이학수는 이런 면에서 완벽한 스펙을 갖고 있었다. 그는 원래부터 제일모직 관리과 출신이었고 회장 비서실에서도 줄곧 재무담당 임원으로 일했다.

회사에서 빠져나가는 검은 돈에 대해서 누구보다도 정확히 알고 있었던 사람도 이학수였다.

이학수가 2인자로 등극한 이후 가장 먼저 추진한 일이 이재용에 대한 다양한 편법, 불법 증여 작업이었다. 『한국 재벌 흑역사』 1권에서 살펴봤듯이 1996년 이재용에게 처음 60억 원이 증여됐고, 이재용은 이학수의 전문적 '탈세 지식'에 도움을 받아 60억 원을 9조 원으로 불려 나갔다.

삼성 X파일 사건을 기억할 때 중앙일보 전 회장 홍석현의 이름만 떠 올리는 경우가 많다. 이회창 캠프로 돈을 전달하고 검사들에게 떡값을 준 인물이 바로 홍석현이었기 때문이다.

하지만 안기부의 도청파일을 잘 들어보면 홍석현이 삼성의 검은 돈에 대해 상의를 하는 인물이 등장한다. 그가 바로 이학수다. 이학수는 이건희가 처남만큼 믿고 검은 돈 배달을 맡길 정도로 삼성의 검은 돈에 깊숙이 개입했다.

일각에서는 이학수가 14년 동안 그룹의 2인자로 자리매김한 이유를 여기서 찾기도 한다. 소병해가 이병철의 사생활을 낱낱이 알고 있는 인물이었다면, 이학수는 이건희의 검은 돈 문제에 대해 샅샅이 알고 있었던 인물이었다.

그러다가 2007년 삼성 비자금 사건이 터졌다. 이학수는 이 사건을 계기로 삼성전자 고문으로 물러났는데 그의 파워는 여전히 강했다. 문제는 이학수 역시 소병해와 마찬가지로 2인자 주제에(!) 자기의 세력을 구축하려 했다는 점이다. 이건희가 공식적으로 물러나고 이재용의 시대가 서서히 열릴

오랫동안 삼성의 2인자로 불렸던 이학수 전 삼성그룹 부회장 ⓒ민중의소리

무렵 이학수는 자기 측근을 사장단에 대거 등용하며 힘을 과시하기 시작했
다.

특히 2008년부터 2010년까지 이건희가 2선으로 물러났을 때 이학수의
세 불리기는 도드라졌다. '이학수 사단'이 구축됐다는 이야기도 흘러나왔
다. 이건희는 조금도 망설이지 않고 2011년 이학수를 내동댕이쳤다. 이학
수만 내친 게 아니라 이른바 이학수 사단도 피의 숙청을 당했다.

사장단 6, 7명이 해임됐고 그들과 가까웠던 임원들도 줄줄이 목이 달아
났다. 보통 삼성 고위임원들은 퇴직 이후 2~3년 동안 급여와 사무실, 차량

을 제공받는 이른바 '전관예우'를 받았는데, 이학수 사단은 이조차 제대로 받지 못했다. 이 숙청이 너무 광범위하고 신속해서 삼성에서는 이 사건을 '신묘사화^{2011년은 신묘년}'라고 부른다. 이학수의 시대는 이렇게 이건희의 결심 한 번으로 처참하게 저물었다.

삼성 역사에 강력한 이름을 남긴 이들 세 명 전문경영인들에게는 공통점이 한 가지 있다. 총수와 남다른 사적私的인 인연이 있다는 점이다. 일명 '가방모찌'였던 소병해는 이병철의 사생활을 잘 알고 있었다. 재무 전문가 이학수는 이건희와 이재용의 검은 돈 내역을 속속들이 알았다. 티스푼 사건으로 물러났지만 이수빈은 최소한 이건희의 고등학교 선배였다. 게다가 소병해, 이학수는 자기만의 조직도 거느렸다. 이런 막강한 전문경영인들도 결국 총수의 결심에 삽시간에 축출을 당했다. 이게 바로 한국 재벌들이 '야도이' 전문경영인을 대하는 태도다.

최지성과 이재용이 벌인 한편의 코미디

그런데 2017년 여름 구속된 상태에서 재판을 받던 이재용이 황당한 전략을 들고 나왔다. 재판정에서 삼성전자 최지성 전 미래전략실장과 입을 맞춘 뒤 "삼성의 1인자는 이재용이 아니라 최지성이다"라는 주장을 펼친 것이다.

> "저는 삼성그룹 경영 전반을 책임집니다. 이 부회장에게 보고하고 지시받는 관계가 아닙니다." (최지성의 주장)

1인자 이재용을 구하기 위해 1인자를 자처했던 최지성 전 삼성그룹 미래전략실장 ⓒ민중의소리

"그룹 회의나 식사 때 최지성 실장이 항상 상석에 앉습니다." (이재용의

주장)

심지어 최지성은 "이재용 부회장은 얼굴로 나와서 거들고 하긴 했지만"
이라며 감히 그룹 총수를 '얼굴마담'으로 폄훼하기까지 했다. 아무리 짜고
치는 고스톱이라지만 정말 이들의 절박함이 느껴지는 대목이었다. 평소에
는 총수 앞에서 얼굴도 제대로 못 들었을 최지성이 이재용을 살리겠다고 총
수를 얼굴마담으로까지 표현하는 마당이었으니 말이다.

실로 어처구니가 없는 주장이었다. 과거 삼성의 2인자로 불렸던 3인은 총수와 대단히 밀접한 사적 관계가 있었다. 총수의 약점도 알고 있었고 자신을 따르는 조직도 있었다. 그런 소병해, 이학수, 이수빈조차 총수의 한 마디에 권력을 잃고 쫓겨나다시피 했다.

반면 최지성은 비서실 출신도 아니고 재무통도 아니었다. 삼성전자에서 영업으로 잔뼈가 굵은 인물이었다. 2012년 최지성이 미래전략실장으로 선임됐을 때 업계에서는 "무난한 사람을 뽑았다"는 평가가 주류였다. 여기서 '무난'하다는 것은 이건희에서 이재용으로 권력이 넘어가는 시기에 걸림돌이 되지 않을 사람을 이건희가 2인자로 세웠다는 이야기다. 권력 이양기에 2인자가 소병해나 이학수처럼 막강한 힘을 갖는 것을 이건희가 피하고자 했다는 뜻이다.

그런 최지성이 이재용 살리겠다고 "이재용은 얼굴마담이고 사실 내가 삼성의 1인자요" 하고 나섰다. 이게 얼마나 웃긴 일인가? 소병해나 이학수가 저런 말을 했으면 그나마 덜 웃겼을 텐데, 역대 2인자 중에서도 별 볼일 없는 축으로 평가받던 최지성이 1인자를 자처하다니 말이다.

1인자를 가장해 방패막이를 자처했던 최지성은 결국 2017년 8월 25일 이재용 1심 선고에서 유죄를 선고받고 법정구속4년됐다. 2심 때 재판부의 어처구니없는 판결로 이재용과 함께 풀려나긴 했지만 말이다. 1심에서 최지성은 1인자로 인정받아 이재용의 죄를 대신 뒤집어쓰고 구속된 게 아니었다. 1인자 이재용은 당연히 구속됐고, 최지성은 2인자로서 지은 죄를 인정받아 구속됐다. 1인자를 자처해 총수를 구하고자 했던 그의 노력은 가상

했지만 결과는 최악이었다. 1인자 코스프레로 망신만 당한 셈이다.

한국에서 전문경영인이란 고작 이런 존재였다. 총수에게 근접해 총수가 던져주는 떡고물을 받아먹는 자리, 하지만 총수가 언제든지 쫓아낼 수 있는 하찮은 자리가 전문경영인의 자리였다. 이런 상태에서 재벌을 개혁한다고 해도 제대로 된 전문경영인을 양성하기까지 한국은 또 얼마나 많은 시간을 허비해야 하나? 재벌들이 한국 역사에 남긴 적폐의 산이 실로 높기만 하다.

영화 〈베테랑〉의 모티브가 된
최철원의 야구방망이 폭행 사건
- 금수저가 판치는 사회

롯데에 신동학이 있다면 SK에는 최철원이 있다

2015년 영화 〈베테랑〉이 큰 인기를 끌면서 "어이가 없네" 열풍이 불었다. 많은 사람들이 이 영화를 통해 어이를 '어의'로 써서는 안 된다는 사실을 알았다. 그리고 또 많은 사람들이 어이가 맷돌 손잡이라는 새로운 지식을 접했다.

하지만 엄밀히 말해 이는 검증된 사실과 다르다. 어이나 어처구니가 맷돌 손잡이라는 설이 있기는 하지만 아직 검증이 되지 않은 하나의 가설일 뿐이다. 충북대 국어국문학과 조항범 교수의 『정말 궁금한 우리말 100가지』에 따르면 어처구니나 어이의 어원은 아직 제대로 밝혀지지 않았다.

하지만 영화는 영화일 뿐, 영화를 보고 어이가 맷돌의 손잡이인지 아닌지를 너무 진지하게 고민할 필요는 없다. 그게 맷돌의 손잡이면 어떻고 아니면 어떤가? 적어도 우리는 어이가 '어의'가 아니라는 사실은 알았다. 명예 훼손을 트위터에 '명의회손'으로 적는 재벌 3세도 있던데 이 정도면 충분하지 않은가?

영화 〈베테랑〉 포스터. 영화 속 주인공 조태오(유아인)가 화물 노동자를 구타하는 모습은 최철원 전 M&M 대표의 실제 사건을 모티브로 삼은 것이다.

영화의 이 장면은 실제 존재했던 폭행사건을 모티브로 삼은 것이었다. 사건의 주인공은 SK그룹 최태원 회장의 사촌동생 최철원 M&M 전 대표. 최철원은 롯데가문이 낳은 희대의 폭력사범 신동학에 버금갈 정도로 SK가문을 빛낸(?) 인물이다.

2010년 최철원이 경영하던 물류회사 M&M 건물 앞에서 한 탱크로리 노동자가 시위를 벌였다. 이 노동자는 노조에서 탈퇴하지 않는다는 이유로 고용이 승계되지 않아 이에 항의하는 중이었다.

어느 날 최철원은 이 노동자를 사무실로 불렀다. 후한 값을 쳐 탱크로리를 사주겠다는 게 최철원의 제안이었다. 살길이 막막했던 노동자는 탱크로리를 팔기 위해 최철원의 사무실에 들렀다. 이때 최철원은 "탱크로리를 사주겠다. 한 대에 200만 원을 쳐줄 테니 맞아라"며 알루미늄 야구방망이로 노동자를 두들겨 패기 시작했다.

노동자는 어찌됐든 탱크로리를 제 값 받고 팔아야겠다는 생각에 고통을 참으려 했지만, 설마 야구방망이로 때릴 줄은 몰랐다. 열 대를 맞은 노동자가 견디지 못하고 살려달라고 빌었다. 최철원은 "지금부터는 한 대에 300만 원이다"라며 세 대를 더 가격했다. 노동자가 반항하자 최철원은 그의 입에 휴지를 물리고 주먹으로 얼굴을 팼다. 노동자의 얼굴 살점이 떨어져 나갔다.

폭행 이후 최철원이 던지고 나간 수표에는 2000만 원이 적혀 있었다. 그게 바로 매 맞은 값의 대가였다. 여기에 탱크로리 값으로 5000만 원이 추가됐다. 폭행 사건 이후 노동자가 사과를 요구하자 M&M 간부들은 "2000만 원 어치도 맞지 않았다", "돈을 더 받으려고 일부러 맞았다"며 노동자를 모독했다.

영화 〈베테랑〉을 통해 널리 알려진 최철원의 폭행 행각은 이처럼 놀라웠다. 하지만 아직 다 놀라기에는 이르다.

추가로 폭로된 사실에 따르면 최철원은 눈 오는 날 교통 체증으로 지각한 직원들에게 엎드려뻗쳐를 시킨 뒤 곡괭이자루나 삽자루 등으로 두들겨 팼다. 한 중견 간부는 최철원에게 골프채로 얻어터졌는데, 최철원이 얼마나 세게 후려쳤는지 골프채가 부러진 일도 있었다. 도구만으로 사람을 패는 게

성에 안 찼는지 하루는 최철원이 도베르만이라는 품종의 사냥개를 사무실에 끌고 왔다. 그리고 여직원에게 "요즘 불만이 많다며?"라고 말한 뒤 개 줄을 풀고 "물어!"라고 명령했다.

이런 일도 있었다. 최철원은 2006년 자신이 살던 아파트 아랫집 주부가 층간 소음 문제로 경비실에 불만을 제기하자 남자 3명과 함께 알루미늄 야구방망이를 들고 아랫집을 찾았다. 최철원은 아랫집 주인의 목을 잡고 행패를 부렸다. 아랫집 주민은 결국 신변에 위협을 느껴 이사를 했다. 하지만 어쩐 일인지 사건을 담당했던 파출소는 이 사건을 '상호 다툼'으로 처리하고 경찰서에는 보고조차 하지 않았다.

"롯데가 낳은 최고 스타는 이대호가 아니라 신동학"이라는데, SK가 낳은 최고의 스타는 김광현이나 최정이 아니라 최철원이었다. 최철원은 신동학과 달리 진짜로 야구방망이를 휘두르는 데 소질이 있었다.

검찰은 1심에서 최철원에게 '징역 3년 및 야구방망이 몰수형'이라는 희대의 코믹한 구형을 발표했다. '야구방망이 몰수형'이라는 형벌을 우리가 어디서 들어보겠나? 재벌 폭행 역사에 이어 한국 사법 역사에도 최철원은 실로 선명한 족적을 남겼다.

최철원은 평소 자신이 해병대 출신임을 매우 자랑스럽게 여겼다고 한다. 그래서 최철원은 회사를 해병대처럼 만들고 싶어 했다. 최철원은 한 언론과의 인터뷰에서 "훈련병까지 일치단결하는 것이 해병대이고, 이는 M&M의 기업 정신과 일치한다. 우리는 현역보다 더 강한 해병대 정신으로 뭉친 회사"라고 떠들어댔다.

그가 경영했던 M&M 사무실의 벽지는 온통 국방색이었다. 사무실 책장 곳곳에는 탱크나 미사일, UDT^{대한민국 특수부대 수중폭파대} 모형이 놓여있었다. 달력에는 '조국이 부르면 우리는 간다'는 문구도 적혀 있었다. 최철원은 운전을 할 때 장갑차 행렬처럼 5~6대가 일렬로 늘어서서 도로를 점령하듯 달리는 것을 즐겼다. 차선을 바꿀 때에도 무전으로 통화하면서 군대처럼 이동했다.

이런 마초 밀덕^{밀리터리 덕후}이 금수저를 물고 태어나니 사람 패는 것을 아무렇지도 않게 여긴다. 최철원 씨, 당신 정말 대단하다! 당신이 신동학에 버금가는 돌아이라는 사실을 진심으로 인정한다!

재벌을 위해 미쳐 돌아가는 세상

그런데 이 엽기적 폭행 사건은 최철원 말마따나 너무도 "어이가 없네"로 마무리 되고 말았다. 경찰은 죄질이 나쁜 최철원에 대해 사전구속영장을 신청했고 법원도 최철원을 구속했다. 그런데 검찰의 구형은 '징역 3년에 야구방망이 몰수형'에 그쳤다. 사람을 야구방망이로 죽기 직전까지 팬 파렴치범에게 구형된 형량 치고는 너무 낮았다. 말이야 바른말이지, 야구방망이 몰수형이 형벌인가? 게다가 검찰은 한 가지 단서를 더 달았다. 만약 최철원이 피해자와 합의를 하면 구형량을 징역 2년으로 낮추기로 한 것이다.

진짜 문제는 그 다음에 벌어졌다. 기소를 담당했던 형사3부 바로 옆 부서인 형사4부가 최철원에게 구타를 당한 노동자를 업무방해와 일반교통방해 혐의로 기소해버린 것이다. 때린 놈에게는 고작 야구방망이 몰수형 같은 코

맷값 폭행사건의 주인공 최철원 ⓒ민중의소리

믹한 형을 구형하고, 맞은 노동자에게는 교통방해 혐의를 씌워 기소를 한다. 당시 검찰은 노동자를 기소했다는 사실을 최철원이 집행유예를 받을 때까지 공개하지 않았다. 이 황당한 스토리의 끝은 아직 오지 않았다. 노동자를 기소한 검사는 서울중앙지검 형사4부 박철 검사였다. 그런데 박철은 이듬해 SK건설 전무로 당당히 영입됐다.

놀란 기자들이 영입 배경을 묻자(이걸 몰라서 물은 게 아니다!) SK그룹은 "맷값 사건과는 절대 무관한 영입"이라고 주장했다. 헛소리를 해도 이렇게 수준 낮게 하면 곤란하다. 그게 어떻게 연관이 없을 수가 있나?

그래서 SK그룹은 박철 검사를 무슨 전무로 영입했을까? '윤리경영 총괄 임원'으로 영입했단다. 박철이라는 자는 2016년 SK가스에서 부사장으로 승진하면서 윤리경영부문장이라는 직책을 맡았다. 혹시 이들은 '윤리'라는 말의 뜻을 모르는 건가?

최철원은 2011년 2월 1심 재판에서 징역 1년 6개월의 실형을 선고받았다. 그나마 다행스런 일이었었다. 그런데 그로부터 고작 2개월 뒤인 4월 최철원은 초고속 항소심 재판을 통해 집행유예로 석방됐다. 집행유예를 받은 것도 문제이지만 한국의 사법부가 언제 이렇게 항소심을 빨리 처리했는지 전례를 찾아보기 어려울 정도의 재판 속도였다. 보수 성향의 〈동아일보〉조차 "피고인이 '대기업 창업자의 2세'로 사회적으로 관심이 집중된 사건에서 초고속으로 판결을 선고해 풀어준 것은 극히 이례적이다"라고 보도했을 정도였다.

2심 재판부가 최철원을 풀어준 이유는 더 황당했다. "피해자와 합의했고 이 사건으로 사회적 지탄을 받은 점 등을 고려했다"는 것이 이유였다. "사회적 지탄을 받은 점을 고려해 범인을 풀어준다"는 것은 어느 개떡 같은 나라의 법리인가? "사회적 지탄을 받을만한 일을 했으니 가중 처벌한다"가 상식 아닌가? 당시 최철원을 구하기 위해 유명 로펌 변호사 다섯 명이 동원됐는데 이 중 한 명이 항소심 재판장이었던 양현주와 사법연수원 동기였다.

최철원이 풀려나던 날 포털사이트 〈다음〉의 토론방 '아고라'에는 재판부의 판결을 성토하는 1000개가 넘는 댓글이 올라왔다. 하지만 사람 하나를 죽기 직전까지 두들겨 팼던 최철원은 시민들의 분노를 비웃듯 아무 일도 없었던 것처럼 석방됐다. 재벌을 위해 미쳐 돌아가는 세상이었다.

최철원은 재판을 받으면서 "나는 돈만 주면 모든 것이 해결된다고 생각할 만큼 어리석은 사람이 아니다"라고 해명했다. 그래, 다른 건 몰라도 최철원 당신이 어리석은 사람이 아니라는 건 알겠다. 최철원은 돈 많은 집에서 태어난 덕에 사람 마음껏 두들겨 패도 단죄를 받지 않는다는 것을 알고 있었다. 이런 똑똑한 놈을 보겠나!

금수저의 심리를 알아보는 실험

캘리포니아대 버클리 캠퍼스^{이하 UC 버클리} 사회심리학과 폴 피프^{Paul Piff} 교수가 독특한 실험을 한 일이 있었다. 세계적인 천재들만 다닌다는 UC 버클리 재학생을 여럿 불러 두 명씩 짝지은 뒤 모노폴리 게임^{부루마블과 비슷한 게임}을 하도록 한 것이다. 다만 피프는 게임 규칙을 독특하게 정했다. 갑과 을 두 사람이 게임을 한다고 가정하면, 게임 규칙을 절대적으로 갑한테 유리하게 만들어 놓은 것이다.

예를 들면 갑은 을보다 두 배나 많은 돈을 지니고 게임을 시작한다. 갑이 사용하는 말은 모양도 휘황찬란한 고급 차량이었고, 을의 말은 낡은 신발이었다. 갑은 두 개의 주사위를 던질 수 있었고, 을은 한 개의 주사위만 사용해야 했다. 갑은 출발선을 통과할 때마다 두 배의 월급을 받았다. 이렇게 규칙을 정해 놓으면 공정한 게임 자체가 성립이 안 된다. 게임 조건이 갑에게 너무 유리하므로 무조건 갑이 이길 수밖에 없는 게임이었다.

피프는 몰래카메라를 설치해 갑과 을의 행동을 관찰했다. 관찰 결과는 놀라웠다. 당연히 이기는 게임을 했는데도 승리를 목전에 둔 갑의 대부분이 매우 거만한 자세를 보인 것이다.

"나는 이 돈으로 모든 걸 할 수 있어"라거나, "세상을 다 사 버릴까?"라거나, "야, 너는 이제 큰일 났다"라며 상대를 조롱하고 거만을 떨었다. 가진 돈이 늘어날수록 갑은 점점 더 을에게 무례한 말과 행동을 서슴지 않았다. 을의 처지에 동정심을 보이는 갑은 거의 없었다.

게임이 끝나고 피프는 참가자들과 인터뷰를 했다. 갑에게 게임을 마친 소감을 묻자 그들은 공통적으로 "제가 이런 훌륭한 전략을 사용해서 이겼어요!", "우아, 교수님. 저의 이 전략은 정말 대단하지 않았나요?"라며 자신의 뛰어난 능력을 자랑했다. 그들 가운데 누구도 자신의 승리가 애초에 너무 유리하게 정해진 게임 규칙 덕분이었다는 사실을 말하지 않았다. 그래서 실험을 마친 뒤 피프는 이런 결론을 내렸다.

"금수저들은 자신의 성공을 환경적 요인이 아니라 노력과 재능 덕분이라고 생각한다."

피프는 부자와 빈자가 어떤 행동의 차이를 보이는지를 다양한 방법으로 연구했다. 그는 부유층이 대거 모여 사는 미국 로스앤젤레스 해안가의 횡단보도를 관찰했다. 로스앤젤레스에서는 차량이 횡단보도를 만나면 무조건 정지하는 것이 법이다. 관찰 결과 소형 차량일수록 이 법을 잘 지키는 반면 최고급 차량일수록 규칙을 무시하고 보행자 앞을 당당히 지나갔다. 부자들은 준법정신도 낮다는 이야기다. 실제 최철원은 약속시간에 늦었다는 이유로 차를 인도로 몰고 간 일도 있었다.

피프는 '독재자 테스트'라는 실험도 진행했다. 실험에서 피프는 참가자를 A와 B 두 그룹으로 나눴다. 그리고 A 그룹 참가자에게는 10달러를 줬고 B 그룹 참가자에게는 땡전 한 푼 주지 않았다. 피프는 A 그룹 참가자에게 "저쪽 B 그룹 참가자는 한 푼도 받지 못했습니다. 여러분은 각자 받은 10달러를 저쪽 사람들에게 나눠 줄 수 있습니다. 얼마를 나누느냐는 순전히 여러분의 자유입니다. 물론 한 푼도 안 줘도 됩니다"라고 알렸다. A 그룹 참가자는 B 그룹 참가자와 일면식도 없었으며 앞으로도 만날 일이 절대 없었다. 어떤 결과가 나타났을까?

A 그룹 참가자 가운데 연소득 2400만 원 이하인 빈곤층은 연소득 1억 8000만 원 이상의 고소득자보다 평균 44%나 많은 돈을 나눠 줬다. 여유 있는 부자가 더 많이 나눌 것 같지만, 실제로 부자들은 훨씬 더 구두쇠였다.

여러 실험에서 알 수 있듯 금수저는 오만하며, 법을 무시하고, 나눔의 정신도 심각하게 부족하다. 자신보다 사회적 지위가 낮은 사람은 다 자기보다 못난 사람들이어서 멸시받고 천대받아도 괜찮다고 생각한다. 그래서 피프는 이 실험의 제목을 '돈이 당신을 사악하게 만들까?Does money make you mean?' 라고 지었다.

최철원이 판치는 사회가 왜 위험한가?

금수저가 판치는 사회가 위험한 이유가 바로 이것이다. 금수저의 문제는 단지 그들이 재산을 불공정한 방식으로 차지한다는 대목에서 끝나지 않는다. 금수저는 불공정한 게임의 룰을 이용해서 계속 승승장구해 고위층이 된다.

그렇게 금수저가 사회를 좌우하는 위치에 올라서면 이 나라는 어떤 모습이 될까? 그들을 대표하는 인물이 최철원이다. 최철원은 무례하고 동정심이 없으며, 가혹하고 폭력적이었다. 한국 사회는 이런 수많은 최철원의 지배를 받고 있다. 이런 사회가 가난한 사람을 동정하고 이웃과 협동하며, 가진 것을 나누는 협동의 가치를 소중하게 생각할 수 있을까?

최철원은 SK그룹 최종관 전 부회장의 장남이다. 최종관은 SK창업주 최종건, 최종현 형제의 동생으로 최태원에게는 작은아버지가 된다. 여담이지만 최종관 역시 2005년에 실형을 선고받아 감옥살이를 했다. 그런데 다른 재벌과 달리 죄명이 횡령이나 배임이 아니라 사기였다. 투자자 두 명에게 돈을 빌려 가로챈 것이다. 참 구질구질한 집안이다.

최철원은 2002년 SK그룹을 떠나 문제의 그 M&M이라는 회사를 창업했다. 외형상 SK로부터 독립한 것이다. 2004년 〈문화일보〉는 '기업 대물림 사양, 내가 창업'이라는 기사에서 최철원을 모범 사례로 들었다. 〈문화일보〉의 기사를 잠깐 살펴보자.

> 보장된 안락함을 벗어던지고 자수성가의 길로 접어들어 성과를 내고 있는 재벌가 2, 3세들이 늘고 있다. 물론 일반인과 달리 완전 무일푼으로 시작하는 것은 아니다. 하지만 부모 세대가 이뤄놓은 사업체를 그대로 물

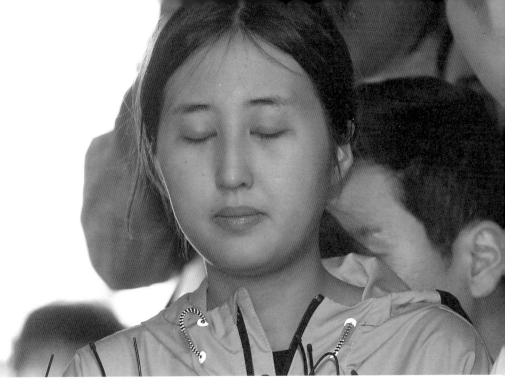

"부모 잘 만나는 것도 능력"이라며 자신이 금수저임을 자랑했던 비선실세 최순실의 딸 정유라 ⓒ민중의소리

려받는 대신 험난한 창업에 뛰어들었다는 점에서 신선한 충격을 주고 있다.

25일 이코노미스트 최신호에 따르면 창업에 뛰어든 재벌가 자손의 대표주자는 인천에 본사를 둔 물류업체 '마이트앤메인(M&M의 당시 이름)'의 대주주 겸 부사장 최철원(35) 전 SK글로벌 상무다. 고려대 경영학과를 나온 최 부사장은……96년 SK그룹 경영기획실 인턴사원으로 입사, 유통·호텔·상사에서 업무를 익혀오다 2002년 3월 33세의 나이에 SK글로벌 신규사업개발팀 상무로 승진했다. 그는 그해 7월 사표를 내고 마이트앤메인을 설립했다. 물류에서는 아직 신예지만 마이트앤메인은 설립 2년차에 매출 200억 원 대 회사로 성장했다.

이상호 전 MBC 기자가 남긴 불멸의 명언을 인용하자면, 이 기사를 쓴 기자가 내 후배였으면 넌 나한테 죽었다. 종합일간지에 쓰는 기사는 역사적 사료다. 역사를 기록하는 사관이 이 따위로 기사를 써서 어디에다 남길 것인가? 얼마나 취재를 대충 했기에 최철원이 홀로 독립한 신실한 청년으로 보이는지 모르겠지만 사실 관계를 조금만 취재해보면 이 기사가 얼마나 엉망인지 금방 알 수 있다.

최철원이 창업한 M&M은 물류회사다. 물류회사란 누군가가 만든 물건을 보관하고 운반하는 일을 한다. 철딱서니 없는 폭행범 최철원이 고작 33세에 창업한 물류회사가 설립 2년차에 매출 220억 원을 올렸다면 기자는 왜 그런 일이 벌어졌는지 의심하고 취재해야 한다. 그게 안 궁금하면 일찌감치 딴 일을 알아보는 게 낫다.

M&M은 2002년 인천에서 보세창고를 차리고 회사를 출범시켰다. 설립 첫 해 53억 원이었던 매출은 2003년 183억 원, 2004년 366억 원, 2005년 448억 원으로 급증했다. 이런 일이 왜 가능했을까? 당연히 SK그룹이 M&M에 일감을 몰아줬기 때문이었다.

M&M의 주력 사업은 SK에너지의 아스팔트 사업, SK텔레콤의 통신장비, 휴대전화, 기지국 장비 검수 및 보관, 운송 및 회수 등이었다. 사실상 SK그룹 물류를 전담하는 회사였다는 이야기다.

이런 땅 짚고 헤엄치기 사업을 못할 사람은 아무도 없다. 회사 하나 세워놓으면 사촌형이 알아서 일감을 몰아주니 당연히 매출이 매년 100억 원씩 뭉텅뭉텅 뛴다. 기자라면 그 현상을 보고 "재벌들이 친인척 회사에 일감 몰아주기를 통해 부를 편법으로 승계하고 있다"고 나무라야 정상이다. 그런데 그걸 "최철원은 독립을 한 건실한 청년이다"라고 말하면 어쩌자는 건가?

SK그룹은 맷값 폭행사건 당시 "최철원은 이미 그룹으로부터 독립한 사람이어서 우리와 상관이 없는 인물"이라고 우겼다. 말도 안 되는 소리다. 그룹으로부터 독립한 사람에게 왜 일감을 몰아주나? 그리고 노동자를 기소한 검사를 왜 이듬해 '윤리 담당 임원'으로 채용하느냐 말이다.

M&M의 주가는 맷값 폭행사건이 터지자 폭락했다. 사회적 파장이 커지자 "SK그룹이 계약을 해지할 것"이라는 소문이 돌았기 때문이다. 그 소문 하나만으로 M&M 주가는 며칠 사이에 20% 가까이 폭락했다.

이후 최철원은 사실상 기업 경영에서 축출됐다. M&M은 증자를 통해 새 주인을 찾았다. 최철원은 2010년 12월에 M&M에서 퇴사했는데 한때 90%에 이르던 그의 지분율은 2.34%까지 떨어졌다. 코스닥 상장 이후 한때 1만 4000원까지 치솟았던 그 회사 주가는 최철원이 퇴임한 직후 255원까지 폭락했다. 사촌형의 일감 몰아주기가 없었으면 아무 일도 못했을 이 폭행범에게 "험난한 창업에 뛰어들었다는 점에서 신선한 충격을 주고 있다"는 평가는 과분해도 너무 과분하다.

최철원은 그 어떤 경영능력도 보이지 못한, 금수저를 물고 태어난 운 좋은 폭행범이었다. 피프의 실험처럼 최철원은 무조건 이길 수밖에 없는 게임을 벌여놓고 그것이 자신의 능력인 줄 착각하고 사람을 멸시했다.

비선 실세 최순실의 딸 정유라는 명문대학에 편법으로 입학한 뒤 "능력 없으면 너희 부모를 원망해. 있는 우리 부모 가지고 감 놔라 배 놔라 하지 말고. 돈도 실력이야. 불만이면 종목을 갈아타야지"라고 떠들었다.

바로 이런 것이다. '돈도 실력이다', '좋은 부모 만난 건 내가 잘난 덕이다'라고 생각하는 최철원과 정유라가 사회 고위층이 되면 그들은 가난을 딛고 어떻게든 살아가려고 애쓰는 사람들을 한심하게 생각하고 멸시한다.

금수저 실험을 진행했던 피프는 "돈이 당신을 얼마나 사악하게 만드느냐?"라고 물었다. 한국 사회는 최철원의 끔찍한 만행을 기록하고 기억하면서 이 질문에 대한 답을 준비해야 한다.

부가 아무런 대가 없이 대물림되는 세상, 금수저가 버젓이 유리한 조건을 이용해 사회 고위층이 되는 세상, 이런 세상은 결코 공정하지 않다.

불륜에도 회사 돈을 쓰는 뻔뻔한 재벌 총수
- 최태원의 석방과 불륜 고백

경제를 살리기 위해 경제사범을 사면하는 코미디

2015년 8월 박근혜의 배려로 마침내 최태원이 사면됐다. 당시 포털 사이트에 올라온 최태원 특별 사면 관련 기사에 기억에 남는 댓글이 있었다.

"최태원을 사면했는데 경제가 안 살아나면 다시 감옥에 넣는 걸로 하자."

2015년 박용만 대한상공회의소 회장이 총대를 메고 엄호사격을 시작하면서 최태원 사면에 대한 목소리가 재벌들 사이에서 높아졌다. 박용만은 그해 1월 "누구를 벌하는 것이 사실은 반성 또는 새로운 개선을 모색하자는 뜻도 있는 건데 마지막 하루까지 꼭 100% 해야 되느냐?"라며 "SK는 첨단 업종으로 아침저녁으로 바뀌는 업종인데 (최 회장이) 그룹의 수장이고 중요한 의사결정을 할 수밖에 없는 위치"라고 말했다.

사회지도층이라는 자들의 법에 대한 의식이 고작 이 정도다. 이런 논리라면 대한민국에 만기출소라는 개념은 있을 수가 없다. 반성을 약속하고 새로

2015년 8월 광복절 특사로 사면을 받은 최태원 회장은 경기도 의정부 교도소에서 출소할 때 두 손으로 성경책을 꼭 쥐고 있었다. ⓒ민중의소리

운 개선만 다짐하면 다 풀어줘야 하나?

그리고 이런 주장을 깨끗한 사람이 했다면 그나마 좀 덜 볼썽사납다. 하지만 아무리 양보해도 박용만은 이런 주장을 할 자격이 없다. 2005년 두산그룹 형제들끼리 치고받던 형제의 난이 벌어졌을 때 두산그룹 총수 형제들은 거액의 비자금을 조성한 혐의로 재판을 받았다. 그 재판에서 박용만은 징역 3년에 집행유예 4년, 벌금 40억 원 형을 선고받았다. 쉽게 말하면 박용만 또한 경제비리사범 전과자라는 뜻이다.

그런 박용만은 구속을 피하기 위해 재빨리 부회장직을 사임했다. 그리고 전경련 등 경제5단체가 박용만의 사면을 청와대에 간곡히 청했다. 박용만은 결국 2007년 특별사면을 얻었다.

박용만이 최태원의 사면을 강하게 주장한 것은 뒤가 구린 자들끼리 서로 돕는다는 재벌들만의 불문율이 있기 때문이다. 자기들도 구린 구석이 많고 언제든지 구속될 확률이 있으니 평소에 피차 돕고 살아야 한다. 상부상조의 아름다운 협동 정신은 이렇게 꽃이 핀다. 끼리끼리 잘들 놀고 있다.

아무튼 박용만 등의 지원사격에 힘을 얻은 SK그룹은 이 해 내내 "최태원 회장이 풀려나야 SK그룹도 살고 나라 경제도 발전한다"는 노래를 부르고 다녔다. 그리고 결국 최태원은 광복절을 맞아 그토록 소망했던 사면을 얻었다.

하지만 다시 생각해봐도 이건 한 편의 개그였다. 경제 범죄자를 풀어줘야 경제가 활성화된다는 주장은 누가 봐도 어불성설이다. 상식적으로 생각해보자. 경제 사범인 재벌 총수들이 감옥에서 형기를 마친다고 해서 그 기업의 의사결정이 더뎌질 리가 있나? 어차피 총수들은 감옥에서도 중요한 의사 결정을 모두 내린다. 하지만 100보 양보해 "의사결정권자가 감옥에서 풀려나야 경영이 원활해진다"는 주장을 인정해도, 그 의사결정권자가 어떤 인물인지를 먼저 파악해 봐야 한다.

최태원은 기업 총수들 중에서도 유난히 심각할 정도로 준법정신이 약한 사람이었다. 2003년 SK글로벌에서 1조 5000억 원 규모의 분식회계를 진두지휘해 구속됐지만 반성하지 않았다. 10년 뒤인 2013년 최태원은 또 점쟁이의 말에 혹해 회사 돈 465억 원을 빼돌려 구속됐다.

확률적으로 두 번이나 횡령과 사기로 기업을 휘청거리게 한 사람이 감옥에서 나와 올바른 의사결정으로 SK그룹을 번영시킬 확률이 더 높겠는가? 아니면 10년 사이에 두 번씩이나 주주와 임직원을 속이고 그룹을 말아먹을 뻔 했던 것처럼 한 번 더 말아먹을 확률이 높겠는가?

주주와 임직원을 두 번이나 속였다면 그것은 '두 번이나 반성했으니 앞으로는 나아질 것이다'는 긍정적인 시그널이 아니라, '두 번이나 그 짓을 했으니 앞으로는 절대로 기업 경영에 발을 붙이지 못하게 해야 한다'는 부정적 시그널이다.

아니나 다를까, 경제 살리라고 특별 사면으로 감옥에서 풀어줬더니 최태원은 5개월 만에 '이혼 추진'이라는 황당한 뉴스로 세간의 중심에 떠올랐다. 최태원이 이혼을 추진한다는 소식이 들리자 SK텔레콤 등 주요 계열사의 주가가 10% 가까이 폭락했다. 이게 박용만과 SK그룹이 주장했던 '최 회장이 풀려나야 그룹 경영이 정상화된다'는 바로 그 모습인가?

SK그룹이 혹시 "간통죄도 폐지된 마당에 불륜은 범죄가 아니다"라는 주장을 하지 말기를 바란다. 최태원은 출소할 당시 성경책을 옆에 끼고 기자들 앞에 등장했다. 그리고 이혼 추진 고백 또한 '신앙적 차원'에서 이뤄진 것이라고 했다.

간통죄가 폐지됐으니 불륜이 법적으로는 죄가 되지 않을지 몰라도 최태원이 그토록 강조하는 신앙의 차원에서 보면 불륜은 엄연한 범죄다. 선지자 모세가 시내산에서 야훼로부터 받은 십계명 중 제 9계명에는 "네 이웃의 아내를 탐하지 말라"는 것이 있다. 그리고 최태원과 내연녀가 사랑을 나눈 때는 내연녀에게 엄연히 남편이 있을 때였다.

아, 혹시 SK그룹이 "내연녀가 살던 곳이 미국이어서 엄밀히 말하면 '이웃'은 아니다"라고 주장할까봐 한 마디 덧붙인다. 십계명에 나오는 '이웃'은 꼭 옆집이나 앞집에 사는 이웃을 뜻하는 게 아니다.

최태원 씨, 최소한 불륜은 자기 돈으로 하는 게 상식입니다

최태원의 불륜이 그냥 불륜에 그쳤다면, 그것 역시 사생활의 영역이다. 성경책 끼고 하나님 말씀에 따라 살겠다고 고백해 사면을 받은 자의 행동치고는 볼썽사납기 짝이 없지만 그래도 그건 최태원의 사생활이다. 최태원이 불륜을 저지르건 말건 한국 사회가 공식적으로 관심을 가질 일이 아니라는 이야기다.

그런데도 우리가 이 일을 기록하지 않을 수 없는 이유가 있다. 롯데 신격호가 이른바 셋째 부인 서미경에게 했던 것처럼 최태원 역시 불륜을 기업 경영이라는 공적 영역으로 끌어들였기 때문이다.

사태의 요지는 이렇다. 2016년 재미교포 블로거 안치용 씨의 폭로와 등기부등본 등에 따르면 최태원의 불륜 상대인 재미교포 김 모 씨는 2008년 서울 반포 에펠바움 2차 아파트를 15억 5000만 원에 사들였다. 그리고 김 씨는 이 아파트를 2년 만인 2010년 4월 24억 원에 팔았다. 시세차액이 8억 5000만 원이었다.

김 씨가 이재理財에 워낙 밝아 부동산 투자를 잘 한 결과라면 상관할 바 아니다. 그런데 아무리 살펴봐도 김 씨가 벌어들인 돈은 그의 능력과 무관한 불로소득이었다. 왜냐하면 애초 김 씨가 사들인 에펠바움 2차 아파트를 분양한 곳이 바로 SK건설이었기 때문이다. 그리고 김 씨가 시세차액을 얻고 그 아파트를 판 곳 또한 다름 아닌 SK그룹 해외 계열사 '버가야 인터내셔널'이었다.

미국에 사는 총수 내연녀가 강남에서 아파트 한 채를 사고팔아 8억 원이 넘는 돈을 벌었는데 그 아파트를 판 곳도 SK, 산 곳도 SK라는 이야기다. 그래서 최태원이 그룹 계열사를 동원해 아파트를 싸게 팔고 비싸게 되사주는 방식으로 내연녀에게 8억 원 이상의 재산을 불려 줬다는 의혹이 제기됐다.

이에 대한 SK그룹의 반론은 황당하기 짝이 없었다. SK그룹의 해명은 "시세에 따른 정상적인 거래"였다는 것이다. 아파트를 매입한 이유에 대해서는 "버가야 인터내셔널 직원들이 한국 출장을 왔을 때 묵을 숙소를 구입한 것"이라는 것이었다.

하지만 실제 거래 내역을 살펴보면 이 거래는 전혀 시세에 따른 정상적인 거래가 아니었다. 김 씨가 아파트를 매매한 2008년부터 2010년 4월까지 전국주택가격 상승률은 고작 5.52%였다. 전국 주택이 5.52% 오르는 동안 김 씨의 아파트만 54.84%가 올랐다는 해명을 누가 쉽게 믿을 수 있을까?

김 씨가 사들인 아파트는 74평짜리였다. 이 아파트의 공시가격을 추적해 보면 해명은 더 황당해진다. 아파트의 2008년 1월 공시가격은 9억 6800만 원. 그런데 2010년 1월 공시가격은 9억 2000만 원으로 되레 5% 가까이 떨어졌다.

공시가격은 5% 떨어졌는데 거래가격은 59%가 오르는 황당한 부동산 거래는 없다. 만약 이 거래가 최태원의 본처인 노소영 관장과 SK계열사 사이에서 이뤄졌다면 이건 국세청에서 너무 쉽게 잡아낼 수 있는 특수관계인에 대한 증여세 추징 대상이다. 하지만 국세청을 탓할 수는 없다. 김 씨가 최태원의 내연녀였다는 사실까지 국세청이 알 수는 없는 노릇이기 때문이다.

"해외 계열사 직원들이 한국에 출장 왔을 때 사용할 숙소 마련을 위해 구입했다"는 SK그룹의 해명도 설득력이 전혀 없다. 계열사가 직원 숙소로 쓰기 위해 고르고 골라서 강남에 아파트를 한 채 구입했는데 마침 부동산에서 소개해 준 집 주인이 공교롭게도 회장님 내연녀일 확률이 몇 %나 되겠나? 이걸 해명이랍시고 내놓은 SK그룹, 당신들이 생각해봐도 그 말이 안 믿겨질 것이다.

아무리 생각해도 이 거래는 최태원이 회사 돈을 내연녀의 재산을 불리는 데 사용한 것으로밖에 볼 수 없다. 경제 사범에도 질이 있는 법이다. 횡령이나 분식회계는 몰라도 그룹 총수라는 자가 '회사 돈으로 불륜을 저지른 인물'이어서는 곤란하다. 최소한 불륜은 자기 돈으로 하는 게 정상이란 이야기다.

비자금을 성매매에 이용하는 파렴치함

최태원이 불륜에 회사 돈을 낭비했다는 의혹은 한국 재벌들의 수준이 어느 정도인지를 극명하게 드러내 주는 한 예에 불과하다. 이번에는 다른 사례를 살펴보자. 2017년 더불어민주당 박용진 의원의 폭로로 밝혀진 사실은

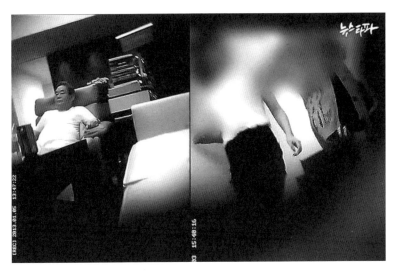

삼성그룹 이건희 회장의 성매매 의혹 동영상 ⓒ뉴스타파

이렇다.

2008년 이른바 삼성 비자금 사건이 터졌을 때 조준웅 특별검사 팀은 무려 4조 5000억 원대의 엄청난 거금이 957개의 계좌에 분산돼 있었다는 사실을 밝혀냈다. 그런데 박용진이 확인한 결과 이건희는 2017년까지 이 돈을 모조리 인출해갔고 1000개에 가까운 계좌는 깡통 상태로 남아 있었다.

자기 돈 자기가 찾아 쓰면 누가 뭐라고 하나? 문제는 그 돈이 세상을 떠들썩하게 했던 삼성 비자금이었고 최소한 금융실명제법과 상속증여세법 위반이 확인된 자금이었다는 데 있다. 삼성과 이건희가 한국 사회를 얼마나 졸로 보고 그 돈을 태연히 인출했는지 모르겠지만, 그 돈은 한 차례도 아니고 두 차례나 온 국민에게 알려진 '유명한 돈'이었다. 그렇게 몰래 인출해가면 감춰질 돈이 아니라 언젠가는 반드시 인출 사실이 폭로될 돈이었다는 이야기다.

이 돈이 유명한 이유는 2008년 삼성 비자금 사태 때문만은 아니다. 특검은 당시 '횡령'을 주장했던 김용철 변호사의 주장을 묵살하고 '상속된 재산'이라는 허무한 결론을 내렸다. 그런데 특검이 이 돈의 원주인을 이병철이라고 인정하자마자 이건희의 형제들이 발끈하고 나섰다.

무려 4조 5000억 원의 원주인이 아버지 이병철이었다면, 3남이었던 이건희가 무슨 명분으로 그 돈을 다 챙겼느냐는 게 이병철의 장남 이맹희의 생각이었다. 이맹희는 즉각 소송을 냈고 이 싸움은 2013년 소송전으로 번졌다.

소송의 승자는 이건희였다. 재판부는 소송 대상이 된 재산이 상속재산이 아니라는 판결을 내렸다. 잠깐! 아까 특검은 '상속된 재산'이어서 그 돈이 이건희 돈이라고 하지 않았나? 그런데 재판부는 '상속된 재산이 아니어서' 그 돈이 이건희 돈이란다.

뭔 법이 이렇게 엉망진창인가. "비자금이니 횡령으로 잡아넣어라!"고 주장하면 특검이 나서 "그 돈은 비자금이 아니고 상속재산이니 횡령이 아니다"라고 결론을 내린다. "그러면 상속재산이니 형제끼리 나눠라!"고 주장하면 법원이 나서 "상속재산이 아니어서 나눌 필요 없이 이건희 혼자 다 가지면 된다"라고 판결을 내린다. 이렇게 법의 잣대가 고무줄처럼 늘었다 줄었다 하니 국민들이 이 돈의 존재를 잊을 수가 없는 것이다.

하지만 특검과 사법부의 고무줄 잣대를 다 인정해도 그 돈은 결코 온전한 이건희의 돈이 아니었다. 우선 이건희는 대놓고 탈세를 했다. 2008년 특검 수사 당시 삼성은 "이 회장이 차명재산을 실명으로 전환하려 했으나 상속세 문제도 있고, 제도적 법적 장치에 위반되지 않기 위해 절차를 밟으려니 너무 어려워 진행하지 못했다"고 진술했다.

이게 무슨 말인가? 그냥 대놓고 "상속세 내기 싫어서 차명으로 관리했다"는 자백이다. 즉 그 4조 5000억 원 중 절반은 무조건 한국사회가 상속세금으로 받아내야 하는 돈이었다는 이야기다.

게다가 차명계좌는 당연히 금융실명제법 위반이다. 실명제법 위반에는 과징금 50%가 따른다. 박용진이 국정감사에서 "과징금 2조 원을 받아내야 한다"고 주장한 것도 이런 맥락이었다. 온갖 면죄부를 다 적용해도 과징금 2조 원 떼고 상속세 2조 원도 떼야 한다. 그런데 이건희는 그 돈을 모조리 인출해 챙겨버렸다.

더 황당한 것은 비자금 사건이 터지자 여론이 두려웠는지 이건희가 자기 입으로 이 돈을 사회에 환원하겠다고 약속했다는 점이다. 특검 수사 발표 이후인 2008년 4월 22일 삼성그룹이 내놓은 이건희의 대국민 사과문 및 경영쇄신안을 살펴보자.

"특검에서 조세포탈 문제가 된 차명계좌는 과거 경영권 보호를 위해 명의 신탁한 것으로 이번에 이건희 회장 실명으로 전환하게 됩니다. 이에 대해 이 회장은 누락된 세금 등을 모두 납부한 후 남는 돈을 회장이나 가족을 위해 쓰지는 않겠다고 하면서 유익한 일에 쓸 수 있는 방도를 찾아보자고 하였습니다."

이거 누가 이렇게 발표하라고 강요한 게 아니다. 삼성과 이건희 스스로 사과문이랍시고 발표한 이야기다. 그리고 그들은 자기 입으로 분명히 말했다. "세금을 모두 납부하고" "남는 돈을 회장이나 가족을 위해 쓰지는 않겠"으며 "유익한 일에 쓸 수 있는 방도를 찾아보"겠다고 말이다. 그렇다면 묻지 않을 수 없다. 약속대로 세금은 제대로 냈나? 당연히 안 냈다. 명색이 글로벌 기업 총수가 대놓고 사기극을 펼쳤다.

그렇다면 그 돈을 '유익한 일'에 썼나? 시민사회는 그 '유익한 일'을 당연히 "사회에 환원하겠다"는 약속으로 생각했다. 그래서 경제개혁연대 등 수많은 시민단체들이 삼성에 지속적으로 물었다. 편법으로 조성하고 상속세마저 탈루한 그 돈, 사회에 어떻게 환원했냐고 말이다. 그때마다 삼성은 "깊은 고민을 하고 있다"는 말만 반복했다.

그런데 비자금 중 일부가 어떻게 사용됐는지가 뜻밖의 두 가지 사건을 통해 밝혀지고 말았다. 2016년 이건희의 '성매매 의심 동영상' 사건이 유포됐을 때, 성매매가 이뤄진 곳으로 의심받았던 장소는 서울 강남구 논현동에 있는 한 빌라였다. 이곳 전세자금은 13억 원이었고 전세 계약자는 삼성 SDS 김인 사장 명의로 돼 있었다.

싱식적으로 계열사 사장이 전세로 계약한 집에서 그룹 총수가 성매매를 할 수는 없다. 아무리 부하 직원을 막 다루는 상사라도 "야, 오늘 나 너희 집에서 성매매 할 테니 집 하루 비워라"고 말하는 일은 벌어지지 않는다. 그래서 당연히 그 전세자금은 김인의 돈이 아니라 회사 돈일 것이라는 추측이

삼성 비자금 의혹을 폭로한 김용철 변호사가 특검의 수사를 촉구하는 기자회견을 하는 모습 ⓒ민중의소리

나왔다. 자칫하면 삼성과 이건희는 '성매매를 위해 회사 돈을 횡령한 총수'
라는 엽기적 기록을 남길 뻔 했다.

　다급해진 삼성이 횡령 혐의를 벗기 위해 마침내 사실을 실토했다. 삼성
고위 관계자가 "전세계약금 13억 원은 (회사 돈을 횡령한 게 아니라) 2008
년 삼성 특검 때 밝혀진 차명계좌에서 지출됐다"고 밝힌 것이다. 이건희가
사회에 환원하기로 한 비자금이 어디로 샜는지에 대한 진실은 이렇게 공개
됐다. 사회에 환원한다고 했던 그 돈의 사용처는 고작 성매매 장소 임대였
다. 삼성이 혹시 "사회 환원이라고 말한 적 없고 '유익한 일'에 쓰겠다고 했

다"고 반론할까봐 한마디 덧붙인다. 총수 성매매가 '유익한 일'이냐?

'유익한 일'의 실체는 또 다른 사건에서 드러났다. 2017년 경찰은 이건희 일가의 자택 인테리어 공사에 회사 자금이 투입된 혐의를 잡고 한남동 이건희 자택을 압수수색했다. 그런데 경찰이 자금 추적을 시작하자 삼성전자 관계자는 〈한겨레신문〉에 "공사 대금으로 준 수표는 이전에 특검으로 밝혀진 계좌"라고 설명했다.

이번에도 횡령으로 엮일까봐 황급히 사실을 실토한 셈인데 결국 '유익한 일'의 두 번째 실체는 이건희 일가 자택 인테리어 공사였단다. 아이고, 퍽이나 유익도 했겠다.

"회사 돈은 곧 내 돈"이라는 그릇된 마인드

2016년 1월 효성그룹 최대주주이자 3세 승계자인 조현준 사장이 자신이 쓴 카드 값 16억 원을 회사 돈으로 메워 넣은 혐의로 법원에서 유죄판결을 받았다. 선고된 형량은 징역 3년에 집행유예 1년 6개월, 사회봉사명령 12시간이었다.

효성은 국내 25위의 재벌이고 조현준의 재산은 5000억 원이 넘는다. 그런데 이런 거부巨富가 고작 카드 값 16억 원 때문에 유죄 판결을 받았다. 물론 이 돈이 일반인에게는 큰돈이겠지만 조현준 정도의 인물에게는 전혀 큰돈이 아니다. 그런데도 조현준은 이런 짓을 했다.

사실 법인카드로 긁은 돈은 정말 어지간한 뻘짓을 하지 않았다면 횡령으로 유죄판결을 받기 쉽지 않은 돈이다. 원래 국세청이 특정 회사에 세무조사를 나가면 가장 논란의 대상이 되는 게 바로 업무추진비와 접대비. 회사 구성원이 쓴 돈이 업무를 위해서 혹은 접대를 위해서 사용됐는지, 아니면 개인적으로 유용했는지 판단이 아주 어렵다는 이야기다. 예를 들어 주말에도 법인카드를 썼다면 국세청은 일단 유용 혐의를 두고 조사를 한다. 하지만 "나는 주말에도 바이어를 만났다"고 소명을 하면 이걸 탈세나 횡령으로 걸기가 아주 애매해진다.

그래서 법인카드 사용이 횡령으로 판단됐다면 이건 정말 황당한 용도로 사용했다는 뜻이 된다. 예를 들어 KBS 이사였던 강규형이 법인카드를 애견카페에서 사용했다가 걸리는 정도쯤 돼야 법인카드 횡령이 인정이 된다.

그래서 법원에서 조현준이 16억 원을 횡령한 혐의를 인정했다는 뜻은 조현준이 그 돈을 누가 봐도 이상한 곳에 썼다는 뜻이다. 적당히 가구 같은 것을 사고 회사 비품 처리, 적당히 술을 마시는 정도 접대비 처리로는 사장의 카드 사용이 쉽게 과세 당국에 걸리지 않는다. 그리고 정말로 심각하게 이상한 곳에 사용한 돈이 16억 원이라면 실제 조현준이 자기 개인을 위해 펑펑 쓰고 다닌 회사 돈은 16억 원의 몇 배가 될 가능성이 높다.

그렇다면 이런 질문을 던지지 않을 수 없다. 설마 4조 원대의 자산가 최태원이 8억 5000만 원이 없어서 내연녀 재산 불리는데 계열사를 동원했을까? 5000억 원대의 자산가 조현준이 16억 원이 없어서 회사 카드를 아무 곳에서나 긁고 다녔을까? 상식적으로 그럴 리가 없다. 그렇다면 도대체 이들은 왜 이러는 것일까? 가장 합리적인 추정은 '한국의 재벌들은 자연스럽게 회사 돈을 자기 돈으로 생각한다'는 것이다. 이 추정이 맞지 않다면 이들의 행태를 설명할 다른 방법이 없다.

그들은 그냥 자연스럽게 '내가 쓴 카드 값은 회사가 내는 게 정상'이라고 생각한다. 계열사 돈으로 아파트를 사고팔아 매매 차익을 남기는 일도 너무 자연스럽다. 반면 내 돈 내고 물건을 사는 일이 되레 이들에게 부자연스럽다.

김용철 변호사가 쓴 『삼성을 생각한다』에 따르면 이건희 회장 일가는 개인적 파티에 회사 돈을 쓰는 것에 아무런 거리낌이 없었다고 한다. 재벌들에게는 '내 호주머니에 든 돈은 당연히 내 돈이고 회사 돈도 당연히 내 돈'이라는 뿌리 깊은 사고가 있다는 이야기다.

재벌들이 운영하는 회사는 개인사업체가 아니다. 엄연히 주주들의 자본금이 합산돼 설립된 주식회사다. 최태원이 SK지분 23%를 갖고 있다면 그는 딱 23%만큼 회사의 주인이다. 조현준이 효성 지분 12%를 갖고 있다면 그는 딱 12%만큼 회사의 주인이다. 상법을 들먹일 필요도 없이 이건 그냥 모든 국민이 알고 있는 상식이다.

하지만 자본주의 시장경제의 이 기초적인 상식조차 그들에게는 통하지 않는다. 그들은 자기 지분이 몇 %이건 '내가 총수니 회사 돈은 다 내 돈'이라는 비뚤어진 사고에 젖어있다.

그래서 한국 사회는 이런 자들의 사고방식을 이해하려는 헛된 수고를 멈춰야 한다. 8억 원, 16억 원이라는 돈이 문제가 아니다. 이런 그릇된 사고방식으로 경영을 제대로 할 리가 없다는 점이 본질적인 문제다. 시민사회가 보다 적극적으로 재벌의 지배구조에 개입해야 할 분명한 이유가 바로 여기에 있다.

애국심 마케팅,
그런데 군대는 다녀오셨나요?

- 재벌들의 병역 기피 백태

애국심이 스펙이라고?

2016년 3월 한 언론이 최태원 SK그룹 회장의 딸인 최민정 당시 해군 중위가 서해 최전방 북방한계선NLL을 방어하는 부대에서 임무를 수행 중이라는 소식을 전했다. 최민정은 2014년 9월 해군사관후보생에 자원입대해 같은 해 11월에 초급 장교로 임관했고 2017년 11월 전역했다. 그런데 당시 인터넷 포털에 실린 최민정에 관한 뉴스에 흥미로운 댓글이 하나 있었다.

"애비는 첩을 지키고 딸은 나라를 지키고"

재벌가 3세 여성으로서 국방의 의무를 다하는 최민정의 도덕성에는 당연히 높은 경의를 표한다. 입만 열면 애국 타령하는 보수 세력 중에서 스스로 자원해 직업 군인이 되는 사람이 많은 것은 아니기 때문이다.

그런데 여기서 한 가지 궁금한 점이 있다. 그렇게 훌륭한 딸을 둔 아버지는 과연 군대를 다녀왔을까? 최민정의 병역 의무 이행이 더 빛이 났던 이유는 그의 군 복무가 '첩을 지키고'의 주인공인 아버지 최태원의 병역 면제와 극명하게 대비됐기 때문이었다. 짐작대로 최태원은 병역을 면제받았고 면제 사유는 '체중 과다'였다.

SK 가문은 재벌 치고는 비교적 병역 의무를 충실히 수행한 집안이었다. 창업주 최종건이 '남자의 패기'를 중시했기에 이 집안 남자들은 대부분 군 복무를 성실히 이행했다. 그런데 최태원은 질병도 아니고 과체중으로 군대를 가지 않았다. 정말로 군 복무를 중시했다면 과체중 정도는 얼마든지 극복할 수 있는 문제였다. 게다가 언론에 보도된 각종 소개 글을 보면 최태원은 어렸을 때부터 만능 스포츠맨이었다. 〈비즈니스포스트〉에 실린 최태원에 대한 소개 기사 'Who Is?_최태원 SK그룹 회장' 기사를 살펴보자.

> "타고난 만능스포츠맨이다. 체격도 좋거니와 본인 스스로도 스포츠를
> 매우 좋아하고 즐긴다. 특히 테니스는 한때 아마추어 중에서는 국내 최
> 고 수준이었다고 한다."

이렇게 운동을 좋아하고 잘 하시는 분이 왜 병역 심사 때에는 운동을 그렇게 게을리 하셔서 과체중이 되셨는지 진심으로 궁금하다. 참고로 점쟁이에게 홀려 최태원과 함께 구속됐던 동생 최재원도 시력문제로 면제를 받았다.

2015년 8월 남북관계의 경색국면이 극심했을 때 SK와 롯데 두 그룹이 총수최태원과 신동빈의 지시로 전역을 연기했던 '애국장병'들을 취업시킨 일이

있었다. 두 회사는 이 사실을 보도자료로 만들어 언론사에 열심히 뿌렸다. SK는 전역을 연기한 장병들을 취업시키면서 "애국심이 스펙"이라는 문장을 사용했다.

정녕 SK가 애국심을 스펙이라고 생각한다면 왜 그룹 총수는 과체중으로 군 면제를 받았는지 질문을 던져야 한다. 기업 이미지를 홍보할 때에만 애국심이 스펙이고 총수가 군대 갈 때에는 애국심이 거추장스러운 장애물인가? 그런 애국심을 어떻게 애국심이라고 부를 수 있냐는 이야기다.

병역기피 분야의 원톱, 삼성 가문

한국 남성 일반인들의 병역 면제율은 평균 6.4%다. 그런데 재벌가의 병역 면제율은 33%로 껑충 뛴다. 무슨 마술을 부렸는지 면제율이 5배 이상 높아진다. 그리고 이 수치는 10대 그룹으로 대상을 좁히면 56%로 치솟는다. 돈이 많을수록 면제율이 높아지는 셈이다. 그렇다면 한국 재벌 1위인 삼성으로 대상을 국한하면 어떨까? 놀랍게도 삼성 가문의 군 면제 비율은 73%나 된다. 10명 중 7명이 군대를 가지 않는 기적이 삼성 가문에서 벌어지는 셈이다.

이 분야에서 가장 엽기적인 스토리를 남긴 주인공은 삼성그룹 창업주 이병철의 장남 이맹희다. 이맹희는 1993년 발간한 자서전 『묻어둔 이야기』에서 자신의 병역 면제 사유를 털어놓았다.

한국전쟁이 시작된 1950년 이맹희는 20세 청년이었다. 그런데 이맹희는 군대 징집을 피하기 위해 일본으로 밀항했다. "전쟁 터지면 한국 부유층들

노소영 관장과 최민정 중위 ⓒ연합뉴스

이 제일 먼저 일본이나 미국으로 도망갈 것"이라는 이야기가 있는데 그 일
이 벌어진 것이다.

더 황당한 것은 이맹희가 설명한 군 도피의 이유다. 이맹희는 친구들이
군 복무를 하러 육사에 들어가는 모습을 보고 "너희들이 그렇게 나라를 훌
륭히 지키리라는 것을 믿었기 때문에 나는 일본으로 가서 조국의 미래를 위
해서 열심히 공부를 했다"라고 설명했다.

도대체 이자들은 부끄러움이라는 것을 모른다. 온 국민이 나눠져야 하는
국방의 의무를 친구들에게 맡기고 자기는 일본으로 튀었다는 이야기를 자

랑스럽게 자서전에 적는 용기는 어디서 나오나? 일반인이 전쟁 시국에 병역을 기피하면 감옥행이다. 그런데 이맹희는 이런 범죄를 뻔뻔스럽게 자서전에 적는다.

이 엽기적 이야기는 여기서 끝나지 않는다. 이맹희가 "나라를 훌륭히 지키리라는 것을 믿었"다는 그 친구들이 누구였을까? 바로 노태우, 정호용, 김복동 등 신군부를 이끌었던 쿠데타 세력이었다. 이맹희와 이들은 경북고 동기동창[32회]이었고 실제로도 매우 친했다. 게다가 이맹희는 전두환의 동생 전경환과도 친분이 있었다. 전경환은 이맹희의 장남 이재현이 어렸을 때 운전수 겸 보디가드를 지냈다.

이맹희가 "나라를 훌륭히 지키리라는 것을 믿었"다는 그 친구들은 나라를 지킨 게 아니라 쿠데타를 통해 반역을 도모하고 국민을 살해했다. 그런데 이 쿠데타 세력들은 권력을 잡은 뒤 우정을 발휘한답시고 이맹희에게 "삼성 총수 자리를 찾아주겠다"고 꼬드겼다. 삼성가문으로부터 축출된 이맹희는 권력을 잡은 친구들의 힘을 빌려 아버지와 동생을 쫓아내고 삼성을 되찾을 희망을 품었다. 실로 지랄도 풍년인 셈인데, 이 지랄 같은 음모는 당시 TK[대구경북]의 대부였으며 삼성물산 회장을 지냈던 신현확의 만류로 무산됐다.

그렇다면 형을 몰아내고 대권을 차지한 삼성그룹 회장 이건희의 병역기록은 어땠을까? 짐작대로 이건희도 당연히 면제였다. 인터넷에서 검색을 해보면 이건희의 병역 면제 사유로 '정신질환'이라는 단어가 나온다. 이는 변호사 강용석이 국회의원 시절에 "이건희 삼성그룹 회장은 정신질환으로 군대를 면제받았다"고 주장한 탓이다. 하지만 이 낭설은 출처가 불분명하다.

보다 진실에 가까운 증언은 '전 동아그룹 최원석 회장의 비설록'이라는 부제가 붙은 책『그래도 사랑하기 때문에』에 나온다. 이 책에는 김교련 전 동아콘크리트 사장의 인터뷰가 실려 있다. 그런데 김교련은 인터뷰에서 자신이 보안사 대공처장으로 있던 1971년 이건희의 군 면제 관련 업무를 맡은 적이 있다고 회고했다.

김교련에 따르면 당시 이건희가 골프를 치고 있었는데 마침 골프장에 나타난 박정희에게 이 모습이 딱 걸렸다는 것이다. 박정희가 "군대 갈 나이로 보이는데 골프나 치고 있어?"라며 조사를 지시했고 이에 따라 보안사가 재벌과 특권층 자녀의 병역 면제에 관한 수사에 나섰다. 수사 결과 재벌과 특권층 자녀 중 50여 명이 무더기로 군 면제를 받은 사실이 밝혀졌다.

그런데 황당한 것은 적발된 50여 명이 4주만 군사훈련을 받는 것으로 병역을 마쳤다는 점이었다. 박정희에게 찍혔던 이건희만 4주가 아니라 40일 동안 30사단에서 훈련을 받았다. 병역비리를 적발했으면 군대를 보내야 하는데 마무리를 이렇게 허술하게 한 일은 상식적으로 이해가 되지 않는다. 결국 당시 보안사가 벌인 병역면제 수사는 그들에게 국방의 의무를 제대로 부여하려던 게 아니라 재벌들을 한번 들쑤셔 겁을 먹인 뒤 뒷돈을 받아내려 한 것이라는 추정이 더 합리적이다.

이맹희의 동생이자 이건희의 형인 이창희도 1952년 일본으로 유학을 가면서 병역 의무를 피했다. 또 범 삼성가문 3세를 대표하는 이재용삼성전자 부회장, 이재현CJ그룹 회장, 정용진신세계그룹 부회장은 모두 병역을 면제받았다. 이재현의 면제 사유는 유전병이었고, 이재용은 허리 디스크, 정용진은 과체중으로 군 면제를 받았다. 삼성가문 주요 인물들이 모두 병역을 기피한 셈인데, 이런 그룹에 애국심이 충만도 하겠다.

몇 가지 첨언하자면 이재용은 장애물 부문 승마 국가대표 선수를 지낸 스포츠인 출신이다. 골프 실력이 핸디캡 6으로 아마추어로는 보기 드문 실력자이고 드라이버샷 거리는 평균 250야드가 나가는 장타자란다. 이재용의 허리는 병역을 할 때는 고장이 나고 골프를 할 때는 잘 움직이는 신개념 허리인가보다.

이재현이 주장하는 유전병은 2016년 이재현이 사면을 받은 이유였던 '샤르코 마리투스CMT, 근육이 위축되는 희귀 유전병'라는 병이다. 이재현은 이 병을 이유로 군대도 면제받고 옥살이도 면했다. CJ에 따르면 이 질병이 얼마나 희귀한지 이재현은 옥살이 대신 서울대병원에서 2년 넘게 치료를 받았는데도 병이 낫지 않았다. 기자들 앞에서 "살고 싶습니다!"를 외친 끝에 이재현은 사면을 받았다.

그런데 그 병이 사면을 받자마자 기적같이 나았다. 그래서 2017년 5월 이재현은 CJ의 경영 일선에 복귀했다. 신이시여, 여기 감옥에서 나오자마자 9개월 만에 불치병을 극복한 당신의 피조물이 있나이다. 정말 궁금해서 여쭙는 건데 왜 신께서는 돈 많은 재벌들의 병만 그렇게 빨리 치료해 주시나이까?

이재용의 동갑내기 사촌 정용진의 면제 사유는 역대급 개그에 가깝다. 대

정용진 신세계그룹 부회장 ⓒ민중의소리

학 입학 때 정용진이 직접 작성한 학생카드에는 키 178㎝, 체중 79kg이라고 적혀 있다. 하지만 3년 뒤인 군 입대 신체검사 당시 정용진의 몸무게는 104kg으로 25kg이나 불어났다. 당시 과체중 면제 기준이 103kg이었는데 이걸 딱 1kg 초과해 아슬아슬하게 면제를 받은 것이다.

이에 대한 신세계 측의 해명은 더 가관이다. "정 부회장이 유학을 갔는데 유학시절 살이 110kg까지 불었다. 다이어트를 통해 살을 뺐는데 104kg이 나온 거다. 절대 면제를 받기 위해 고의로 살을 찌운 게 아니다"가 신세계의 해명이다.

이왕 뺄 거면 1kg 더 빼서 103kg로 맞추지 왜 하필이면 면제 기준을 1kg 초과하는 104kg까지만 뺀 건가? "정용진 부회장님은 군대 가기 위해서 최선을 다해 다이어트를 했지만 1kg 차이로 아깝게 실패하신 애국자십니다" 뭐 이런 주장을 하고 싶은 건가?

재벌들의 병역 기피 흑역사

롯데그룹 신동주, 신동빈 형제와 신동빈의 아들 신유열이 일본 국적을 이유로 병역을 면제받았다는 사실은 1부에서 확인한 바 있다. 현대차그룹 정몽구의 장남 정의선도 질병을 이유로 면제 판정을 받았다.

2016년 초 운전기사 폭행 사건으로 그 이름을 널리 알린 대림산업의 '욱해 선생' 이해욱도 병역을 면제 받았다. 이해욱은 더러운 성질 탓에 '욱해'라는 별명을 얻은 경력이 있다. 운전을 할 때 운전기사에게 "물이 넘칠 정도로 가득 담긴 컵에서 단 한 방울도 흘러내리지 않을 정도로 부드러운 출발과 정지"를 강조했다는 그 인물이다. 욱해 선생은 운전기사에게 시도 때도 없이 주먹질을 했는데 주먹질을 그렇게 잘 하는 건강한 욱해가 어떤 질병으로 면제를 받았는지 정말 궁금하다.

한화그룹 3남 김동선. 이 자는 그나마 병역을 면제받은 사유가 정당한 편에 속한다. 김동선은 정유라와 함께 승마선수로 활약하며 아시안게임에서 금메달을 따 병역을 면제받았기 때문이다.

아시안게임 금메달리스트에게 병역을 면해주는 이유는 그가 국위를 선양했기 때문이다. 그런데 술만 먹으면 난동을 부리는 김동선에게 국위선양이라는 단어가 가당한지는 잘 모르겠다.

언론사 사주 가문의 면제율도 살펴보자. 2000년 〈미디어오늘〉의 보도에 따르면 언론사주 일가의 면제 비율은 무려 42.1%였다. 입만 열면 애국심을 강조하는 〈조선일보〉 사장 방상훈은 과체중으로 면제를 받았다.

X파일 사건의 주인공으로 이회창 캠프에 현금을 날라다 바친 〈중앙일보〉 전 회장 홍석현은 폐질환으로 면제를 받았다. 〈동아일보〉 3대 회장이었던 김병관과 그의 동생 김병건 형제는 병적 기록이 아예 없었다. 여의도순복음교회 조용기 목사의 장남이자 한때 〈스포츠투데이〉 회장이었던 조희준은 미국 영주권으로 버티다가 면제를 받았다. 이런 자들이 고위공직자 청문회 때면 인사검증을 한다고 특별취재팀을 꾸린다.

병역 면제 이야기를 할 때마다 자주 드는 예가 영국 왕실의 의무감이다. 영국 왕실에 속한 귀족들은 장교 신분으로 반드시 군 복무를 이행하도록 법으로 규정돼있다. 심지어 여왕인 엘리자베스 2세도 여군으로 군복무를 마쳤다. 그것도 평시가 아닌 1938년 2차 세계대전 발발 직후 자원입대를 했다. 당연히 그의 아들과 손자도 모두 자원입대해서 상당히 긴 기간을 국방에 바쳤다.

영국 왕실은 최소한 국민이 보고 있다는 시선을 의식한다. 그게 설혹 진짜 애국심이 아니라도 국민의 시선을 무겁게 여길 줄은 안다. 그런데 한국을 지배하는 재벌은 그런 최소한의 의무감도 없다. 그리고는 기업 홍보를 위해 애국심을 마케팅 수단으로 삼는다. 전쟁 나면 제일 먼저 외국으로 튈 놈들이 애국심은 무슨!

그렇다면 재벌들, 한국인은 맞습니까?

애국심 이야기가 나왔으니 하나만 더 짚고 넘어가자. 재벌들에게 국민의 4대 의무 중 하나인 병역 의무를 다해 달라는 청이 성립하려면 일단 재벌들이 한국 사람은 맞는지부터 확인을 해봐야 한다.

2016년 3월 한국에서 제일 오래 된 기업임을 자처하는 두산그룹이 4세 경영인 시대를 열었다. 새로 회장이 된 박정원은 형제들 간에 나눠먹기 식으로 경영을 해 온 두산그룹 오너 일가 중 3세가의 장남 박용곤 명예회장의 맏아들이다. 한국 재벌 역사상 처음으로 4세 오너가 등장한 셈이다. 그런데 박정원도 부정맥이라는 병을 이유로 군 면제를 받았다.

특이한 점은 박정원이 싱가포르 영주권을 가졌다는 점이었다. 그리고 박정원은 11살이었던 아들을 경기도 성남시의 모 외국인학교에 입학시켰다. 당시 규정상 외국인 학교에는 외국인만 입학할 수 있었다. 그래서 박정원의 아들도 싱가포르 영주권을 취득했던 것이다.

이 사실을 2014년 폭로한 정의당 정진후 전 의원에 따르면 박정원의 차남은 싱가포르에 거주는커녕 가본 적도 없었다. 그런데도 그는 싱가포르 영주권을 취득했고 당당히 외국인 학교에 입학할 자격을 얻었다. 두산그룹이 5세 승계 시대를 열면 이 그룹 총수는 싱가포르인이 될 판이다.

박정원이 미국이나 영국 같은 선진국이 아니고 아시아권의 싱가포르를 택한 정확한 이유는 밝혀지지 않았다. 하지만 추정은 충분히 가능하다. 싱가포르는 우리나라 돈으로 약 8억~12억 원 정도를 현지 기업에 투자하거나 창업하면 영주권을 내 준다. 싱가포르 못지않게 국적과 영주권에 후한

정일선 현대BNG스틸 사장 ⓒ민중의소리

나라가 에콰도르와 캄보디아다. 에콰도르는 우리 돈으로 약 3000만 원, 캄

보디아는 약 4억 원을 내면 국적을 내 준다.

　이런 이유 때문에 한국의 재벌들 중에는 의외로 에콰도르 국민, 캄보디아

국민이 적지 않다. 자녀의 외국인 학교 입학이나 병역 회피를 목적으로 돈

을 내고 이런 나라들의 국적을 사들였다는 이야기다. 돈도 세탁하고 국적도

세탁하고, 참 이 사람들은 늘 뭔가 세탁하느라 바쁘다.

　현대그룹 정주영 명예회장의 손자인 정일선 현대BNG스틸 사장은 자녀

를 외국인 학교에 보내기 위해 아내와 자녀에게 2006년 1월 캄보디아 시민

권을 취득토록 했다. 한국은 원칙적으로 이중국적을 허용하지 않는 나라제한적 허용다. 이 점을 전제로 하면 정일선의 부인과 자녀는 현재 캄보디아 국민인 셈이다. 혹시 정일선이라는 이름이 낯이 익을 수 있어 설명을 덧붙인다. 이 정일선이라는 자, 욱해 선생에 이어 2016년 운전기사 폭행으로 이름을 날려 이 책 1부에 등장했던 그 정일선이다.

범 현대가의 일원으로 정순영 현대시멘트 고문의 아들인 현대종합금속 회장 정몽석은 2002년 두 딸을 에콰도르 영주권을 따게 한 뒤 외국인 학교에 입학시켰다. 이에 대한 정몽석 측의 해명은 더 기가 막힌다. "원래 자녀들을 해외로 유학을 보내려고 했는데 돈을 아끼려고 외국인 학교에 입학시켰다"는 것이다. 범 현대가의 재벌 2세가 '돈을 아끼려고' 자녀들에게 에콰도르 영주권을 따게 했단다. 한국 최고 갑부를 자처했던 창업자 정주영의 얼굴에 똥칠을 해도 유분수지!

LG그룹 회장 구본무의 동생이자 KBO 총재를 맡았던 구본능의 딸도 2009년 싱가포르 영주권을 바탕으로 외국인 학교로 전학을 갔다. 그런데 이 딸은 입학 당시 싱가포르 영주권이 없었다. 일단 편법으로 입학부터 하고 난 뒤 1년 뒤에 부랴부랴 싱가포르 영주권을 취득해 제출했다는 이야기다.

하지만 아무리 싱가포르, 에콰도르, 캄보디아가 선전을 해도 외국 국적 분야의 전통의 강호인 미국을 따라잡지는 못한다. 2014년 KBS가 한국 10대 재벌 일가 1세대부터 5세대 중 사망자를 제외한 921명을 대상으로 조사한 결과 이들 중 외국 국적자는 115명이었고 이 가운데 미국 국적자는 무려

95명이었다. 특히 미성년자의 경우 121명 가운데 무려 35명이 미국에서 태어난 것으로 밝혀졌다. 재벌들의 각별한 자녀 사랑 덕인지는 몰라도 그들의 자손들은 헬조선 국민이 아닌 천조국 시민으로 살아갈 것이다.

CJ그룹 회장 이재현의 누나인 이미경 부회장 역시 미국 국적 소유자다. 현대차그룹 회장 정몽구의 셋째 딸인 정윤이 해비치호텔앤드리조트 전무와 대한항공 조양호 회장의 딸 조현민 전무도 한국 국적을 포기한 미국 시민이다. 박근혜 정권 시절 CJ그룹은 방송 채널을 통해 종종 "힘내라 대한민국" 같은 광고를 내 보냈는데, 이미경의 처지를 고려하면 "힘내라 미국" 같은 홍보도 같이 해야 할 판이다.

삼성전자 부회장 이재용 역시 자녀 모두를 미국 뉴욕대학병원에서 낳았다. 삼성서울병원이라는 국내 최대 병원을 보유한 삼성그룹 지휘자가 굳이 미국 뉴욕대학병원을 선호한 별도의 이유가 있을 리 없다. 그냥 자녀들을 천조국 시민으로 키우고 싶었을 것이다.

이재용의 동생인 이서현 제일모직 사장도 자녀 4명 가운데 2명을 미국에서 출산했다. 그런데 둘째 딸을 낳았을 때 이서현은 제일모직 부장으로 한국에서 일하고 있었다. 직장은 한국에 있는데 굳이 미국까지 가서 딸을 낳는 정성이 놀랍다.

LG그룹 회장 구본무의 장남인 구광모 상무와 큰 딸 구연경도 자녀를 미국에서 출산했다. 구본무의 손자와 손녀 4명은 모두 미국인이다. 구본무가 설날에 손자들에게 세배는 제대로 받는지 궁금하다. 세배 대신 "하이, 그랜드파더" 이런 말을 듣고 사는 건가?

2014년 KBS가 재벌들의 국적에 관해 취재할 때 이들은 너무도 태연히 취재진에 "나는 한국인이 아닌데 왜 병역에 대해 물어보느냐?"라고 답했다고 한다. 그들 모두 재벌의 후광을 입고 금수저를 입에 문 채 호의호식하면서 살아가는데도 스스로 한국인임을 부정한다. 필요할 때에만 한국인임을 강조하고 애국심을 생색내면서 속으로는 천조국 시민이 되기를 열망한다.

재벌들은 돈 벌 기회가 된다고 생각하면 애국심을 전면에 내세워 소비자들을 현혹시킨다. 그래서 우리는 그들에게 질문을 던진다. "그렇게 한국을 사랑하는 척 하는 재벌 총수님들, 도대체 한국인이기는 하신 겁니까?"라고 말이다.

최태원은 어떻게 4조 원 대 거부가 됐나?
- 최태원의 재산 형성

이재용이 홈런왕이라면 최태원은 타율왕

"대한민국의 도로교통법은 운동권들이 개척했다"는 우스갯소리가 있다. 1980년대 민족민주운동진영은 그야말로 치열하게 거리에서 싸웠다. 아무리 군사독재 정부라 해도 그 많은 거리의 투사들을 전부 다 빨갱이로 몰 수는 없었다. 그래서 군사정부가 고안한 방법이 데모를 한 학생들을 도로교통법 위반으로 기소하는 것이었다.

상대방이 도로교통법 위반이라는 무기를 빼들면 운동진영도 가두투쟁을 보다 세련되게 변모시켰다. 도로교통법 위반을 피하는 다양한 투쟁 방식을 개발했다.

새로운 투쟁 방식이 개발되면 군사정권은 도로교통법을 다시 개정해 투쟁을 무력화시키려 했다. 가두투쟁 전술이 개발될수록 도로교통법도 발전을 거듭했다. "대한민국 도로교통법은 운동권들이 개척했다"는 농담이 나온 이유가 여기에 있었다.

이 말을 그대로 한국 재벌들에게 응용하면 '대한민국의 세법은 삼성의 이재용이 개척했다'고 해도 과언이 아니다. 아버지 이건희로부터 고작 60억 원을 받은 이재용은 실로 다양한 편법을 선보이며 교묘히 세법을 피했다. 몇몇 국회의원들이 국세청장을 불러놓고 "이재용처럼 증여하는 것은 불법 아니냐?"고 다그친 적도 있었다. 하지만 그때마다 국세청장의 답은 "정당하다고는 볼 수 없지만 현행 법체계 아래에서는 불법으로 규정하기 어렵다"는 것이었다. 세법이 이재용의 편법 증여를 따라가지 못했던 것이다.

이재용이 편법을 저지르고 나면 그제야 세법이 개정됐다. 하지만 개정된 세법을 비웃듯 이재용은 전환사채CB, 신주인수권부사채BW, 재벌 계열사 일감 몰아주기 등 다양한 신종기법을 개발해냈다. 운동권이 도로교통법을 개척했듯이 이재용은 한국 세법의 개정을 주도한 '세법 역사의 전설'이 됐다.

이재용은 증여받은 60억 원을 20년 만에 9조 원으로 불려 누적 수익률을 14만 9900%까지 끌어올렸다. 이재용이 이처럼 성큼성큼 앞서 나가자 다른 재벌 2, 3세들은 그야말로 신이 났다. 이재용이 '앞서서 나가면' 다른 재벌 후계자들은 '산 자여 따르라'를 하면 됐다. 누가 뭐라 해도 이 분야의 지존은 이재용이었다.

그런데 만약에 편법 승계 분야에 지존을 가리는 대회가 있고 이 대회가 보다 다양한 방법으로 수상자(!)를 결정한다면 이야기가 조금 달라진다. 종합적으로 보면 이재용이 지존이라는 점에는 의문의 여지가 없다. 하지만 세부적인 성적을 살펴보면 이재용을 능가하는 도전자가 엄연히 존재한다.

프로야구 수상 분야를 생각해보면 이해가 쉽다. 투수 중 가장 주목받는 사람은 다승왕이지만 방어율왕도 그에 못지않은 스포트라이트를 받는다.

타자 중 가장 주목받는 사람은 홈런왕이지만 타율왕도 그에 못지않은 영광을 누린다.

60억 원을 20년 만에 9조 원으로 불려 재벌 2, 3세 승계자 중 가장 많은 돈을 긁어모은 이재용은 다승왕이자 홈런왕이었다. 그런데 이재용의 투자 수익률은 15만%에 조금 못 미친다.

이제 우리는 이재용만큼 큰돈을 모으지는 못했지만 수익률 면에서 이재용을 앞지르는 새로운 수상자를 만나보려 한다. 그가 바로 SK그룹의 총수 최태원이다.

최태원의 재산은 약 4조 원으로 이재용의 절반에 채 못 미친다. 하지만 최태원은 20년 만에 원금 2억 8000만 원을 4조 원으로 불려 무려 143만%라는 경이적인 수익률을 기록했다.

이재용의 수익률이 15만%인 것에 비해 최태원의 수익률은 이재용의 열 배에 육박한다. 전 세계에서 20년 만에 재산을 143만%씩이나 불린 투자자는 단언컨대 최태원이 유일하다. 부의 규모 면에서는 이재용에 못 미쳐도 이 정도면 최소한 타율왕이나 방어율왕 타이틀 정도는 충분히 거머쥘 만하지 않은가?

역사상 가장 쪼잔했던 원금의 주인공

최태원의 재산은 대부분 그룹 지주회사인 SK㈜라는 회사의 주식에 몰려 있다. 물론 주식 말고도 부동산이나 현금 등 다양한 재산이 있겠지만 4조 원에 이르는 SK㈜의 주식 가치가 너무 막대해 다른 재산은 아무리 보태

최태원 SK그룹 회장 ⓒ민중의소리

봐야 티도 나지 않는다. 최태원이 보유한 SK(주) 지분율은 23.4%다. 그리고 이 SK(주)가 그룹의 지주회사 역할을 하기에 최태원은 SK그룹 전체를 지배할 수 있다.

그런데 신기한 사실은 최태원은 SK(주)의 지분을 한 주도 아버지로부터 증여받은 적이 없다는 점이다. 그가 그룹 지주회사의 지배권을 가진 방식은 이재용이 걸었던 길을 모방한, 온갖 특혜와 변칙 증여를 통해서였다.

사실 관계를 정확히 이해하기 위해 우리는 대한텔레콤이라는 다소 생소한 회사를 알아둘 필요가 있다. 2015년 6월까지 이 회사의 이름은 SKC&C

로 더 널리 알려졌다. SKC&C가 기존의 SK㈜와 합병을 하면서 지금의 지주회사 SK㈜가 됐다. 이 회사의 전신이 바로 우리가 살펴볼 대한텔레콤이다.

대한텔레콤은 1991년 선경텔레콤이라는 이름으로 설립됐고 1992년 대한텔레콤으로 이름을 바꿨다. 대한텔레콤은 설립될 당시만 해도 정보통신과 경영정보를 다루는 그저 그런 작은 계열사였다.

그런데 SK그룹이 이동통신 사업에 진출한 1994년부터 대한텔레콤은 단번에 그룹 주력 계열사로 떠올랐다. 이동통신 사업을 따 낸 주체가 바로 대한텔레콤이었기 때문이다. 자그마했던 정보통신 계열사는 단번에 SK텔레콤이라는 거대기업을 지배하는 주력 계열사로 부상했다.

1998년 대한텔레콤의 주식이 대거 최태원의 손에 넘어갔다. 당시 대한텔레콤 주식의 액면가는 1만 원이었다. 1997년 이 회사가 118억 원의 순이익을 낸 것으로 추정해 보면 이 회사 주식의 실질적인 가치는 최소한 주당 10만 원을 넘는 수준이었다.

그런데 이 회사의 지분 중 무려 70%70만 주를 최태원이 시가市價도 아니고, 액면가도 아닌 주당 400원에 삼켜버렸다. 10만 원 짜리를 만 원에 가져갔다고 해도 황당할 판인데 고작 400원에 집어간 최태원의 대담함은 실로 놀라운 것이었다. 주식을 최태원에게 헐값에 갖다 바친 자들은 SK그룹 주력 계열사였던 유공과 선경건설이었다.

많은 재벌 2, 3세들이 이런 식으로 계열사들로부터 주식을 헐값에 넘겨받았다. 하지만 그 어떤 재벌도 주력 계열사의 주식 70%를 삼키는데 고작

2억 8000만 원만 내는 쪼잔한 자들은 없었다. 2억 8000만 원이 작은 돈은 아니지만 그래도 어지간한 중산층이라면 대출을 끼고 충분히 마련할 수 있는 돈이다. 그런데 명색이 5대 재벌 총수라는 자가 고작 2억 8000만 원만 달랑 내고 그룹의 가장 중요한 계열사를 삼키려 했다는 것은 상식적으로 도저히 이해하기 어려운 일이었다.

최태원이 SKC&C1998년 사명 변경 주식 70%를 삼키자 SK는 그때부터 집중적으로 그룹의 일감을 이 회사에 몰아줬다. 원래 정보기술IT 서비스 회사란 그룹 계열사들이 일감만 몰아주면 무조건 성장하는 구조를 가지고 있다. 웬만한 재벌들이 정보기술 서비스 회사 하나씩은 계열사로 보유하는 이유가 여기에 있다.

2015년 SKC&C가 SK㈜와 합병하기 전까지 이 회사는 공정거래위원회가 적발하는 부당 내부 거래의 단골 고객이었다. 2013년 기준으로 SKC&C의 정보기술 분야 매출 가운데 내부 거래의 비중은 60.1%나 됐다. 몰아주기가 얼마나 심했는지 '비즈니스 프렌들리'를 외쳤던 이명박 집권 시절 공정거래위원회가 부당 내부 거래를 이유로 이 회사에 347억 원의 과징금을 물리기도 했다.

SKC&C는 2009년 주식을 증시에 상장했다. 상장 당시 최태원의 보유 지분율은 44.5%였고 상장 직후 시가로 환산된 최태원의 지분 가치는 1조 7000억 원에 육박했다. 2억 8000만 원을 10년 만에 1조 7000억 원으로 불린 셈인데 이것만 해도 10년 투자 수익률이 60만 7043%에 이르렀다. 이후에도 SK그룹은 꾸준히 SKC&C에 일감을 몰아줘 최태원의 재산을 4조 원대로 불려 놓았다. 일감 몰아주기의 개척자는 이재용이었지만 최고 수익률의 영예는 최태원에게 돌아갔다.

최태원이 추진 중인 이혼의 쟁점

2015년 12월 최태원은 한 재미교포 여성과 불륜을 고백하며 부인 노소영과 "이혼을 추진하겠다"고 나섰다. 나라의 관심이 온통 최태원-노소영 부부의 재산 분할 문제에 쏠렸다. 무려 4조 원대의 자산가 최태원이 이혼을 하면 그 재산을 어떻게 나누느냐가 호사가들의 이야깃거리였다.

이와 비슷한 전례가 있었다. 2009년 삼성그룹 승계자 이재용의 아내 임세령대상그룹 전무이 남편을 상대로 이혼소송을 제기한 일이 그것이다. 당시 이재용의 재산은 약 1조 원 정도로 추정됐는데 이혼이 성사될 경우 재산 분할이 어떻게 될 지가 초미의 관심사였다.

하지만 세간의 관심과 달리 이혼 소송은 허무하게 마무리됐다. 임세령이 소송을 취하하고 이혼에 합의한 것이다. 양육권도 이재용에게 넘어갔다. 겉으로 보기에는 임세령의 참패였다. 하지만 양측이 합의 내용을 전혀 공개하지 않아 실제 누가 이혼 소송의 승자였는지는 알 길이 없다.

이혼 사유도 아직까지 공개되지 않았다. 임세령은 배우 이정재와 열애설에 휘말렸고 2015년 열애 사실을 공식적으로 인정했지만 이건 다 이혼 이후의 일이었다. 부부생활 파탄의 원인 제공자가 누구인지 알 수 없다는 이야기다.

하지만 최태원-노소영 부부는 상황이 완전히 다르다. 일단 결혼생활 파탄의 책임자가 누구인지가 너무 분명하다. 최태원이 불륜 사실을 고백했기 때문이다. 그렇다면 여기서 간단한 2지선다 문제를 하나 살펴보자. 다음 중 무엇이 정답일까?

① 이혼을 해도 최태원의 재산은 본인이 상속을 받아 불려온 재산이므로 절반을 노소영에게 줄 필요가 없다.
② 최태원의 재산은 대부분 결혼 이후 형성된 공동 재산이므로 이혼을 하면 절반을 노소영에게 줘야 한다.

상식적으로 재벌 2세의 재산은 아버지에게 물려받았을 것이니 ①번이 정답일 것이라 생각하기 쉽다. 그리고 만약 ①번이 정답이라면 최태원의 이혼 추진은 그야말로 프라이버시에 국한되는 일이니 우리가 관심을 가질 필요가 없다.

하지만 ②번이 정답이라면 문제는 좀 더 복잡해진다. ②번이 채택된다면 한국 5대 재벌 SK그룹의 지배구조가 일대 변화를 맞이할 것이기 때문이다.

부부가 남이 될 때 가장 문제가 되는 것은 재산을 어떻게 나누느냐 하는 점이다. 그런데 한국의 민법은 '부부별산제'라는 제도를 기준으로 삼는다. 부부별산제란 부부 중 누구도 결혼하기 전부터 가진 고유재산은 자신만의 재산으로 인정을 해 준다는 것이다. 따라서 이혼을 할 때 분할의 대상이 되는 재산은 결혼 이후에 형성한 재산에 국한된다. 부부별산제에 따르면 아버지로부터 물려받은 재산 역시 분할의 대상이 되지 않는다.

그렇다면 최태원이 보유한 재산의 성격을 살펴봐야 한다. 만약 최태원의 4조 원 대 재산이 결혼 전에 혼자 힘으로 모은 것이거나 아버지최종현로부터 상속을 받은 것이라면 문제는 간단하다. 이는 ①번에 해당하기에 부부별산제에 따라 최태원은 자신의 재산을 노소영에게 나눠줄 이유가 없다.

문제는 최태원이 보유한 4조 원 대의 재산 대부분이 결혼 이후 형성됐고 아버지로부터 물려받은 것도 아니라는 점에 있다. 최태원이 SK㈜의 전신인 대한텔레콤 주식을 2억 8000만 원에 취득한 시점은 1998년이었다. 반면 최태원-노소영 부부의 결혼은 1988년이었다. 당연히 최태원 재산 대부분은 결혼 이후에 형성된 것으로 볼 수밖에 없다.

또 다른 문제가 있다. SK그룹은 이동통신과 정유를 축으로 덩치를 키운 그룹이다. 그런데 이 두 분야 모두 노소영의 내조가 결정적 역할을 했다. SK가 유공을 삼킨 것도, 이동통신 사업권을 따낸 것도 모두 노태우라는 고리를 통해 이뤄졌다. 노소영이 자기 몫을 주장할 정황이 충분한 셈이다.

이혼 추진 중인 삼성의 이부진은 어떨까?

그렇다면 비슷한 시기에 이혼을 '추진'하고 있는 호텔신라 이부진이건희의 장녀의 경우는 어떨까? 이부진은 평범한 회사원 출신 남편전 삼성전기 고문 임우재과 결혼으로 큰 화제를 모은 인물이다. 그리고 이부진은 한때 이재용과 그룹 경영권을 놓고 자웅을 겨룬다는 이야기 나올 정도로 야심만만한 경영자이기도 하다. 재산 규모는 대략 2조 원 정도로 추정된다.

2018년 3월을 기준으로 이부진은 이혼 소송에서 일단 1승을 거둔 상태

이부진 호텔신라 사장 ⓒ민중의소리

다. 2017년 7월 벌어졌던 1심 소송에서 서울가정법원이 "이부진 사장은 86
억 1031만 원을 임우재 전 고문에게 지급하라"고 판결했기 때문이다. 임우
재가 1조 2000억 원임우재 측은 이부진의 재산을 2조 5000억 원으로 추정을 위자료로 요구한
것에 비해 턱 없이 작은 액수였다.

　법원이 이부진의 손을 들어준 것은 이부진의 재산 형성 과정을 검토한 결
과로 보인다. 우리나라 민법은 부부별산제를 기반으로 운영된다고 했다.

　그렇다면 쟁점은 2조 원에 이르는 이부진의 재산이 언제, 어떻게 형성됐
느냐가 된다. 이부진은 오빠 이재용과 거의 흡사한 방법으로, 그러니까 온

갖 편법과 탈법을 총동원하는 방식으로 지금의 재산을 모았다.

이부진 재산은 크게 삼성물산 지분과 삼성SDS 지분으로 나뉜다. 삼성물산 지분 가치는 1조 4500억 원 정도고 삼성SDS 지분 가치는 약 5200억 원 가량이다. 두 회사 주식이 이부진 재산의 75%를 차지한다.

이부진이 삼성물산 주식을 처음 취득한 때는 1996년이었다. 『한국 재벌 흑역사』 1권)에서 상세히 다뤘던 그 유명한 에버랜드 전환사채 편법 증여 사건 때 일이었다. 이부진은 이재용보다 적게 해먹었다 뿐이지, 오빠 뒤에 붙어서 오빠가 한 나쁜 짓을 그대로 따라 했다.

당시 이재용은 에버랜드 주식 30%를 시가의 10분의 1이라는 헐값으로 사들였다. 이부진도 에버랜드 주식 10% 가량을 오빠와 같은 가격으로 사들였다. 에버랜드는 이후 편법을 총 동원해 1999년 삼성 금융계열사의 핵심이었던 삼성생명을 인수했다.

물론 이 인수가격도 떨이에 가까운 헐값이었다. 시가 3조 원 정도로 추정되던 주식을 에버랜드는 고작 300억 원에 삼켰다. 그리고 그 에버랜드가 오늘날 여러 차례 합병을 거쳐 삼성물산이 됐다. 1조 4500억 원에 이르는 이부진의 삼성물산 지분 가치는 이런 편법, 탈법을 통해 만들어졌다.

정리하자면 이부진이 에버랜드 주식을 취득한 것은 1996년, 에버랜드가 삼성생명을 사들인 시점은 1998년이었다. 그런데 이부진이 임우재와 결혼한 것은 1999년 8월이었다. 전부 결혼 이전에 벌어졌던 일이었다. 이부진의 재산은 매우 치졸한 대국민 사기극으로 만들어진 것이지만 적어도 남편 임우재와 함께 친 공동사기는 아니었다는 이야기다.

이부진 재산의 또 다른 축인 삼성SDS 역시 삼성 가문의 편법, 탈법 행태를 상징하는 기업이다. 이재용과 이부진이 삼성SDS 주식을 취득한 때는 1999년 2월이었다. 이때에도 삼성은 BW신주인수권부사채라는 복잡한 금융상품을 동원해 삼성SDS 주식을 7분의 1 가격으로 이재용 남매에게 넘겼다.

그리고 삼성그룹은 삼성SDS에 일감을 집중적으로 몰아주는 방식으로 회사의 덩치를 키웠다. 이부진이 1999년 삼성SDS 주식을 취득할 때 낸 돈은 고작 30억 원이었는데 이 돈이 지금 5000억 원으로 불어났다. 편법 증여에 탈법 몰아주기가 앙상블을 이루며 만들어낸 작품이었다.

당연히 이 또한 대국민 사기극이다. 하지만 이 역시 이부진이 오빠와 짜고 한 사기이지 남편 임우재와 함께 한 사기로 보기는 어렵다. 이부진이 삼성SDS 지분을 취득한 때는 1999년 2월, 임우재와 결혼을 한 때는 1999년 8월이다.

이부진의 재산은 정당성이라고는 전혀 없는 편법과 탈법의 산물이지만 그 편법과 탈법 과정에 임우재가 개입했을 가능성은 없었다. 이부진-임우재 이혼 소송에서 이부진이 여러 면으로 우위를 점했다는 전망이 나오는 이유가 여기에 있다.

누구의 재산도 아닌 국민 재산

옐로저널리즘 관점에서만 보자면 두 부부의 재산분할 전망은 '이부진 맑음', '최태원 흐림'으로 정리할 수 있다. 그런데 한 가지 유념할 점이 있다. 단지 이 문제를 가십거리로만 다루면 한국 사회는 제2의 이부진, 제2의 최태원을 막을 수 없다는 점이다. '부부 중 누가 재산을 더 많이 가져갈 것인가?'가 아니라 '이들의 재산이 어떻게 형성됐는가?'에 한국 사회가 더 큰 관심을 가져야 한다.

민법에 따르면 이부진은 유리하고 최태원은 불리하다. 하지만 사회 정의에 따르면 이들 부부의 재산은 이부진의 것도, 최태원의 것도 아니다. 임우재의 것이나 노소영의 것은 더더욱 아니다. 결혼 전에 형성됐건 결혼 후에 형성됐건 이들의 재산은 편법과 탈법, 대국민 사기극으로 부풀린 부당재산이다.

이른바 '이재용 법', 정확히 말하면 '불법이익환수법'이 2018년 3월 현재 국회에 발의돼 있다. 범죄행위를 통해 얻은 이익이 50억 원이 넘으면 국가가 민사 절차를 통해서 이 부당재산을 국고로 환수할 수 있도록 하는 법이다. 이 법이 통과되면 이부진이건 최태원이건 보유재산의 상당액을 국가에 토해내야 한다. 그들 스스로 성실히 노력해 번 재산은 전무하다시피 하다. 부부의 재산분할은 사생활의 문제지만 불법이익 환수는 공익의 문제다.

2조, 혹은 4조 원에 이르는 재산을 어떻게 나누는지는 그들의 몫으로 남겨두자. 한국 사회가 지금 해야 할 일은 그 2조, 혹은 4조 원에 이르는 불법이익을 사회로 환원하는 것이다.

재산분할은 너희들이 직접 땀 흘려 번 돈만 알아서 나누라! 불법으로 번 재산을 자기들끼리 "저 돈은 내 돈이야"라고 피 터지게 다투는 추태는 더 이상 보고 싶지 않다. 이부진, 최태원이 보유한 재산이 돌아갈 곳은 그들의 개인금고가 아니라 국고여야 한다.

한국 재벌 흑역사